U0919049

教育部人文社会科学研究2007年度一般规划项目资助

项目名称：西部农村职业技术教育与县域经济发展互动研究 项目批准号：07JA880040

西部县域经济发展动力研究

——农村职业教育的视角

XIBU XIANYU JINGJI FAZHAN DONGLI YANJIU

主　编　陈树生
副主编　徐　东　邹　平

人民出版社

策划编辑:张学文
责任编辑:李椒元
装帧设计:肖　辉
责任校对:高　敏

图书在版编目(CIP)数据

西部县域经济发展动力研究:农村职业教育的视角/陈树生主编.
-北京:人民出版社,2009.5
ISBN 978-7-01-007796-3

Ⅰ.西…　Ⅱ.陈…　Ⅲ.①乡村教育:职业教育-研究-西北地区
②乡村教育:职业教育-研究-西南地区　Ⅳ.G725

中国版本图书馆 CIP 数据核字(2009)第 036454 号

西部县域经济发展动力研究

XIBU XIANYU JINGJI FAZHAN DONGLI YANJIU

——农村职业教育的视角

主编　陈树生

副主编　徐　东　邹　平

人民出版社 出版发行
(100706　北京朝阳门内大街 166 号)

北京市永乐印刷厂印刷　新华书店经销

2009 年 5 月第 1 版　2009 年 5 月北京第 1 次印刷
开本:880 毫米×1230 毫米 1/32　印张:11
字数:249 千字　印数:0,001-3,000 册

ISBN 978-7-01-007796-3　定价:26.00 元

邮购地址 100706　北京朝阳门内大街 166 号
人民东方图书销售中心　电话 (010)65250042　65289539

序

唐小我

《西部县域经济发展动力研究——农村职业教育的视角》系陈树生同志承担的教育部社科规划2007年一般基金项目《西部农村职业技术教育与县域经济发展互动研究》(项目批准号:07JA880040)的最终成果,也是在四川省社科"十一五"规划2006年度项目《职业技术教育与四川县域经济发展互动研究》(项目批准号:SC06B050)研究成果基础上的进一步深化。读完书稿,感觉这是一部将西部县域经济发展与农村职业教育结合起来进行综合研究、具有较高学术价值和现实意义的著作。

农村职业教育与县域经济发展应该是良性互动的,通过农村职业教育与县域内企业产学、产教的合作,培养出理论与实践、专业知识与职业技能并重的企业一线所需人才,提升企业的核心竞争力,从而带动和促进西部县域经济发展。而经济的发展,使农村职业教育更有广阔的市场资源。农村职业教育作为一种面向农村经济建设的教育,其传播知识、培养人才、推广科学技术等都是围绕西部省份经济与社会发展展开的,农村职业教育与西部县域经济发展的关系非常紧密,而且应该是呈现良性互动的局面。

企业是西部省份县域经济的重要组成部分,无论是现代企业还是传统手工作坊,在西部地区绝大多数的县域内,其经济发展是与农民密切联系在一起的,而农民又是与农村和农业联系在一起的。所以，研究西部县域经济，离不开对西部县域内企业的研究，企业所需要的职工多数来自农村中转移出来的劳动力，而这些劳动力需要掌握一定的技术技能，要加强农村劳动力培训，提高农民科学种养技术水平和转移就业能力，则需要农村职业教育的支持。县域经济的健康发展，反过来会对职业教育提出更高的要求，职业教育只有不断地改革和发展，才能适应经济发展对人才和技术的需求。所以，职业教育的发展与县域经济发展密切相关。因此，西部农村职业教育与县域经济发展的互动发展应该是良性循环的。

该成果对我国职业教育与经济发展进行了宏观分析，考察了我国县域经济发展的现状，分析了我国职业教育与县域经济发展的关系，对国内外职业教育与经济社会（县域经济）发展的经验作了探讨，对西部省份的县域经济发展现状、农村职业教育发展问题进行了多学科的透视，并提出了职业教育促进县域经济建设的基本策略：从外部因素着手，促进职业教育环境的系统优化，着重转变制约职业教育发展的落后观念，从各个方面为农村职业教育的发展提供经费保证；从内部因素着手，创办特色鲜明的职业教育，着重进行优化教学要素，提高教学质量，改革职业教育，创办有特色的职业教育；从多方互动着手，优化职业教育的对接环节，着重建立“面向市场、学校自主”的专业设置管理制度，提高政府、社会给予的教育经费利用效率，确保职业教育的培养水平，加强对职业教育学生就业的管理。

该成果在研究思路、研究视角、研究方法和突破点方面均有所创新。成果对农村职业教育作为促进西部县域经济发展诸要素中的人力资源要素进行了研究，特别是将农村职业教育与县域经济发展结合起来进行研究，突破了过去单一的局部的研究，因此，在思路上和研究视角上有所创新，尤其是从农村职业教育的视角探讨县域经济发展的动力方面，观点新颖；在研究方法上，不仅从职业教育学，还从经济学、社会学、心理学等多学科角度进行综合性研究，通过科学、准确、深入地分析西部省份县域经济的实际状况、存在问题的根源，以及对策措施，为西部省份县域经济的发展提出一种新的观念和新的发展模式，因此，在研究方法上有所创新；本研究探讨西部省份县域经济与中心城区的差异以及县域经济发展本身的差异，探讨县域经济的差异性以及相关联的县域社会差异性，以有利于加快全面建设小康社会的进程，因此在突破点上有所创新。

县（市、区）作为国家宏观和微观的结合部，在国家行政管理、经济社会发展中的承上启下、沟通城乡、总揽农村的战略地位日益突出，特别是在经济方面，县域经济是经济社会结构中比较完善、相对独立的基本单元，能否得到充分发展，关乎全局经济的发展，同时也是整个国家经济发展的重要前提。党的十六大报告提出“发展农产品加工业，壮大县域经济”后，中央连续多年的一号文件都十分强调发展和壮大县域经济。县域经济作为国民经济的重要组成部分，在经济社会发展中具有十分重要的作用，在促进县域经济发展的诸种因素中，职业教育发挥了开发人力资源的重任，成为促进县域经济发展的重要动力。

该成果从农村职业教育的角度，对西部县域经济发展诸要素中的人力资源要素进行研究，特别是将农村职业教育与县域经济发展结合起来进行综合研究，通过较深入地分析西部省份县域经济的实际状况、存在问题的根源，以及对策措施，为县域经济的发展提出一种新的观念和新的发展模式。同时，从探讨农村职业教育与县域经济发展的结合，通过农村职教与县域内企业产学、产教的合作，培养出理论与实践、专业知识与职业技能并重的企业一线所需人才，提升企业的核心竞争力，从而带动和促进西部县域经济发展。从长远来看，西部县域经济的竞争归根到底是人才的竞争。只有将农村职业教育与县域经济密切联系起来，为物质生产和服务第一线培养较高素质的劳动力，才能生产出高质量的产品，提供高效益的服务，将沉重的人口负担转变成丰富的人力资源，实现县域经济与农村职业教育的协调发展，因此，本研究成果有较高的学术价值和广泛的应用价值。

县域经济与农村职业教育的互动发展，关系到中国“三农”问题的有效解决，特别需要社会各界尤其是研究人员积极探索。陈树生和他的团队为此进行了努力。对县域经济与中心城区的差异以及县域经济发展本身的差异，对县域经济的差异性以及相关联的县域社会差异性的探讨，以及县域内企业对经济发展的贡献率等，是一个需要在今后的研究中继续深化并争取在这些方面有所突破和建树的课题。在陈树生和其团队的研究成果即将付梓出版之际，作为领导感到非常高兴，希望他在学术研究领域继续努力，不断取得新的研究成果。

是为序。

（作者系四川省教育厅副厅长、博士研究生导师、教授）

二〇〇八年十月

目　录

第一章 职业教育与经济发展的宏观考察

2005年10月,《国务院关于大力发展职业教育的决定》要求各级政府从行动上"落实科学发展观,把发展职业教育作为经济社会发展的重要基础和教育工作的战略重点"。这进一步明确了职业教育在我国社会经济发展中的地位和作用,明确了发展职业教育的重大历史意义和现实意义。职业教育已成为促进国家全面发展和人的充分发展的一种重要工具,加快职业教育的改革和发展已成为社会的共识。

第一节 对职业教育及其基本属性的认识

一、对职业教育的认识和理解

(一)对职业教育不同称谓的认识

关于职业教育,在国内外,有不同的理解、认识和称谓,在使用上也有所区别。有的国家将"职业教育"和"技术教育"分开使用,把以培养脑力劳动为主的专业技术人员学校称为技术教育,以培养体力劳动为主的技术工人学校称为职业教育。有的国家将"职业教育"与"技术教育"并用;有的国家虽两个概念并存,但总称职业教育;有的则把职业教育与技术教育统称为职业技术教育;还有的称技术和职业教育,也有的称技术职业教育,联合国教科文组织第18届大会通过的《关于职业技术教育的建议(修订方案)》则采用了技术和职业教育这个术语。①

我国在清末称职业教育为实业教育,后在中华职业教育社的倡导下统称职业教育;建国后曾改称技术教育,如1951年政务院发布的《关于改革学制的决定》中,就是使用"技术教育"一词;"文革"后则有技工教育、职业教育、职业教育等多种称谓;1982年的《中华人民共和国宪法》中则使用的是"职业教育"一词,它将职业教育与初等、中等普通教育、高等教育并列;1985年中共中央发布的《关于教育体制改革的决定》中则使用了"职业技术教育"一词,将"职业教育"与"技术教育"统一起来;而1995年颁布的《教育法》及1996年通过的《中华人民共和国职业教育法》中则仍称职业教育。目前在我国宪法、教育立法和职业教育立法中的名称皆为职业教育。

(二)对职业教育不同内涵的解读

对职业教育内涵的解读,有专家解读为"职业教育是一种以学习为将来职业生活所需要的知识和技能为目的的职业准备教育"②或"给予学生从事某种职业或生产劳动所必需的知识和技能的教育"。③ 同时也被定义为:"是为适应经济社会发展的需要和个人就业的要求,对受过一定教育的人进行职业素养特别是职业能力的培养和训练,为其提供从事某种职业所需要的实践经验的

① 参见张家祥、钱景舫《职业技术教育学》,华东师范大学出版社2005年版,第3页。

② 景宏华:《职教课程改革的趋势与原则》,《职教论坛》2000年第9期。

③ 黄佩勋:《促进职业培训规范持续发展的对策》,《上海劳动保障》2003年第7期。

一种教育。”①《辞海》对职业教育的释义则是“给予学生或在职人员从事某种生产、工作所需的知识、技能和态度的教育。”②

联合国教科文组织(2001)认为“‘技术与职业教育’是作为一个综合术语来使用的,它所指的教育过程除涉及普通教育之外,还涉及学习与经济和社会生活的各部门的职业有关的技术及各门科学,以及获得相关的实际技能、态度、理解能力和知识。”③《国际教育标准分类法》(ISCED,1997)则认为“职业或技术教育主要为引导学生掌握在某一特定的职业或行业或某类职业或行业中从业所需的实际技能、知识和认识而设计的教育。完成这类课程之后可以获得所在国的主管当局(如教育部、雇主协会等)认可的在劳务市场上从业的资格。”④

我国著名教育家黄炎培认为“提倡爱国之根本在于职业教育”,广义的教育都含有职业教育的意味,教育“授人以学识、技能而使之能生存于世界”;狭义的教育,“仅以讲求实用之知能者为限,亦犹实业教育也。”他着重剖析了职业教育与实业教育在实施重点(中等教育以下)、养成人物(主用技能)、专重实习适应面广等方面与实业教育的区别,明确提出职业教育的目的在于:“为个人谋生之预备。为个人服务社会之预备;为世界有国家增进生产能力之预备。”又提出要“谋个性之发展”;希望通过实施职业教育

① 李向东、卢双盈:《职业教育学新编》,高等教育出版社2005年版,第23页。

② 辞海编辑委员会编:《辞海》,上海辞书出版社1989年版,第4764页。

③ 转引自欧阳河《试论职业教育的概念和内涵》,《教育与职业》2003年第1期。

④ 刘来泉选译:《世界技术与职业教育纵览——来自联合国教科文组织的报告》,高等教育出版社2002年版。

"使无业者有业,使有业者乐业"①。

现代职业教育有广义和狭义之分。广义的职业教育是指按照社会和个人的需要,有利于培养人的职业兴趣和从业能力的教育活动,均具有职业教育的含义。它体现了教育的本质就具有职业性。它渗透到各级各类学校教育活动之中,还包括国家、民族、地域的职业文化影响、家庭教育、社会教育中的职业导向等。主要有职业准备教育、就业前职业教育和就业后职业教育。狭义的职业教育则是在不同水平的教育基础上,所给予的有目的、有计划、有组织的专门教育,以培养能胜任特定劳动部门及岗位工作的从业人员。也就是说,它是限定于专门的职业教育机构中所进行的职业教育。狭义的职业教育体现了教育事业内部的结构和分工,包括职业学校教育和职业培训两大类。现代职业教育是经济和社会发展的重要基础,也是使人的个性得到充分发展的重要渠道,职业教育是我国现代教育体系的重要组成部分。

(三)对职业教育不同层次的认识

职业教育是为了适应经济建设和社会发展的需要,在一定普通教育基础上,培养人们能够从事某种职业的一种专门教育。它是国家经济和社会发展的重要基础,是国家教育事业的重要组成部分。国际社会习惯把"职业教育"理解为"职业和技术的教育与训练",它包括:以在校生为主要对象的职业准备教育,其中有普通学校的"职业基础教育"与职业学校的"职业教育与培训";以在职人员为主要对象的岗位培训;以及以失业人员为主要对象的再就业培训。就其形式而言,包括学校本位的职教模式、企业本位的

① 刘巧利:《从"实用主义教育"到"职业教育"——从黄炎培职业教育思想的产生窥其职业教育精神》,《教育史研究》2006 年第 4 期。

职教模式、社会本位的职教模式以及"学校—企业"综合模式。随着终身教育思想的深入人心,职业教育成了贯穿个人职业发展全过程的一种教育:职业准备教育→就业培训→岗位培训→晋级/转业/再就业培训。职业是社会分工的产物。我国的职业教育不仅包括就业前的教育,也包含职后的提高教育;不仅对教育对象施以专业知识和技能教育,还施以职业指导,即职业准备教育;在教育形式上,不仅有职业学校教育,还有职业培训;在教育层次上,不仅包括初等、中等职业教育,还包括高等职业教育。在1982年的《中华人民共和国宪法》中,将职业教育与初等教育、中等教育、高等教育并列;1985年《中共中央关于教育体制改革的决定》中把普通高等教育以外的所有培养专业技术人员、技术工人,以及其他城乡劳动者的学校和培训机构,统称为职业教育。规定了职业教育与基础教育、高等教育为我国教育体制的三大组成部分;1995年通过的《中华人民共和国教育法》规定了国家实行职业教育制度;1996年颁布的《中华人民共和国职业教育法》称为职业教育,类别上是技术教育、职业教育和培训的总称,层次上分初等、中等和高等三个层次。实施职业教育的是职业技术学院、技术学院、职业中学、中等专业学校、技工学校和职业培训学校等。《中华人民共和国职业教育法》规定:"职业教育是国家教育事业的重要组成部分,是促进经济、社会发展和劳动就业的重要途径。"

二、对职业教育基本属性的认识

由于社会大环境、职业教育实践的发展,以及个体的认知结构、思维方式的差异,不同学者对职业教育的基本属性和特点进行了多视角、多层次、多维度的探讨。

（一）职业性

职业教育是由于职业需求而产生的一种教育形式。职业教育的职业性就是职业定向教育，是为适应职业而进行的教育。它以就业为主要目标。中华职业教育社提出的职业教育目的之一是"为个人谋生之准备"。黄炎培在《教育大辞书》中明确规定职业教育的定义是："用教育方法，使从一方获得生活之供给与乐趣，一方尽其对群之义务，名曰职业教育"。① 因此，通过职业教育使受教育者掌握专门的实用知识和技术、技能，成为适应社会各类职业需要的应用型人才。职业教育不管是从教学过程还是从办学形式上看来，都体现了教学过程中的职业性和办学形式的职业性。所以，职业教育作为区别于普通教育的一个教育类别，从一开始就承担着为经济界培养输送以技术工人为主的技术后备力量的任务。年轻人通过接受职业教育获得将来职业工作的基本能力，为他们将来的职业生涯做好准备。职业性同时也被认为是职业教育区别于其他教育的本质属性。职业教育一般从学校名称和专业名称上能体现出很强的职业特征。如从校名上来看，有财经学校、外贸学校、机电学校、职业技术学院等；从专业上来看，有会计、金融英语、电子商务、自动化、纺织机械等。各类职业学校一般根据本行业的发展需要确定办学方向、办学规模和专业设置。报考各类职业学校的学生基本上在入学时就确定了职业方向。

李超任认为职业性是职业教育的本质属性。② 因为"职业教育是为适应职业需要而进行的教育，是围绕着培养生产一线的实

① 汤大莎：《黄炎培职业教育思想理论体系研究》，《教育与职业》2003 年第 13 期。

② 李超任：《对职业教育本质属性的认识》，《兰州石化职业技术学院学报》2003 年第 4 期。

用型人才而开展的一项培养应用人才的活动，是从对劳动后备力量在就业前进行的就业准备教育，体现出职业性；职业教育教学紧密结合生产实际，走产学研合作办学的道路，在教学过程和办学形式都体现出职业性。"

"职业"是人在社会中主要生活来源的工作。职业的种类多种多样，有科学研究型职业、有操作型的职业、有专业技术型的职业、有服务性职业。其中许多职业工作者，如科学研究型职业工作者是由现行的学术型、研究型大学所培养的，不是职业学校培养的。另外，根据各地区经济和社会的需要，普通教育的学校里加强了职业教育，为将来就业打好基础，有的普通教育学校除了可以继续升学外，还可以获得技术资格证书，直接就业，因此，职业性不是职业教育的本质属性，普通教育也具有职业性。

（二）社会性

职业教育的社会性是黄炎培最早提出来的。他认为职业学校"从本质来说，就是社会性；从作用来说，就是社会化。"①他还对这一论点做了精辟的论述，如职业学校的专业设置，"完全根据那时当地的状况"；教学内容，要"切近于将来服务的需要"；认为职业教育的一切活动，都是在一定的历史条件下和一定的社会关系中进行的。黄炎培的观点深刻地揭示了职业教育与社会发展之间密切的关系。一方面，社会经济发展，决定着职业学校人才培养的数量和规格，决定着职业学校的发展规模、办学形式，决定着职业学校的专业设置、学制、教学内容、教学方法、教学手段；另一方面，职业学校通过向社会输送合格人才，提高劳动者的素质，推动社会生

---

①　黄炎培：《职业教育机关唯一的生命是什么》，《教育与职业》第 113 期（1930 年）。

产力的发展,为国家经济发展奠定坚实基础。因此,黄炎培先生认为社会性是职业教育的本质属性。

现代职业教育的一切活动,都是在一定的历史条件下和一定的社会关系中进行的。职业教育担负着向地方经济和社会发展培养各类技能人才和提高劳动者素质的任务,涉及社会各方面。职业教育是面向社会办学,主动适应经济和社会的发展,社会各有关部门和社会办学力量积极参与办学,其最终的目标是为社会服务,具有社会性。职业教育的社会性是职业教育区别其他类型教育和社会活动的显著属性,但随着社会的发展,人们对教育的重视和参与程度大大提高,职业教育原来的这一本质属性变成了各类教育所共有的象征和标志。教育是培养人的社会活动,社会性也是教育的本质属性之一。目前,我国各级各类寄宿制中小学、民办大学的蓬勃发展,广大农村集资兴办学校和高等教育的大众化等,充分体现了包括职业教育在内的教育职业广泛的“社会性”。因此,社会性是各类教育所具有的共性,是职业教育的属性之一,不是职业教育的本质属性。

(三)生产性

有学者认为,职业教育的本质属性是生产性,职业教育的生产性具有两个方面的含义:一是职业教育负担着劳动生产与再生产任务;二是职业教育通过“产教结合”,创办生产实习基地,建立教学、生产、科技推广和社会服务相结合的教学体制,直接参加物质生产和商品交换。他们认为只有通过职业教育对劳动者进行培养和训练,才能提高劳动者的劳动能力,才能把人培养成一名合格的劳动者。由于职业教育是劳动力再生产的重要手段,可以提高劳动生产率,促进科学技术的进步,所以生产性被认为是职业教育的本质属性。

我们认为，教育与生产劳动相结合是现代教育的普遍规律。教育为适应社会的需要，为服务社会经济发展、为服务社会发展与生产劳动相结合，形成教学、科研、生产一体化使其不断向更高层次迈进。因此，生产性是现代教育的普遍特征，不只是职业教育的独特性。

（四）适应性

职业教育是我国教育中与经济发展联系最紧密、最直接的部分，主要是培养适应经济社会发展人才要求的一种教育形式。随着科学技术进步及其在生产领域中的应用程度不断提高与发展，要求职业教育不管是从发展水平、教育内容还是教学手段，都要从科学进步及在生产中应用程度的实际需要出发来适当安排，以适应科学技术的发展。职业教育的适应性表现在社会和个人两个方面：适应社会需要，适应受教育者求职就业和发展需要。现代社会和现代生产对职业学校人才的要求越来越高，这种人才不仅应当能够熟练地掌握生产工具和设备，了解它们的结构和原理，而且要参加工具和设备的更新和发展，要有一定的工作能力，能与工人、干部及高层次科技人员很好地合作共事，既参加生产又参加管理，必须有广泛的适应能力。职业学校人才既要有坚实的理论基础，又要有丰富的实践知识、相当的专业技能，还要有不断了解和掌握新知识、新技术的能力。

周明星认为，职业教育的适应性就是随着社会经济的发展特别是生产技术的提高而改变自身特性或发展方式的能力，适应性是职业教育的本质属性。职业教育的适应性表现在：一是职业教育制度的适应；二是职业教育对象的适应；三是职业教育办学模式的适应。同时作者认为基础教育和高等教育适应性是职业的启蒙教育（基础教育）、职业的准备教育（高等教育）的组成部分，是职业教育范畴的适应性。①

职业教育为更好地适应经济发展,需密切关注劳动力市场人力资源需求和经济结构调整的信息,及时地调整职业教育办学方向和培养目标,形成一种动态的灵活的适应机制,不断地适应经济变革,及社会主义市场经济和社会进步的需要。职业学校培养的学生不应只是具有顶岗上岗的能力,还应具有适应转岗的能力,以适应瞬息万变的时代特征。除此之外,职业教育发展的规模与速度必须与经济发展规模速度相适应,使职业教育的规模、速度、专业、规格与人力资源市场需求相适应。职业教育发展必须适应劳动力市场人力资源需求和社会经济发展的需要,培养出来的学生具有较强的适应性。同时,我们也清楚地认识到,各级各类学校都是为经济社会发展培养人才作准备的。比如说基础教育是为未来人才教授一些最基础的知识,所教授的知识也是随着社会的需要而不断更新。普通高等教育也是紧跟经济社会发展的趋势而不断更新知识,调整自己的专业设置和人才培养目标。适应性不仅是职业教育的属性,也是其他教育同时具有的属性。因此,适应性不能说是职业教育的本质属性,其他教育类型也同样具有适应性的特点。

(五)中介性

所谓中介,就是在发生关系的双方之间起媒介桥梁作用。职业教育的中介性是指"职业教育在人的发展和社会发展之间、教育和职业之间的特殊位置","是把人力优势转化为智力优势,把智力优势转化为生产力的重要桥梁"。同时,职业教育还是教育与职业之间沟通的渠道。职业教育是学生和社会各企事业单位的

① 周明星:《现代职业教育本质属性探析》,《教育与职业》2003 年第 1 期。

中介机构,各职业院校为企事业单位培养所需的各行各业的技能型人才,而各企事业单位正是通过学校选拔人才。职业教育是企事业单位和学生的中介,企事业单位与学生联系的桥梁,它担负着为社会发展提供人才的任务,是社会与人相互沟通的重要途径。因此,有学者认为:中介性被认为是职业教育的本质属性。

教育是社会与个人以文化传递为中介和手段相互改造、自我改造从而发展自身的活动。各级各类教育把人类积累起来的精神财富转化为受教育者的智慧和才能,以最大限度地开发他们的身心潜能为己任。各级各类教育都是社会与受教育者之间的中介,即企事业单位与学生之间的重要中介,都具有中介性。因此,中介性不是职业教育的本质属性。

(六)多样性

《中国教育改革和发展纲要》提出:“职业技术教育是现代教育的重要组成部分,是工业化和生产社会化、现代化的重要支柱。各级政府要高度重视,统筹规划,贯彻积极发展的方针,充分调动各部门、企事业单位和社会各界的积极性,形成全社会兴办多形式、多层次职业技术教育的局面。”职业教育要为社会上成千上万职业岗位培养所需的各种人才,为此,职业学校及其专业的设置必然表现为多样性。职业教育的办学形式,是与生产力发展水平和所有制形式密切相关的。由于我国社会主义初级阶段的所有制结构是以公有制为主体,多种经济成分并存,所以这就决定了我国职业教育办学形式的多样性。杨金土认为职业教育的多样性主要表现在:职业教育具有多种层次,同一层次还有不同的年制,具有多样性;培养目标分为技术型和技能型两类,两类目标当中又分别划分不同的领域,不同层次、不同类型的职业教育培养目标不一致,体现出职业教育培养目标的多样性;办学主体有政府办学、企业办学、行业办学、私人办学等不同的办学主体;职业教育有全日制、半日制、夜学制、周末制、工学制以及学习一段工作一段的交替等多种办学形式。因此职业教育是一种在目标、层次、形式、内容等方面提供多种选择、满足多种学习和发展需要的教育,单一化的职业教育,既无法满足社会的多样化需要,也无法满足学习者多样化的个性要求。①

现代教育是现代社会的产物,它与现代社会政治、经济、科学技术发展有着密切联系。现代科学技术迅速发展和分化,使得社会分工越来越细,社会化程度越来越高,许多新的学科和领域的创立,促进了社会多样性发挥。各级各类教育为适应经济社会的发展,要求教育具有多种形式、多种学科和多种专业,以满足社会和不同学生的学习需要,促进社会和所有学生多样的发展。随着社会的发展及社会对教育的要求逐步提高,职业教育不管是从人才培养目标,还是从办学模式、教育内容等方面,都要适应社会多样化及其学生、家长多方面的要求。如上所说,多样性不是职业教育特有的属性,其他教育形式也具有多样性。

(七)针对性

职业教育是"对就业者所进行的一种不同水平的专门知识和专门技能的教育。是在普通教育的基础上,对国民经济各部门和社会发展所需要的劳动力进行有计划、有目的培训和教育,使他们获得一定的某种专门知识和劳动技能,从而达到就业的目的或就业后易于提高的一种教育。"②职业教育是一种针对性的教育形

① 杨金土:《多样性是职业技术教育的本质属性》,《职教论坛》2001 年第 9 期。

② 门振华:《职业技术教育概论》,重庆大学出版社 1988 年版,第 3 页。

式。周山雪认为职业教育的针对性主要体现在：宏观上，针对社会经济发展，尤其是地方经济发展对人才的需要；微观上，针对职业岗位（或岗位群）所要求的专门技术理论和经验知识；实践上，针对职业岗位（或岗位群）所要求的一专门技能、技巧和其他实践能力。①

其他教育同样具有针对性，如基础教育针对学生个体差异和接受能力等方面的不同，为提高学生整体素质，有针对性地改进教育方式，同时也针对社会经济发展对人才的要求，不断更新教育内容。成人教育学生学习的目的是针对性地为成人提供服务，通过不断的学习，使知识和技能得到不断的提高，充分体现了针对性。因此，针对性是职业教育的基本属性，但绝不是本质属性。

对职业教育基本属性的不同认识加深了我们对职业教育的认识，为我们更深入地探讨职业教育的本质属性提供了理论基础。

第二节　职业教育与我国市场经济发展

自改革开放以来，我国正逐步从计划经济走向市场经济，市场经济渗透到我国社会生活的各个层面，职业教育体制与运行机制也逐步摆脱旧有计划经济模式，实现了体制和机制转换。我国市场经济的发展促进了我国职业教育的发展，但与社会经济的高速发展相比，职业教育的发展明显滞后于我国市场经济的发展。

① 周山雪：《关于职业技术教育的本质特征》，《职业技术教育》1999 年第 21 期。

一、市场经济对职业教育发展的影响

（一）市场经济的发展是职业教育发展的基础

辩证唯物主义告诉我们，物质生产活动是人类社会赖以生存和发展的最基本的社会活动，是其他一切社会活动的基础。社会物质生产的发展既为职业教育的发展提供了条件，又对职业教育不断提出新的要求，成为推动职业教育发展的根本性的社会动力。纵观人类社会发展进程，不断发展的社会物质生产把越来越多的人从直接为维持人类社会生存与发展而进行的物质生产中解脱出来，并缩短其劳动时间，这样就为职业教育的发展提供了人员与时间。目前，我国农村还有数亿富余劳动力，每年还要新增600万农村劳动力。据统计，2002年全国共转移农村劳动力2385万人，其中初中毕业生占62.7%，受过专业技能培训的只有12.5%①。大量农村劳动力既没有打工所必需的一技之长，也缺少保护自己的法律知识和城市生活常识，不适应就业和城市生活的要求，这就导致出现一方面用工单位招不到合适的人，另一方面大批进城农民工又找不到合适工作的现象。也就是说，一方面，劳动力市场需求巨大，技能型人才严重短缺；另一方面，农村富余劳动力数量巨大，就业困难，致富无门。市场需求和人力资源的尖锐矛盾，为职业教育的发展提供了巨大的发展空间。根据我国城镇化发展的目标，每年需要转移1000多万农村人口，特别是对每年没有升入高一级学校的约600万初高中毕业生，迫切需要通过教育培训实现转移。按照国务院六部门制定的规划，2003—2005年，要对拟向非农产

① 参见周济《以服务为宗旨，以就业为向导，全力实施〈农村劳动力转移培训计划〉》，《教育部通报》2004年第16期。

业和城镇转移的1000万农村劳动力开展转移就业前的引导性培训，对其中的500万人开展职业技能培训；对已进入非农产业就业的5000万农民工进行岗位培训；2006—2010年，要对拟向非农产业和城镇转移的5000万农村劳动力开展引导性培训，并对其中的3000万人开展职业技能培训；同时，对已进入非农产业就业的近亿农民工开展岗位培训①。面对规模空前的培训任务，现有的职业教育机构的培训规模显然是远远不够的。总之，巨大的社会需求，是职业教育持续快速健康发展的最强大的动力。

（二）市场经济发展为职业教育提供保障

任何教育的发展都需要资金，职业教育也不例外，教育资金一是来自自身的办学收费和其他收入，二是来自政府的财政拨付，还有一些是来自企业的投资和社会的捐赠，而这些资金的来源都与国家的经济发展水平和物质富裕程度息息相关。许多经济发展水平较高的国家对职业教育的投入明显要高于经济发展水平较低的国家，如美国1990年通过的职教法案授权联邦政府每年向职教机构增加16亿美元的投入②。即使是同一国家也会由于地区之间经济状况悬殊，影响着政府对职业教育投资的差异，影响着受教育者学费的支付能力。

市场经济发展为职业教育的发展提供保障，还反映在社会经济能否为职业教育提供质优量足的教学实训场所、教学仪器、实验实训设备等。特别是这些物质条件中所蕴含的技术发展水平，将对职业教育知识的传播和技能的训练产生极为重要的影响。

① 参见周济《以服务为宗旨，以就业为向导，全力实施〈农村劳动力转移培训计划〉》，《教育部通报》2004年第16期。

② 徐朔、郭扬：《战略调整、规范化、企业参与——发达国家职业教育发展改革的三大特点》，《教育发展研究》2002年第2期。

（三）市场经济的发展对职业教育提出新的要求

教育作为社会延续和发展的工具，必然要适应社会发展的需要，特别是要适应市场经济发展的需要。作为与市场经济密切相关的职业教育更是明显。这主要表现在：①产业结构的调整和就业结构的变化影响着职业教育的专业设置和课程结构。从世界各国职教发展情况来看，每个国家在各个不同历史阶段，职业教育的重点应是所处时期的国民经济中占主导地位的产业部门，也就是说职业教育的发展是随着经济结构的调整而转移的，须与产业结构、就业结构的需求保持一致。②技术结构的状态制约着职业教育的层次结构。世界经济发展情况表明，人才从劳动密集型产业流向资本密集型产业和知识技术密集型产业，与人才由第一产业流向第二产业、第三产业保持同步的趋势，这就要求有与之相配套的教育结构来培养不同层次、不同类型、不同行业的技术人才。作为职业教育则应紧密根据产业结构的调整、就业结构的变化、技术结构的要求建立与之适应的层次结构，满足生产管理第一线各类应用型人才的需求。

二、职业教育对市场经济发展的反作用

（一）职业教育是实现劳动力生产和再生产的重要手段

教育起源于劳动，与人类的物质生产活动紧密相连。远古时期的教育就是通过生产和生活的实践来进行的。随着人类社会的进步和社会活动的长期实践，教育对经济发展的作用越来越明显，也越来越被人们所认识。社会生产力中最重要的组成部分是劳动力，劳动者积极性和创造性越高，劳动的技能和方法越熟练，所创造的财富就可能越多。但劳动者的素质需要通过后天的教育和训练才能形成。古代社会，这样的教育和训练可在生产过程中进行。

但随着经济的发展，生产劳动活动日益复杂化、知识化，要求劳动者的综合素质不断提高，这就使得教育特别是职业教育逐渐成为了劳动力生产和再生产的重要手段。美国学者舒尔茨认为：教育作为经济发展的源泉，其作用是远远超过被看做实际价值的建筑物、设施、库存物资等物力资本的①。根据他的“人力资本学”中的公式计算，教育投资增长的收益占国民收入增长的比重为33%②。苏联经济学家斯特鲁米林也认为国民收入增加的部分，大约有30%是因为教育所影响。他认为一个受过初等教育的工人，可使劳动生产率提高30%，一个熟练工人进修一年，可提高劳动生产率1.6倍。我国有关学者测算认为：我国国民收入增长额中，约有25%是由教育投资带来的收益③。

（二）职业教育是加速生产技术更新的重要途径

古代社会生产中的技术更新，主要依靠劳动者生产经验的积累。而近代社会则是依靠科研来推动生产技术的更新和管理的改善。但这种科研成果到生产技术更新的推广必须要有一个“桥梁”、“纽带”，那就是职业教育。作为知识形态的、潜在的生产力的科学技术只有通过教育才能实现再生产。只有通过职业教育，培养出能够掌握科学技术和技能的劳动者，才能使潜在的因素转化为现实的因素。特别是对在生产、管理、服务第一线劳动者的培养更为突出。根据国外工业发达国家的经验看，像我国目前的生

① 转引自易培强：《论高等教育成为产业的理论依据与特征》，《湖南师范大学学报（社科版）》2002年第4期。

② ［美］西奥多·舒尔茨著：《教育和经济增长》，转引自范柏乃《中国教育投资与经济增长互动关系实证研究：1952—2002》。

③ 谢家荣：《当前职业教育亟需克服的几个问题》，《教育与职业》2007年第29期。

产技术水平，高级技术人员、中级技术人员和技术工人的比例应该是1∶3∶10，从实际情况看，大多数企业达不到这个比例，技术工人不但量少而且素质达不到要求①。现实的生产过程中，由于一线劳动者职业素质的原因，影响新工艺、新技术实现转换的现象屡见不鲜，在一定程度上，阻碍了经济的发展。很明显，职业教育通过提高劳动者的职业素质和技术水平可以加速生产技术的更新，通过培养适合经济需求的各类人才可以为经济持续发展提供良好的人力资源。

（三）职业教育是提高经济管理水平的重要因素

在现代化生产和经济条件下，加强经济管理和提高经济管理水平对于社会经济发展具有极其重要的作用，职业教育对经济管理的作用表现为：既可以通过专业理论学习、技能培训等方式加强已有的经济管理者的素质，提高其管理水平，又可以为企业建立一支高素质的管理者队伍提供人员。因为经济管理者的来源，一是从生产服务第一线的人员中提拔，这是职业教育的主要对象；二是通过包括高等职业教育在内的学校直接培养。职业教育还可通过对社会政治、文化、职业道德等因素的影响，进而对经济发展产生间接作用。在现代化生产的条件下，只有人的素质全面提高，特别是劳动人员素质的提高，充分调动和发挥他们劳动的主动性、积极性和创造性，才能加速经济的发展。

三、不同经济条件下的职业教育的运行特征

（一）计划经济条件下职业教育运行的基本特征

计划经济在相当长时期内被推崇为社会主义经济管理体制的

① 曹少华：《论职业教育与经济发展之关系》，《湖南经济》2003 年第 12 期。

经典模式,是社会主义制度与资本主义制度在经济领域的分界点。因此,培养高级劳动力的职业学校,也被严格纳入国民经济发展计划体系内,其运行主要有四个特点:

1. 国家所有。计划经济下的教育活动由国家政府统一管理,教育的基本政策由国家统一制定,教育经费由政府全部负担。职业教育活动和其他教育活动一样国家所有化,私立的职业学校与民办的职业学校基本上不复存在。

2. 高度集中。高度集中计划经济体制下职业教育活动中一些重要方面的决策和管理权力,集中在政府管理部门。职业教育方向、进程、规模、结构方面的决策,职业教育培养目标、教育目的的确定,职业教育学校教学计划、进度的制定,教育内容原则的确定,考查、考试条例的规定,招生、分配的计划等,属职业教育基本活动方面的政策和规定,均由政府有关部门统一做出,集中管理。

3. 计划控制。计划经济国家传统的计划手段,是指令性计划。这种指令性计划也涵盖了教育事业的发展。根据社会发展需求有计划地发展教育,成为计划经济体制下教育活动的一个基本特点。职业教育的计划控制,主要体现在职业教育发展规模(学校数量、专业结构和招生数量)、毕业生的分配使用的严格计划管理上。

4. 行政干预。行政手段是计划经济体制下政府调控社会经济生活的最常用手段,也是最有效手段。计划经济体制下的教育活动的所有方面,都有国家政府颁布具体的行政命令加以规范。国家政府凡涉及职业教育的一切条例、规定、准则、决议、章程、指示等行政手段,都具有法律效力,各级各部门必须执行。

(二)市场经济条件下职业教育运行的基本特征

随着社会主义市场经济体制逐步建立和完善,市场对社会经济生活的各个方面的影响逐渐增强，职业教育活动也反映出市场这一基本调节力量的影响力。这种影响力体现为市场经济下职业教育运行的三个基本特征。

1. 自主性。在市场经济社会，凡从事商品生产和经营的经济组织都具有经营的自主性，是拥有自主经营、自负盈亏、自我发展、自我约束权益的法人实体和竞争主体。市场经济体系中的职业教育机构虽非具有完全市场功能的经济组织，但其作为特殊商品（有技能的劳动者）生产者的性质却不同程度地存在着。一方面为了维护教育活动与国家与市场的相对独立性，另一方面也为了适应强大的市场经济力量，学校必定会像企业一样获得其独立或相对独立的生产经营权（办学权），或为具有自身利益要求的独立实体，拥有自主办学、自我管理、自我发展、自我约束的权益。

2. 市场性。在市场经济社会，一切经济活动都在市场基础上进行，市场调节是最基本的经济运行力量。复杂劳动力的商品化，把人才和知识的培养基地——学校，变成市场经济体系中的一个相关构件。职业教育运行在强大的市场经济中，不可避免地受到市场力量的主导性的调节作用，在教育活动的一些重要方面，体现出市场性质。

3. 可控性。社会主义市场经济，是有干预的市场经济。市场经济下的职业教育必然要受到国家政府的宏观调控和指导。国家政府通过立法、经济、行政、计划、评估等多种手段，引导、规范、调节、约束、监督职业教育活动。国家调控一方面固然保障着学校的自主和自治，另一方面也与市场调节力量形成一种必要张力，使教育得到均衡发展，保障农村职业学校满足社会经济发展的需要。除了来自国家的干预外，社会的参与和监督也是可控性的一种表现，各类社会团体和各界社会人士广泛参与校政，各种新闻媒介积极介入学校监督和评估，也约束着职业教学活动。

四、职业教育市场调节的基本法则

职业教育在市场经济条件下要受到市场的直接或间接的调节影响。市场调节职业教育活动存在两大基本法则，即竞争律和交换律。

（一）竞争律

公平竞争，优胜劣汰，是市场经济的基本法则。只要存在着市场，竞争就不可避免。在职业教育市场活动中，各利益主体为了获得享受教育的机会，为了获得教育的资源，为了提高教育的效益，也免不了市场竞争。职业教育的竞争，主要有学校竞争，学生竞争，教师竞争三种形式。

学校竞争表现为职业学校之间为了获得良好的教学条件、教育资源和教育地位而展开的校际竞争。其积极意义在于，可使学校增加对外界社会需求反应和适应的敏感性，具有较强的社会适应能力和变通能力，勇于革新，不断进取，充满活力；也可使学校极力寻求自身的社会价值和生存机制，努力办出自身的特点；还可使学校淘劣存强，让那些质量不高或不合时代需求的学校或专业自动淘汰，最终形成合理的结构和布局及高质量的职业教育系统。

学生竞争主要表现在学生为获得职业教育消费资格（入学）而展开的竞争。这是因为，教育消费是一种特殊消费，与一般商品消费不同，人们在获得这种商品的使用价值的同时，又在对追求更大利润进行投资，这样，消费者在购买职业教育的同时，实际上其购买取向已紧密地把他们与劳动力市场联系在一起。对任何一名消费者来说，进入一所优秀职业学校，就意味着开辟了优秀的职业前景。目前，由于职业教育低迷，招生工作不易展开，只有少数优秀职业学校竞争依旧,大多数职业学校在等米下锅,来者不拒。

教师竞争主要表现在职业学校教师为了良好工作环境和劳动报酬而展开的教学竞争。

（二）交换律

等价交换,也是市场经济的基本法则。所有生产经营单位通过市场交换关系而实现其价值。在市场经济下,知识和人才是有价的,知识和人才的劳动价值,部分要通过交换得到体现。尽管劳动力商品的生产成本无法准确测定,即无法完全按等价实施市场交换,但在市场经济条件下,劳动力的价值还是要通过劳动力市场才能得以实现,还是要遵循市场交换原则。职业教育活动的等价交换法则,主要作用于学校与学生、与社会和与政府的关系上。

农村职业学校与这一消费者之间的市场交换关系,是一种知识的供求关系,其基本原则,就是学生交费入学。学生消费职业教育,是为了追求未来更大的利益,毕业后从劳动力市场上获得比普通劳动力更高的教育报酬率。职业学校与学生之间发生的市场交换,还是以市场价格为基础的交换。知识是有价的,但作为科技劳动与教育劳动之成果的知识,具有非实物特征,难以准确测量其价值,主要通过毕业生在劳动力市场上地位高低和教育报酬率大小决定。能提供高质量教育服务、其毕业生在劳动力市场上畅销、且能获得较高的教育报酬率的学校,收取的学费自然可以高些。教育是准公共产品,学生购买职业教育费用往往会由政府支付一部分甚至全部。在一定意义上说,无论劳动力进入何种劳动领域,最终都让国家和社会获益,所以,国家有义务为人才培养支付巨大的教育费用。

五、职业教育市场调节的利弊分析

市场经济条件下职业教育的市场调节性，是整个市场经济体系在职业教育领域的具体反映。市场经济本身所固有的特性，使得它对职业教育的作用及职业教育对它的反应，都体现了利与弊兼有的双重性。

（一）职业教育市场调节的主要优势

1. 市场调节性促使职业教育对外界社会生活的适应。适应不断变化的经济和社会状况，是职业学校生命力所在。职业教育的市场调节主要是通过职业教育学校对消费者需求变化，劳动力市场供求变化和社会对知识产品的需求状况的反应表现出来。当市场上某种商品的需求发生变化时，职业学校和个人便会根据这种供求关系的变化，按照自身的经济利益，及时调节自身活动，以在市场竞争中求得生存和发展。就消费者个人而言，他对职业教育的选择购买，一方面反映了目前和未来劳动力市场对某一方面人才供求状况；另一方面也反映了目前职业教育学校市场的价格（收费水平）、竞争（入学选择）。就职业学校而言，它对市场的反应，主要通过对消费者需求变化、劳动力市场变化和知识、资金市场变化来实现。任何一种变化信号的出现，都会引起市场主体的密切注意，并做出及时反应。当教育消费者发现劳动力市场供求关系发生变化时，在报考学校、专业选择乃至学习活动上都表现出敏捷反应，或报考热门专业，或选修热门课程。当学校发觉消费者市场供不应求时，便以各种方式争夺生源；当发现劳动力市场供过于求时，就会立即调整办学方向和方式，力图拓展新的有前景的专业。

2. 市场调节会促使职业教育系统向多种形式发展。我国这几年职业教育虽然低迷,但有特色的学校依旧火爆,民办学校和民办培训机构如雨后春笋般的出现,就是市场调节的结果。

3. 市场调节会促使职业学校不断创新。职业学校,处在市场的风险和利益的双重驱动下,因循守旧、故步自封,就会在激烈的竞争中沉沦或淘汰,只有改革创新、因时思变,才能在市场竞争中取胜。

(二)职业教育市场调节存在的不足

市场调节性在体现其优势的同时,由于市场调节机制本身的功能性缺陷的存在,有许多不易克服的弊端。

1. 市场调节可能会导致职业教育的盲目性。市场调节使得职业教育对社会需求变化十分敏感,变通性增强。但市场调节毕竟是由一种无形力量自由支配的调节方式,这就会引起学校对热门专业的一哄而上,盲目发展,而消费者往往随波逐流,人云亦云,向往热门专业,从而造成畸形发展。

2. 市场调节性可能会导致职业教育系统商品化。在市场经济条件下,许多职业学校可能会出现以利益为中心,放弃社会责任感的现象。特别在目前中国农村相对贫困,农民消费支出能力极低的情况下,职业教育的商业化会阻碍最急需消费人群的消费,职业教育的社会目的就难以达到。

3. 市场调节性可能会导致教育质量下降。职业学校为了在市场上占据有利地位,当然会努力提高服务质量,以赢得顾客的青睐和信任。但是,在市体系中由于各种力量是分散的、自流的,这样,就会遭到内部各种努力的分散而达不到初衷,结果教育质量往往下降。比如,为了获取最大的利益,它会想方设法降低生产成本,包括压低教学费用,聘用兼职教师,这些都严重阻碍职业学校正常的教育活动,结果导致教学质量下降;有的学校甚至用欺骗方式招收学生，这在部分民办学校是比较突出的，学生在对学校和专业缺乏了解情况下入学，其教学质量无法保证。

第三节　职业教育与我国人力资源开发

人力资源作为人类生产活动中最活跃的因素，是一切经济资源中最重要的资源，通过教育，尤其是通过职业教育来开发人力资源以达到提高经济增长的目的是世界各国政府发展的重点。

一、人力资源与我国人力资源

（一）人力资源

人力资源概念是在 20 世纪 60 年代被正式提出并逐步普及的，是从人力资本概念追溯而来的。然而，直到现在人们对人力资源的内涵仍然是仁者见仁，智者见智。虽然中外学者对人力资源的定义众说纷纭，但萧鸣政认为概括起来主要有三种代表性的观点：①

第一种是“成年人口观”。这是一种较为传统的观点，它把人力看作劳动力，劳动力等同劳动者，认为人力资源即具有劳动能力的全部人口，确切地说是 16 岁以上的具有劳动能力的全部人口。按照这种解释，人力资源开发的重点就是扩大人员队伍，增加人才储备。我国自解放到 1985 年前后的人力资源开发，基本上是在这种观点支配下进行的。因此，企事业组织养了许多不该养的闲人。

第二种是“在岗人员观”。它认为人力资源是目前正在从事

① 参见萧鸣政《人力资源管理》，中央广播电视大学出版社 2001 年版，第 1—2 页。

社会劳动的全部人口。这种观点较第一种观点有更积极的意义,它已经认识到了人口同时具有经济性和消费性,劳动力只是总人口中的一个子集,不参加劳动就不创造价值,不与生产结合的劳动力不是人力。按照这种解释,人力资源开发的重点就是扩大生产规模和开辟新的产业,增加就业机会,让每个健康的成年人都有事做。我国20世纪90年代初期的人力资源开发,基本上是在这种观点支配下进行的。在这种观点影响下我国企业生产与经营必然是劳动密集型的。

第三种是"人员素质观"。这是最近几年才提出来的,它把人力看做是人员素质的综合作用力,认为人力资源是在劳动生产过程中,可以直接投入的体力、智力、心力总和及其形成的基础素质,包括知识、技能、经验、品性和态度等身心素质。这种观点把人力资源管理的基本单位由个体观转变为素质观,由人员观转变为人力观,融入了绩效的因素。因此,按照这种解释,人力资源管理是一个系统工程,一个对人员的培养、开发和激励的过程。

我们认为:人力是指:"人的劳力;人的力量"。人力包括体力、智力和心力。具体而言,包括体质、智力、知识、技能。人力资源是指推动国民经济和社会发展,创造物质财富和精神财富起到实质作用的脑力劳动者和体力劳动者的数量、质量的总和。

在自然资源、物质资源和人力资源三大经济资源中,人力资源是一种最宝贵、最重要的资源,它不仅能开发自然资源,而且能创造出新的物质资源以弥补其不足。英国经济学家哈比森认为人力资源是国民财富的最终基础。世界各国都把发展的重点放在人力资源的有效开发和利用上,均把人力资源视作第一资源。首先,人力资源是一种可再生的生物性资源。它以人身为天然载体,是一种"活"的资源,具有生物性。它可以通过人力总体和劳动力总体内各个个体的不断替换、更新和恢复的过程得以实现，具有再生性。其次，人力资源是居于主导地位的能动性资源。人可以通过自身的知识智力创造工具，使自己的器官得到延伸和扩大，从而增强自身的能力。同时，随着科技的发展，人的头脑不断延伸，知识智力急速发展，人认识世界、改造世界的能力也将增强。最后，人力资源是一种时效性资源。人是一种有生命周期的有限资源，人力资源如果不能及时得以开发、利用、投入，或不能充分有效利用，就会随着时间的流逝而降低或丧失其作用，人力资源的有效性不取决于人口或劳动力的数量，而是取决于质量。丰富的、高质量的人力资源才是一个国家经济发展和社会进步的动力源泉和宝贵财富。

（二）人力资源开发

人力资源开发理论最早产生于20世纪50年代。随着西方人本管理思想的出现，行为科学研究的不断深入以及人力资本理论和人力资源学说的形成，人力资源开发这一概念逐渐为人们所接受。20世纪80年代中期，人力资源开发理论开始传入我国。

美国管理学家韦恩·蒙迪和罗伯特·M. 诺埃在《人力资源管理》一书中指出：人力资源开发是指利用人力资源实现组织的目标。① 而创造人力资源开发概念的美国著名学者奈德勒在其《开发人力资源》一书中所作的定义是："人力资源开发意味着：(1)一系列有组织的人事活动；(2)在限定时间内进行的人事活动；(3)旨在产生行为变化的人事活动。"美国学者罗斯维尔认为："人力资源开发指的是由企业倡导的一系列有计划培训、教育和

① 参见[美]韦恩·蒙迪、罗伯特·M. 诺埃《人力资源管理》（第六版），经济科学出版社1998年版。

开发活动。它将企业的目标与任务和职工的个人需要与职业抱负融为一体,目的是提高企业的劳动生产率和个人对职业的满足程度。"①

我国学者廖泉文认为:"人力资源开发主要是指国家(或部门)对全社会人员进行正规教育、智力开发、职业培训和全社会性的启蒙服务,包括教育、调配、培训、使用、管理、核算、周转等全过程。"②丛建阁认为:"人力资源开发是指社会或组织针对其成员的现有状态,通过有组织、有计划、有目的的运用开发手段实现人力资源素质改善和组织绩效提高的一系列活动,同时实现个人和组织的长期发展。"③

综合上述观点,我们认为人力资源开发是指国家、地方或组织通过一系列有目的、有计划的教育和培训等活动,并经过与开发对象的有机结合,使特定范围内的人力资源能够得以充分发掘、有效发展与合理使用。其目的是为了促进人的发展,使之更加适应社会生产和经济发展的需要。从这个角度来说,人力资源开发具有以下特点:(1)人力资源的开发是有计划、有组织进行的,是一种规划性的活动。人力资源的开发,必须结合组织的现有目标和未来目标,人力资源开发需要兼顾个人和组织的目标,求得个人和组织的协调发展。(2)通过开发提高人力资源整体素质,充分挖掘人的潜能,实现组织内人力资源的系统发展和工作绩效的明显提高。(3)人力资源开发的核心是教育和培训,是组织成员行为的持久改变或行为能力的改善。(4)人力资源的开发主体以国家或

① 董立人:《企业人本管理与人力资源开发》,《现代企业》1996年第4期。

② 参见廖泉文《人力资源开发和管理研究》,同济大学出版社1998年版。

③ 参见丛建阁《公共部门人力资源开发与管理》,中国财政经济出版社2002年版。

政府为主。(5)人力资源开发不是一劳永逸的,由于社会政治和经济改革的不断深化使组织的目标不断调整,这些都要求人力资源开发工作不断延续和深化。

(三)我国人力资源现状

2003年,中国教育部首次公布"中国教育与人力资源问题报告",对我国人力资源现状进行了分析,认为具有以下特点:整体国民素质偏低,中高层次人才严重缺乏,人力资源整体水平与发达国家和新兴工业化国家相比存在较大差距,产业、行业人力资源结构性矛盾突出,劳动力整体文化素质不能适应产业高度化发展和劳动生产率的持续提升,城乡、地区间劳动力文化素质的不均衡性十分突出。①

1. 总量巨大质量偏低

有关资料显示,2000年中国劳动力总量规模为8.7亿人。根据全国第五次人口普查数据建立的人口仿真模型预测,未来20多年里,我国劳动力供给总量将持续上升,到2013年,劳动年龄人口将达到峰值10亿人左右,要到2025年,我国劳动人口规模才会出现逐步下降趋势②。其中,劳动适龄人口比重将继续上升,并始终高于世界平均水平。

这样巨大的人力资源,人口整体素质与发达国家相比差距明显。"中国教育与人力资源问题报告"的资料显示,我国15岁以上国民受教育年限仅为7.85年,25岁以上人口人均受教育年限为7.42年,两项平均仍不到初中二年级水平,与美国100年前的

① 参见教育部《中国教育与人力资源问题报告》,《中国教育报》2003年2月16日。

② 参见郭蓝燕、刘万永、原春琳《我国首次公布"中国教育与人力资源问题报告"》,《中国青年报》2003年2月14日。

水平相仿,比韩国低近4年①。专家们在报告中指出,我国国民受教育年限的差距主要表现在接受高层次教育人口比例过低和初中以下学历人口比例过大。

"中国人力资源基本状况分析"专题报告介绍,在发达国家和新型工业化国家中,接受过高等教育和中等教育的人口所占比例较高。如美国和韩国,25—64岁人口中具有高中及以上受教育水平者比例分别占87%和66%。其中,接受过高等教育的人口比例分别占35%和23%。相比之下,中国2000年25—64岁人口中受高中及以上教育水平者只占18%,受初中以下教育水平的占82%。每百人中受大专及以上教育的人不足5人②。

2. 高中文化程度人口比重偏低影响经济发展

高中文化程度人口比重偏低,成为我国人力资源素质提高的瓶颈。专家们对我国目前初中毕业生升学率仅为52.6%十分忧虑。尤其是中部地区一些人口大省的初中毕业生,升学率多年徘徊在45%左右③。近半数合格初中毕业生无法升学,就意味着他们将直接参与就业或失业,长此以往,我国将会积聚大批初中及以下受教育水平的劳动者,对我国人力资源整体素质的提升形成不利影响。

据全国第五次人口普查资料显示,2000年我国从业人员中仍以具有初中和小学受教育水平的人员为主体,占75%左右,其中仅接受过小学教育的占33%。而接受过高中和中等职业教育者占12.7%,接受过高等教育的占4.7%。这种受教育比例远不能

---

① 参见郭蓝燕、刘万永、原春琳《我国首次公布"中国教育与人力资源问题报告"》,《中国青年报》2003年2月14日。

② 同上。

③ 同上。

满足现代经济对劳动者知识、技能的需要①。现实中也表现为高层次专业人员和劳动熟练工人严重缺乏。随着知识经济的到来,这种现实产生的影响将会越来越大。

3. 就业结构总体水平与现代化的就业结构相差甚远

劳动力受教育程度偏低直接导致了中国的劳动力产业结构失衡,产业、行业人力资源结构性矛盾突出。

有报告显示,第一产业就业比重过高,第三产业就业比重同增加值一样偏低,属于农业劳动力转移缓慢的就业结构。而第一产业从业人员以小学和初中文化为主,第二产业从业人员以初中文化程度为主,第三产业从业人员整体文化程度相对较高,但仍然不适应现代产业、行业结构升级的要求。

据全国第五次人口普查数据分析,2000 年我国第一产业农林牧渔业从业人员的平均受教育年限仅为 6.79 年,初中及以下教育水平的人超过 95%。日本同期同行业人员平均受教育年限为 10.67 年,1997—1999 年间,我们的农业劳动生产率仅是日本的 1.03%②。受教育年限低是导致中国农业劳动生产率低的重要原因。

以制造业和建筑业为主的我国第二产业,从业人员平均受教育年限为 9.44 年。相当于初中毕业水平,与日本的同行业相比,人均受教育年限相差 3 年左右。我国具有大专及以上教育水平的从业人员比例与日本差距更大,在制造业和建筑业这一指标分别

① 参见郭蓝燕、刘万永、原春琳《我国首次公布"中国教育与人力资源问题报告"》,《中国青年报》2003 年 2 月 14 日。

② 同上。

相差5倍左右①。第二产业劳动力的整体文化素质难以支撑我国制造业技术进步和劳动生产率的持续提高。

第三产业从业人员整体文化程度不适应现在产业、行业结构升级的要求。2000年，我国金融、保险从业人员人均受教育年限达13.19年，是第三产业中受教育水平较高的行业。但与日本相比，我国这些行业从业人员平均受教育年限仍旧与日本相差0.8年②。

需要注意的问题是，我国的第三产业以传统服务业为主，知识密集型服务业就业比重偏低。有资料表明，多年来，我国第三产业中就业比重提升较快的行业有批发和零售、贸易、餐饮业，社会服务业，而地质勘察、水利管理、交通通信、卫生、教育、科研和机关等知识密集型服务业就业比重出现下降。金融保险和房地产业的就业比重变动幅度较小。

4. 城乡劳动力人口文化素质差异巨大

报告显示，2000年我国15岁以上人口中仍有文盲8699.2万人，其中3/4分布在农村。农村劳动人口人均受教育年限为7.33年，而城市是10.20年。城市、县镇和农村之间劳动力人口受教育水平的比重情况为：具有大专及以上受教育水平的人口比例是20∶9∶1；受高中教育的人口比为4∶3∶1；受初中教育的人口比为0.91∶1.01∶1；受小学教育的人口比为0.37∶0.55∶1。③ 可见，我国城乡之间劳动力受教育水平层次结构存在明显差距。而且，地区间劳动力文化素质也呈现出较大的不均衡性。

① 参见郭蓝燕《我国首次公布“中国教育与人力资源问题报告”》，《人力资源》2003年第5期。

② 同上。

③ 同上。

专家们指出,城乡劳动力人口整体素质差异过大,不适应城市化进程的需求。乡村文盲率居高不下对于提高我国农业劳动生产率、推进农业产业化以及城镇化建设都是不利因素。

二、人力资源开发与社会经济发展

(一)人力资源开发是社会经济发展的基础和根本保证

经济发展依赖于科技进步,而科技进步取决于人力资源的开发。现代经济发展的主要动力和源泉已不是物质资源,而是知识、技术和人力资本,人力资源是经济发展的第一资源。从现代经济发展的趋势看,体力劳动者将日益减少,脑力劳动者将逐步增多,经济发展中智力因素的作用将不断提高并成为经济发展的决定性力量。人力资源开发把人的智慧和能力作为一种巨大的资源进行开掘和利用,必将对经济发展起关键作用。一些国家和地区人力资源开发的实践表明:只有重视人力资源开发,经济才能得到快速发展。

(二)人力资源开发促进经济增长方式的转变

改革开放以来,我国经济增长进入快车道,平均每年以10%左右的速度增长。但这种高速的经济增长是传统的粗放型增长的延续,主要靠资源的高消费和资金的高投人来支持,科技对经济增长的贡献率较低,仅为28.7%;而同一时期,日本为55%,美国为47.75%。集约型经济增长方式的基础就是人力资源的充分开发和利用。它强调经济发展中人力资源开发,即依靠科技进步和劳动者素质的提高来促进经济增长,高质量的人力资源对经济增长可发挥数倍效应。

(三)人力资源的开发是社会经济发展的第一要素

高质量的人力资源不仅能深度开发和有效利用自然资源,而且能够创造出新的物质资源以弥补原有的不足。在高科技产业迅速发展的21世纪,从创造社会财富、促进经济增长等方面来看,人力资源已逐渐起着主要的、决定性的作用,而自然资源则越来越退居次要的地位;资源和资本的竞争将逐渐为人力资源的竞争所代替。

人力资源是国家或地区参与国际竞争、增强综合国力的重要砝码。国力强大的最显著的标志是具有一支专门人才队伍,拥有一批较高素质的劳动者,这是实现科学发明和技术成果转化的必要条件。在未来社会里,一个国家的综合国力不仅包括国家的物质力,也包括这个国家的民族凝聚力和精神力。一个国家、一个民族的发展,主要的不取决于其自然资源的占有,而取决于人的素质。资金可以积累、可以引进;技术可以发明创造,也可以引进。但是人口的素质是无法引进的,必须靠我们自己去提高,去开发。因此,提高人口素质,实行人力资源开发,是经济和社会发展的必要条件。

三、职业教育与人力资源开发

(一)职业教育在人力资源开发中的作用

1. 职业教育是人力资本形成和积累的主要途径

诺贝尔经济学奖获得者罗伯特·卢卡斯的经济增长理论模型把人力资本分为专业化人力资本和社会一般人力资本,对经济增长起直接作用的是专业化人力资本。这两种人力资本的形成可通过两种途径获得:与生产分离的学校教育和在实践中学习。在过去相当长的时期内,人们将学校教育作为获取一般人力资本的重要途径,而将“在实践中学习”作为专业化人力资本形成的主要途径。但是,在现有人力资本总体水平不高的情况下,通过“在实践中学习"这一途径积累人力资本的效果是不理想的,特别是在生产高度社会化的今天,如果主要通过"在实践中学习"这一方式,无论是对专业化人力资本的形成或人力资本总体水平的提高,都将是低效的,不能适应现代经济尤其是未来知识经济社会对人力资本的要求。而通过职业教育来形成和积累人力资本则具有显著的优越性:(1)在正规的职业教育机构,既对学生进行一般知识技能的传授,又对学生进行专业化的教育,形成专门领域的职业技能,因而,职业教育能同时担负起一般人力资本与专业化人力资本形成的任务;(2)在教学体制上现代职业教育十分强调与生产实践的紧密结合,注重实践性教学;(3)由于职业教育是有目的、有计划、有组织地开展教学活动,有较高素质和丰富经验的教师队伍,因此,职业学校对于人力资本的形成与积累是高效的,可更好地适应现代经济对面广量大的各种人才的需求。

2. 职业教育能促进人力资源质量的提高

我国是一个人口大国,具有丰富的人口资源优势。如不能将这种人口资源转化为人力资源,则人口资源的优势将成为人口负担的劣势。现代经济发展证明,就一个国家或地区的经济增长而言,人力质量提高对经济增长的贡献比物质资本和人力数量的增加重要得多。首先,高质量的人力资源可以替代自然资源,以缓解资源的短缺;其次,高质量的人力资源不仅能开发和有效利用自然资源,而且能创造新的物质资源以弥补原有资源的不足;再次,高质量的人力资源对经济增长可以产生倍数效应。据统计,1900—1957 年,美国物质资本增加 4.5 倍,利润只增加 3.55 倍;人力资本投资增加 3.5 倍,利润却增加 17.55 倍。这也是日本资源虽然贫乏却富裕,而阿根廷拥有丰富自然资源却富不起来的重要根源。事实已充分表明,资源和资本竞争的时代已逐步被劳动者的勤劳和高质量的人力资源或人力资本以及由人力资本质量所决定的科技竞争的时代所代替。战后的西德和日本能在一片废墟上创建世界经济发展的奇迹,其发展的“秘密武器”是发达的教育体系,尤其是成功的职业教育,通过职业教育有效地开发了人力资源。而发展中国家由于对人力资源开发缺乏应有的重视,致使劳动者素质低,难以吸收先进的技术和管理方法,不能有效地利用外资、外援,从而造成资源和资本的浪费,对经济发展产生巨大的阻碍,这从另一个层面证明了通过职业教育来开发和提高人力资源质量的重要性。

(二)职业教育与我国人力资源的开发

1. 职业教育必须根据我国人力资源的需要进行调整与改革

我国以第一产业为主的传统产业结构正向第二、三产业加速发展的新型产业结构转变;技术结构将由以劳动密集型和传统技术为主转变为资本技术密集型,这需要大量的高素质、技术型人才,而目前我国人力资源的现状是:高素质劳动者总量较少、从业人员技术水平较低。据统计,2002 年全国约有 800 多万初中毕业生和 90 多万普通高中毕业生,直接进入劳动力市场①;“十五”期间,我国农村有 1.5 亿未经任何培训的剩余劳动力向非农产业和城镇转移②。这迫切需求提高职业教育数量比例与质量。

改革开放 20 多年来,各级各类职业学校共培养了 6000 多万名毕业生,城乡劳动者有 14 亿人次接受了各种形式的培训,造就

① 参见《职业教育发展面临的问题体现》,中国网:www.china.com.cn,2002 年 6 月 21 日。

② 参见《农村与农村中等职业教育》,农博网:www.aweb.com.cn,2003 年 6 月 24 日。

了大批服务生产第一线的应用型技术人才和高素质劳动者①。我国职业教育培养的人才总量已经不小,但是在专业特色、人才规格等方面,存在着结构性短缺。一是职业学校的专业设置缺乏市场导向性,与区域经济发展和行业需求"错位",表现为热门专业,如财会、文秘、计算机、经济管理"遍地开花",专业设置追求低成本、短期性,工科类专业因就业岗位与就业环境的影响,数量与规模在逐渐萎缩,新兴专业相当缺乏,如物业管理、保险、营销、设备维护与维修等专业,市场需求大而职业学校因设备、师资、教材的局限而难以承办。造成的结果是职业学校学生特色不明显,市场认可率低、就业困难,进而造成职业学校发展困难。二是职业教育人才结构不合理,高级技术技能型人才缺乏。尤其是高级技工的缺乏,高级技术技能性人才的培养与实际的需求还相差太远。在广东,高级技能人才的供求比是1:9。据预测,到2005年广东对技能人才的需求达502.4万人,而目前仅有365万人,缺口达130多万②。目前广东、上海等一些经济发达地区,高级技术人才的工资报酬超过本科生甚至研究生的工资报酬。专家分析表明,中国加入WTO后将进入一个现代制造业大发展的时期,职业教育培养的专业技术、技能型人才成为首当其冲的需求亮点,但是职业教育在这些方面显然准备不足。

2. 职业教育面临着应对国内外两个劳动力市场的挑战

从国内劳动力市场来看,21世纪是经济全球化时代,我国经济发展正加快从农业国向工业国的转变,在这个转变过程中,我们

---

① 参见《教育部2005年第13次新闻发布会》,中华人民共和国教育部网站:www.moe.edu.cn.

② 何磊:《1:9,广东高级技能人才供不应求》,《中国青年报》2002年6月19日。

需要大量的熟练工人和较高层次的应用型技术人员，因此，国内劳动力的规格、水平和质量标准面临国际化的挑战，而各种职业资格、技术标准及质量管理的国际化标准，对我国现有职业教育的办学模式和教学内容提出了更高的要求。

从国外劳动力市场来看，为适应经济全球化和外向型经济发展的需要，职业教育面临着开辟国际就业市场，开展国际劳务输出培训，职业教育发展与国际经济需求结合，培养国际化人才的挑战。目前全球劳动力流动频繁，每年达3500万人，而我国2000年外派劳务人员只有40万，不到总数的2%①。相比之下，我国对外劳务输出总体发展水平还比较落后，劳务输出规模所占份额小，专业技术和管理人员在劳务输出总量中的比例较低。因此，面对国际劳动力市场的需求，要求职业教育的教学改革不断深化，在人才规格、技术能力和外语水平等方面逐步适应国际需求，以提高在国际就业市场上的竞争力。

3. 构建终身教育体系和学习型社会为职业教育提出了新的要求和任务

终身教育和学习型社会作为重要的国际教育理念和教育思潮，对职业教育产生着越来越深远的影响。1999年4月联合国教科文组织将职业教育作为终身教育的重要组成部分，认为"终身学习是一条有许多途径的旅程，技术和职业教育是这条旅程中不可缺少的一个组成部分"。职业教育纳入终身教育体系，一方面对职业教育理论的丰富与完善产生了推动作用，另一方面，也对我国职业教育的发展与实践提出了挑战。

按照终身教育目标建立职业教育协调发展的体系。一是职业

---

① 闻之:《成才之路，四通八达》,《中国教育报》2001年8月6日。

教育与政治、经济、文化和科技等的协调发展,要求职业教育的课程设置、专业结构与产业结构和就业结构、科技进步相一致。二是职业教育要与其他类型教育,如普通教育、高等教育和成人教育建立起相互沟通、相互衔接的关系。三是职业教育内部,初等、中等、高等职业教育层次结构之间,职业教育数量与质量之间,职业教育专业结构之间,以及学校职业教育与职业培训之间的协调发展。

(三)树立以人力资源开发为导向的职业教育发展理念

人力资源开发应作为职业教育发展的出发点和归宿,因此,职业教育的发展必须坚持以人力资源开发为导向,在这一前提下,职业教育发展才会有新的理念。

1. 职业教育在人力资源开发中的作用正受到全社会的广泛关注

经济发展的事实已表明像中国这样的发展中国家,在其工业化进程中遇到的最大难题之一是人力资本不足与经济发展需要之间的矛盾,人力资源是制约一个国家可持续发展的关键因素。一些企业,尤其是成功的优秀的企业都基于对人力资源开发和利用的充分认识而将人力资源的开发与管理作为支持企业自身可持续发展的战略性力量,在企业远景、企业使命、企业经营战略、企业核心价值观的指导下使之与企业组织结构、企业文化紧密结合,以达到短期内促进企业业绩提升,具有强大的竞争力,具有可持续发展潜力的目的。然而,长期以来我国人力资源开发迟滞,其主要原因之一是教育体制与教育水平落后,尤其是与经济社会发展密切相关的各级各类职业教育发展明显滞后。因此,近些年来,教育发展,特别是职业教育发展成了社会关注的焦点。

2. 职业教育应为就业准入制度及职业资格证书制度的实施服务

1999年《中华人民共和国职业分类大典》颁布后，我国已有90多个职业要实施就业准入制度，即：从事这些职业的人员必须经过培训，取得职业资格证书后方可就业上岗。而职业资格证书是表明人们具备从事某一职业所必备的学识和技能的证明，是求职、任职、开业的资格凭证，是用人单位招聘录用员工的主要依据，也是境外就业、对外劳务合作人员办理技能水平公证的有效证件。我国将逐步在技术复杂、通用性强、涉及国家财产、人民健康安全和消费者切身利益的职业或工种，全面推行国家职业资格证书制度。加入WTO，则更会推动职业资格证书制度的实施，而要获得职业资格证书则必须经过职业教育培训，因而，就业准入制度的全面实施，必将为各类职业教育的发展提供新的机遇。因此，职业教育在人力资源的开发与再开发中必将扮演更为重要的角色。

3. 职业教育应为新生劳动力以及失业人员学习

随着整个市场体系的形成，特别是劳动力市场的发育成熟，必然会形成一个自动吸纳高素质的劳动者，排斥低素质劳动者的机制，失业人员也只有通过培训学习，实现自身资源的再开发，才具备再就业的资质。而这种劳动力市场机制，必将对学生或失业人员产生积极的影响：一是接受教育或培训后自己将成为稀缺的劳动力资源，更易就业，失业的概率下降；二是接受教育或再教育后，将获得较高的预期工资；三是工资等级差别的扩大，将使自己在学习阶段所支付的直接成本和机会成本相对于学习后获得的高收入小，即教育投资回报率高。这种影响作用将有利于调动人们接受职业教育或培训的积极性。毫无疑问，也就相应的有利于扩大职业教育的生源。

4. 职业教育应抓住劳动力资源最富足的时机进行人力资源开发

人力资源是一种时效性资源,其开发配置和使用都受时间限制,即受个体生长周期的限制。我国有关统计表明,中国正处于劳动力资源存量迅速增长和老年抚养系数较低的时期,因此,我国必须抓住有利时机,积极地进行人力资源开发;同时,我国正处于年轻劳动力顶峰时期,这些人目前正处于受教育、培训或就业的最佳年龄段,因此,最近几年是开发劳动力资源、全面提高劳动者素质的大好时期;而且,做好劳动力资源的开发工作,也有利于减缓社会就业压力,可谓一举两得。因此,各类职业学校必须广泛挖掘生源潜力,进行全面的人力资源开发,特别是要将失业人员的再就业培训作为职业教育发展的新的增长点。

第二章　我国县域经济发展的现状分析

“县”,在我国是一个古老的行政区划概念。作为地方行政区域的划分,它萌芽于西周,产生于春秋,发展于战国,定制于秦朝,兴盛于当代。自先秦建郡县制以来,“县”一直是我国最基本的行政和经济单元。在漫长的历史长河中,县级政权不仅是我国政权建设的基础,承担着连接上下、贯通左右的枢纽作用,而且也是保证国家经济发展、社会稳定、政权巩固的重要环节。从行政管理层次的经济交流、科技传导、政令贯通、信息传播、人口流动、社会影响来看,县域能够承上启下;从经济发展、社会进步、政治稳定、环境保护、百姓养育、民风教化等角度看,县域又是整个国家的基础。正所谓“郡县治,天下安”,县级政权在我国行政管理体系中一直具有特殊重要的地位。

县域经济是县域发展的基础。成功、有效、快速地发展县域经济,具有坚固、夯实整个国家经济社会发展基础的作用。截至2003年,我国共有县级行政区划2861个,全国县域国土面积896多万平方公里,超过全国国土面积的93%;全国县域内人口总数达9.2亿,占全国总人口的71.6%;全国县域经济的GDP达5.7万亿元,占全国GDP的54.5%①。也就是说,我国的农业、农村、

---

① 参见庄光伟、杨荷卿《开发特色旅游,促进县域经济发展》,中国网:www.china.com.cn,2006年12月22日。

农民,基本上都在县,解决"三农"问题不论有多少政策、招数,其最终落实点也主要在县。没有广大农村的小康就不会有全国的小康,没有广大农民的小康就不会有全社会的小康。而且县域经济也是实现"五个统筹",特别是统筹经济社会发展,统筹城乡发展和统筹区域发展的一个基本的工作平台。只有县域经济发展起来了,才有可能从根本上解决我国目前农村剩余劳动力的出路和农民收入增长缓慢这两大难题。因此,县域经济不仅是我国区域经济中一个重要的层次,是国民经济的基本单元,同时它的发展也是全面建设小康社会、加快推进中国特色社会主义现代化的必然要求,它充满着活力也蕴含着希望。

第一节 县域经济的基本含义与特征

从党的十六大到十六届五中全会,是中国现代化进程中极其重要的阶段。这个阶段的重要特点是中国对改革开放实践进行重新审视和对未来发展进行创新部署,其中的一个重要方面就是对县域经济及其发展进行了"明确探索"。2002 年 11 月,党的十六大基于中国的基本国情,从中国特色社会主义现代化的全局出发,在报告中首次提出:"发展农产品加工业,壮大县域经济"①,"县域"和"县域经济"概念第一次被写进了党的文献。2003 年 3 月,全国人大十届一次会议政府工作报告提出:"推动县域经济发展"②;2003 年 10 月,党的十六届三中全会提出:"大力发展县域

① 参见《十六大报告辅导读本》,人民出版社 2002 年版,第 21 页。

② 参见新华社《促进农业和农村经济全面发展》,《人民日报》2003 年 3 月 6 日。

经济";2004年2月,中共中央一号文件再次强调:"壮大县域经济";2004年3月,全国人大十届二次会议政府工作报告提出:"发展农产品加工业等农村非农产业,壮大县域经济";2005年3月,全国人大十届三次会议政府工作报告提出:"发展乡镇企业,壮大县域经济";2005年10月,党的十六届五中全会通过的国民经济与社会发展"十一五"规划建议系统地表述为:大力发展县域经济,加强农村劳动力技能培训,引导富余劳动力向非农产业和城镇有序转移,带动乡镇企业和小城镇发展。[①] 几年艰苦的探索中,"县域"、"县域经济"的概念逐渐为人们所熟知、所认同,"县域"、"县域经济"的思想逐渐为人们所运用、所实践。

一、县域经济的基本含义

县域经济的概念,是改革开放以后,随着国家宏观改革的调整才出现的;县域经济基本内涵的认识和界定,也是伴随着这一过程通过不懈的探索而逐渐明晰的。

县域经济是我国区域经济中一种特殊的类型。冯德显认为,随着我国工业化和城市化的加速发展,县域经济发展受到影响,以县域经济为载体的"三农"问题由此成为当前社会经济发展中的焦点。"县域"是政治性较强的地域单元,"县域经济"是指县辖范围内,各种经济成分有机构成的一种区域性经济系统,在国民经济体系中占据特别重要的地位。相对于城市化和工业化,县域经济基本上体现的是农业和农村经济;相对于城市经济,县域经济有较强的独立性和自身发展规律,应当把县域经济作为一个整体,用企

---

① 参见黄庭满《走出重城轻乡阶段,中国进入县域经济大发展时代》,新华网,2005年12月11日。

业理念来经营和运作；相对于农村经济，它是城市经济与农村经济的结合点，是国家经济发展和社会稳定的重要基础；相对于一般经济区域，县域经济是以政治单元组织起来的区域经济发展系统，是一个政治性较强的政治与经济的矛盾统一体。县域经济的独特地位和特征主要表现在基础性、独立性、过渡性、稳定性等几个方面。县域经济问题的提出，是我国经济增长到一定程度、经济结构调整和区域协调发展的需要，是社会经济全面可持续发展、体现社会公平的需要。同时，解决"三农"问题，也必须从县域经济开始。①

县域经济是一个县级行政区域范围内各类经济的总和。它既包括农、林、牧、渔等生产部门，又包括工业、商业、交通运输、建筑等生产部门，还包括财政、金融、邮电通信等各项服务部门，以及以上各部门之间的经济关系和经济活动，是相对独立、相对完整的基本经济单元。

县域经济发展的本质就是民生经济。许宝健认为，县域经济的一个基本特征就是其经济活动内容的广泛性、综合性和丰富性。县域经济是以农村经济为主体的经济，其发展的本质就是民生经济，发展的关键在于调整所有制结构和产业结构。无论是解决"三农"问题还是统筹城乡经济社会发展，县（市）这个层次都具有无可比拟的优势。首先，作为宏观和微观的结合部，在发展规划制定、经济结构调整、产业开发等一系列发展的重大问题上，县（市）具有相对的自主性；其次，作为承上启下的行政管理层次，具有比较完备的管理职能，能够调整县域内各产业之间的关系，统一各部门的力量，兼顾县（市）、乡（镇）、村三个层次，提高统筹、协调、组

① 冯德显：《县域经济协调发展战略研究》，《地域研究与开发》2004 年第 4 期。

织、服务的功能，统揽县域经济发展全局。因此，我国经济工作的重点应该下移到县(市)一级。①

发展县域经济是解决“三农”问题的切入点。刘福刚认为，县域经济是国民经济的基本单元，是充满活力和蕴涵潜力的经济；发展县域经济是解决“三农”问题的新的切入点，是稳定基层政权的物质基础，将为国民经济提供广阔的发展空间。②

县域经济是实现统筹发展的平台。高新才认为，县域经济是实现“五个统筹”，特别是统筹经济社会发展，统筹城乡发展和统筹区域发展的一个基本的工作平台。只有大力发展县域经济，才能有效地把城市与农村、农业与非农产业、农民与市民等问题统筹于区域发展当中。只有县域经济发展起来了，才有可能从根本上解决农村剩余劳动力的出路和农民收入增长缓慢这两大难题。县域经济的发展直接关系到“三农”问题的有效解决。③

此外，高焕喜还从广义和狭义两个层面对县域经济进行了剖析。他认为，从广义上看，所谓县域经济，是指县域范围内生产力与生产关系的总和。从生产力的角度看，包括理论生产能力、实际生产能力、潜在生产能力、生产竞争力、创新力等；从生产关系角度看，包括生产资料所有制关系，生产、交换、分配、消费关系，生产要素的组合关系；具体看包括所有制结构、产业结构、产业化程度与协作关系，以及许多诸如国民收入、人均国民收入、农民人均收入、

---

① 许宝健：《县域经济发展：本质、关键和措施》，《农业经济问题》2005 年第 4 期。

② 华晔：《专家解读县域经济基本竞争力》，人民网：“http://unn.people.com.cn/GB/22220/30029/30030/2210477.html”。

③ 高新才：《关于壮大县域经济的几个问题》，甘肃经济信息网：“http://www.gsei.com.cn/bbs/showtopic.asp”.

城镇居民人均收入、县级财政收入、上缴国家税金等具体指标，还包括物质文明、精神文明、政治文明以及生态文明的协调程度等；从狭义上看，县域经济是指以县级经济区域为地理空间，以市场为导向，以县级政权为调控主体，具有地域特色，功能完备的区域经济。[①] 也就是说，县域经济属于区域经济范畴，是以县城为中心、乡镇为纽带、农村为腹地、县级政府为调控主体，在全县范围内优化配置资源，在更大区域的分工协作中获得比较优势的经济体系；县域经济具有一个特定的地理空间，是以县级行政区划为地理空间，区域界线明确；县域经济有一个县级政权作为市场调控主体，有一个县级财政，因此，县域经济有一定的相对独立性，并有一定的能动性；县域经济具有地域特色，这种地域特色与其地理区位、历史人文、特定资源相关联；县域经济是以市场为导向，具有开放性；县域经济是国民经济的基本单元，是功能完备的综合性经济体系，县域经济活动涉及生产、流通、消费、分配各环节，一、二、三产业各部门，但是，县域经济又不同于国民经济，县域经济不能小而全，要宜农则农、宜工则工、宜商则商，注重发挥比较优势，突出重点产业；县域经济是以农业和农村经济为主体，工业化、城镇化、现代化是县域经济的发展主题和方向。发展县域经济是解决"三农"问题的新的切入点，是全面推进小康建设的重要任务。[②]

总而言之，在21世纪的今天，我国正处在一个新的历史时期，社会主义市场经济的建立，使经济成分、经济利益、社会生活方式、社会组织形式和就业形势都呈现出多元化态势。新的形势下，

---

① 高焕喜：《县域经济有关基本理论问题探析》，《华东经济管理》2005年第4期。

② 参见宋凯《县域GDP约占全国60%》，《中国财经报》2008年3月27日。

"县域经济"的内涵也在多元化的洪流中不断得到梳理和诠释。从党的十六大到十六届五中全会,党的文献对县域经济内涵的表述不断深化,完成了对县域经济内涵的明确探索。所谓县域经济即是一种行政区划型区域经济,它具有一个特定的地理空间,是以县级行政区划为地理空间,区域界线明确;有一个县级政权作为市场调控主体并具有地域特色,不是封闭的"诸侯经济",具有开放性;是国民经济的基本单元;是以农业和农村经济为主体,工业化、城镇化、现代化是县域经济的发展主题和方向。发展县域经济是解决"三农"问题的新的切入点,是全面推进小康建设的重要任务。①

二、县域经济的基本特征

我国既是一个人口大国,又是一个农业大国。在13.2亿多人口中,城镇人口占44.9%,乡村人口占55.1%,②即我国绝大多数人口都生活在县域范围。这与欧美发达国家80%的人口生活在城市的情况是截然不同的。因此,作为国民经济的基本支柱和协调城乡关系的重要环节,县域经济在整个国民经济中起着举足轻重的作用,是国民经济运行和发展的重要基础。其基本的特征有:

(一)区域性

县域经济属于区域经济范畴,具有一个特定的以行政区划为界定的地理空间,区域界线明确。在这个区域内,因其特有的地理区位,长期形成的历史、人文和特定的自然资源,使得县域经济具

① 参见《十六大报告辅导读本》,人民出版社2002年版,第21页。

② 参见《中国人口现状》,中央政府门户网站:http://www.gov.cn,2005年7月26日。

有一定的地域特色,不同县的县域经济会存在着明显的区域性的差异。南方与北方,沿海与内陆,城郊与市区都会有着明显的差别,从而也会为不同的经济存量和不同的发展速度与变量的巨大差别提供着重要的基础性条件。因此,就县域经济的空间定位而言,有着区域性的特点。

(二)系统性

县域经济是我国社会经济功能比较完整的基本单元,具有相对独立的完整体系。从部门行业看,县域经济包括全县范围的工业、农业、建筑业、交通运输、邮政、电信、商业、物资、金融、饮食、服务、科学、教育、文卫、社会保险、环境保护、外贸等多种行业与部门;从县域经济体系看,县域经济包括县级全民、集体和个体及私营经济多种经济成分。全县就犹如一架庞大的机器,各行业各部门各团体间共同构成一个相互联系、相互依存、互为条件、循环呼应、共同运作的有机系统。

(三)开放性

市场经济是一种开放经济,在社会主义市场经济条件下的我国县域经济也必然具有开放性的特点。这种开放性特指县域生产要素的自由流动性,它既包括县域经济内部的开放,也包括突破人为划分的地域和边界,冲破自然条件、地理交通、民族关系等影响,在更大的区域内进行资源配置,形成跨区域的经济协作网络,获取区域竞争优势。从经济管理系统看,县域经济是以县行政区划为边界的,带有一定的封闭性。随着社会主义市场经济体制的建立和逐步完善,县与县之间、县与大中城市之间形成了相互辐射、相互联系、相互依赖的新态势,县域经济的外延发展必将突破地域和边界,突破自然条件、地理交通、政治因素等自然形成跨县域的经济协作网络、贸易集散地或某一专业化生产中心。因此,县域经济的发展将进一步依赖于这种全方位的开放趋势。也正是因为开放和这种多层次、多形式、多渠道的协作和发展,将使各县域经济有可能建立自己的优势产业,发展优势产品,形成各自的特色。而且,随着社会主义市场经济体制的不断完善,经济区域化的社会分工不断加强和县域经济的不断发展,这种开放性也会不断加强。

(四)综合性

县域经济是一个功能完备的综合性经济运行体系,在某种程度上可以看做是国民经济的一个缩影,具有与国民经济相对应的各个产业、领域和部门。从经济活动的地域分布看,它既包含城镇经济,又包含农村经济;从经济活动的产业特征看,它囊括了一个县级行政区域内的农业、工业和服务业。也就是说,它涉及生产、流通、消费、分配各环节和一、二、三产业各部门,并且集一、二、三产业为一体,集生产和非生产性活动为一体,集经营与管理为一体,具有很强的综合性。

(五)多样性

我国幅员辽阔,地域广大。自古以来,由于历史、地理和自然条件等方面的原因和区域所具有的特性,各个地区(包括县)都具有一定的差异,县与县之间都具有各自的优势和劣势,从而形成了各自不同的特点。因此,我们应正视县域经济发展过程中所客观存在的多样性,根据各个县域的具体情况因地制宜,扬长避短,把握特点,尊重其自然形成的客观规律,以使其在市场经济大潮中赢得不败之地。

(六)行政性

毋庸讳言,几千年来东西方文化的重要差异之一就是西方有着较多的自由性,而东方有着较多的集权性,至于为何会形成这种差异不是我们在这里用简短的文字所能探讨清楚的。再说,我国仍处在体制的转轨时期,社会主义市场经济体制的建成还有待进一步推进和完善。现实中,县域经济的发展状况如何在很大程度上取决于其县委、县政府的决策正确与否和组织实施的力度如何。另外,有人发现我们经济发展的投资周期与政府换届的周期非常吻合,这也印证了经济行政性的特点。

三、县域经济发展的意义

中国不同于西方发达资本主义国家或发展中国家,就在于中国有两千多个县,近百分之七十的人口生活在农村。这一特征就决定了县级单位是我国县域经济的组织者、管理者和调节者,是国家各种经济部门在农村的集中地,是大中城市经济、文化、科技输送到农村的扩散点,也是供应大中城市农副产品的集合点。县域经济既是国民经济的基础部门,又是国民经济的重要组成部分。那么,发展壮大县域经济意义重大,具体表现在以下方面:

(一)大力发展县域经济是"全面建设小康社会"的必然要求

全面建设小康社会的重点和难点在县域,没有9亿农民的小康,就没有全国人民的小康,发展壮大县域经济,是全面建设小康社会,开创中国特色社会主义事业的重要内容,是贯彻"三个代表"重要思想,落实科学发展观,实现最广大人民根本利益要求的重要体现。大力发展县域经济将为"全面小康"提供坚实的物质基础。只有县域经济发展了,农民实现了小康,才能最终实现全面建设小康社会的目标,才能真正实现城乡经济的协调发展和共同繁荣。

(二)县域经济是城乡统筹发展的纽带

县域经济是以县为单位的区域经济,而县以下的区域中农民占了绝大多数。因此,县域经济本质上是农村综合经济,是直接面向“三农”的经济，主题就是发展农村经济，增加农民收入。县域经济又是联系城市发展的经济。县域经济的发展，一方面为城市的发展提供了各种生产生活资料，另一方面又为城市的发展扩大了市场需求。因此，县域经济是城乡经济的结合，是城乡一体化发展的切入点。

（三）发展县域经济是吸纳农村剩余劳动力的主渠道

有限的土地和农村劳动生产率的提高，使农村产生了大量的剩余劳动力，这些剩余劳动力除一部分转移到大中城市就业以外，还有相当一部分留在本地，需要发展县域经济为剩余劳动力寻找就业出路。县域经济以中小民营企业和特色产业为主体，而中小企业大部分是劳动密集型企业，具有较强的吸纳劳动力的能力；中小企业就业要求相对较低，适应我国农村现阶段劳动力的素质水平；中小企业投资规模小，容易创办，适应民间资金的规模特点；中小企业以民办民营为主，它的产生和发展动员了民间资金的生产性投入，弥补了国家对农村的投入不足，从而推动了农村城镇化建设和农村第三产业的兴起，进一步扩大了就业领域，有效地转移了农村剩余劳动力。

（四）发展县域经济有利于城市化建设的健康发展

县域经济是一种块状特色经济。在起始阶段，民间资金投入的特点是规模小而散，有以家庭为单位的，以村、乡、镇为单位的，有个人独资投入的等，以此形成的产业有家庭作坊式的、村办企业、乡镇办企业和个体户等，这是农村非农产业的创立阶段，是农村产业结构调整的发端。第二阶段是块状经济的形成。农村非农产业发展到一定程度后，生产要素会在某一地域上集聚，从而形成块状经济。集聚的地点一是乡镇政府所在地的集镇，镇的规模扩大、功能增强；二是交通网络集中地，从而形成新的集镇。随着集镇基础设施建设的增加和第三产业发展，又进一步促进了农村非农产业的发展。第三阶段是小城镇建设和农村工业的进一步集中。这个阶段农村工业形成了进一步的分工协作，生产要素横向流动集中，形成了各具特色的分工协作的块状经济群；县城和一些经济实力强的乡镇发展成中小城市。这一城市化道路是建立在产业发展和集聚基础上的，是产业化推动的城市化，城市化又反过来促进了产业化。

第二节　我国县域经济发展的现状

一、我国县域经济发展的基本情况

据统计，截至2003年，我国县级行政区划共有2861个（香港特别行政区、澳门特别行政区和台湾省除外），其中市辖区845个、县级市374个、县1470个、自治县117个、旗49个、自治旗3个、特区2个、林区1个。全国县域内陆地国土面积（市辖区和福建省金门县除外）的面积约874万平方公里，占全国国土面积的94%（根据中华人民共和国行政区划简册2004统计）；全国县域内人口总数达9.16亿，占全国总人口的70.9%。县域内人口最多的省区是西藏自治区和贵州省，分别达90.6%和89.4%。县域内人口最少的省区是上海市，仅为3.7%。[①] 而我国国民经济的大部分则都在县域经济范围内。下面我们将从三方面来具体说明：

（一）从全国县域经济总量来说（GDP）

2003年，全国县域经济GDP为6.45万亿元，占全国GDP的

---

① 参见《全国县域经济总量》，中国县域经济网："http://www.china-county.org/zonglan/zonglan01.asp"。

55.15%，市辖区则为44.85%。县域经济GDP比例最大的省市区是贵州省，达74.4%；最小的是上海市，仅为1.1%。① 由此可以看出，县域经济在全国经济发展中已经占据了较高的份额。

（二）从全国县域经济平均规模来说

具体到全国县域经济的平均规模有下面一组数字：县域人口，平均45.53万人；县域经济的地区国内生产总值，平均32.04亿元；地方财政一般预算收入，平均1.21亿元；全国县域人均地区国内生产总值为8150元，是全国的77.4%；人均地区国内生产总值最高的100个县域是最低县域的15.8倍。全国县域经济强县包含全国县域经济百强县、西部百强县、中部百强县和东北十强县，共计300个②。这些强县或者具有区位优势，或者具有资源优势，是全国县域经济发展的中坚力量，县域经济工业化和城镇化的主力军，在全国县域经济发展中形成了"7—4—3—2"格局，即县域经济强县的数量约占全国县域单位总数的1/7，人口约占全国县域总人口的1/4，而创造的国内生产总值超过全国县域总量的1/3，提供的地方财政一般预算收入约占全国县域总量的1/2。部分百强县经济实力雄厚，人均GDP已超过3000美元，接近中等发达国家水平，创造了县域经济发展的成功模式。

（三）从全国经济的阶段性视角来看

从中国经济的阶段性视角看，新世纪新阶段县域经济大发展是中国经济发展的阶段性决定的。

纵观人类社会发展的历程，我们不难发现，人类经济长期处于

① 参见《全国县域经济总量》，中国县域经济网："http://www.china-county.org/zonglan/zonglan01.asp"。

② 参见《全国县域经济百强县市》，中国县域经济网："http://www.china-county.org/zonglan/zonglan15.asp"。

社会与自然不协调、经济与社会不和谐、自然和社会付出双重代价的"旧式现代性"阶段。此阶段,我们人类遭受越来越严重的"绿色惩罚",迫使我们不得不正视各种危机的存在。我国也不例外。

改革开放初期,中国处于工业化初始阶段,遵循"农业支持工业、为工业提供积累"的路径发展经济。经过20多年的发展,这一做法客观上也强化了中国经济的二元结构:城市经济和农村经济呈现出"割裂式并存"状态。中国经济必须转向加快县域经济发展,以实现工业与农业、城市与农村协调发展。

20世纪80年代初期是中国的农村经济时代。中国改革从农村开始,重点在乡村。农村经济获得了短暂的较快发展。但严格说,这是不完全的农村经济时代。因为农村改革重点在土地,将土地承包给农民。

20世纪80年代中后期,中国进入城市经济时代。1984年,中国改革重点从农村转向城市经济体制改革,城市经济拉开序幕;1992年中国进行土地要素和资金要素的体制改革,真正开启了城市化进程;1997年,国家通过积极财政政策,发行国债,大规模地投资于基础设施启动内需,城市化进程加快。到2000年,中国设市城市从1980年223个增加到663个,出现了东南沿海经济带、长三角、珠三角、京津环渤海城市群。[①] 这期间,城市发展政策很多,但针对农村的政策却很少,也不到位,对县域经济的重视程度远远不够,农村经济尤其是县域经济在20世纪80年代后逐渐放缓,近十多年发展速度更是大大下降。

进入新世纪,世界区域经济一体化快速发展,越来越多的国家

① 顾文选:《城市化发展要坚持生态优先原则》,《中国城市化》电子版,2003年第4、5月合刊。

在参与多边贸易机制的同时，积极参与到不同的区域经济合作中，区域主义的兴起成为世界经济秩序的主要特征之一。而我国在此过程中，城市经济与农村经济割裂式发展掩饰的问题也充分暴露出来，城乡发展的差距越来越大。我国宏观经济发展中，出口外需拉动型、投资拉动型增长的弊端显现，内需的经济发展拉动力不足的难题凸显，而拉动内需的重点在农村。城乡协调发展和复苏农村需求都要求加快发展县域经济。因此，我国在“十一五”期间首次将区域规划放在突出重要的位置。我国经济空间格局在经历了20多年地方政府主导型经济模式的发展之后，市场主导型的区域经济发展将迈出实质性步伐，开始从行政区经济真正迈向区域经济发展阶段。新的区域经济关系是在区域相互开放、市场一体、产业相连、分工合作的基础上形成的开放系统，而不再是“画地为牢”、相互封闭、各自为战的行政区经济。由此，我国进入了县域经济大发展时代。县域经济大发展将成为中国改革开放以来经济发展的第三个阶段性特征。

二、我国县域经济发展中存在的问题

2002年，党的十六大报告中提出“壮大县域经济”的战略，可以说，此战略不仅揭示了县域经济发展的独特价值，也奏响了我国经济发展主旋律中新世纪的乐章。在很多人的观念中都认为，县域经济是城镇经济与农村经济的结合部，是统筹城乡发展的切入点，是解决“三农”问题的根本出路，这样的观点是毋庸置疑的。但是，当我们为奏响乐章而跃跃欲试时，如果我们将我国的国民经济分为城市经济与县域经济两大板块，那么不难发现，与高速发展的城市经济相比，县域经济的发展其实是严重滞后的。甚至可以说，我国正在进行的热火朝天的现代化建设，在很大程度上是一种城市现代化;中国经济的高速增长,主要靠城市经济的急剧扩张和膨胀。而人口和国土面积占绝大部分的县域经济,越来越跟不上城市经济的发展步伐,城乡差别也呈现出加速扩大的趋势。就拿经济比较发达的广东省来说,2003 年广东省 68 个县(市),占全省 83.3% 的土地面积,但其创造的 GDP 却只有 28%;占全省 62.8% 的人口,仅创造了 6.5% 的财政收入。①

县域经济发展的严重滞后,显然影响和制约着我国经济的健康协调发展,更不利于社会的稳定和长治久安。因此,在建设全面小康社会的新一轮发展热潮中,加快发展县域经济,重点解决"三农"问题,已经提到了前所未有的战略高度。然而,怎样加快发展县域经济,如何制定有效的县域经济发展战略,本研究认为,首先应深化对县域经济的认识,尤其是对县域经济发展中所存在的问题应该有一个清醒的认识。

(一)地域环境差异较大,存在县域经济发展的不平衡

在我国,由于地理位置、历史原因或生产条件的不同,各个地区、各个县域之间的社会经济发展存在着一定的差异。区域经济发展不平衡规律表明,占有区位优势及交通便利的地区总是率先取得经济发展的优势,而受客观条件限制的山区经济则往往只能步人后尘、举步维艰。并且,在市场经济的"马太效应"、"倒流效应"作用下,资本、劳动力和其他生产要素不可避免地从落后地区向发达地区集中,并且具有固定化和强化地区差距的趋势,导致山区经济不断被边缘化。例如广东的珠江三角洲地区,正是凭借地缘、人缘和政策优势,大规模引进外资,大力发展外向型经济,迅速

① 何问淘、王金全:《发展广东县域经济的几点思考》,《南方农村》2004 年第 4 期。

崛起为举世瞩目的出口加工基地。而粤北粤西的山区各县由于交通不便等因素，则被严重边缘化。于是，一方面，一批百强县伴随我国改革开放的春风涌现了；另一方面，我国目前还有594个国家级贫困县（大部分都在中西部）。受地理位置、人文、科技等条件的影响，这些贫困县往往存在着这样的情况：大项目、大产业缺乏，产业结构不合理，经济结构单一，工业化、城镇化水平低，县乡财政困难，农民增收缓慢；而且随着宏观环境的变化和经济发展的转型，深层次的结构性矛盾和体制性矛盾还导致这些区域的经济运行质量低下，发展后劲不足。所以，在2005年评出的百强县中，东部地区有88个，主要集中在长三角、珠三角和环渤海三大经济圈，东北地区5个，中部地区4个，西部地区只有3个①。我国县域经济发展存在着不平衡的问题，且中西部县域经济发展面临着巨大的困难。

1. 县域经济地区格局的不平衡

从目前我国区域经济发展的总体状况来看，地区间经济发展的不平衡是多层面的，这种不平衡的多层性不仅体现在东、中、西部之间的不平衡以及省区与省区之间的不平衡，而且更多的是体现在县域与县域之间的不平衡。与经济发展水平总体分布情况一致，各地区的县域经济差距较大。分析第四届全国县域经济基本竞争力评价的结果，可以发现，尽管东部地区内也存在不发达县域，中西部地区内也有高发展水平县域，但经济发展水平较高的县域仍然集中在东部地区。这充分表明地区间经济发展的差距主要是由县域经济发展的不平衡造成的。首先，从县域人均GDP来

① 参见孟昭丽等《我国县域经济不平衡现状的原因及对策》，新华社信息银川2006年9月7日电。

看,2003 年第四届全国县域经济基本竞争力评价结果显示,东部地区各县人均 GDP 为 7707.6 元,为全国县域经济平均水平的 1.14 倍,而中部地区为 5575.4 元,西部地区为 5153.6 元,仅为全国县域经济平均水平的 0.85 倍和 0.76 倍。其次,从县域经济发展水平来看,在全国县域经济百强之中,东部就占有 93 个席位,而中部和西部仅分别占 5 个和 2 个席位;按经济发展水平由强到弱的次序将全国县域分为 10 级,则在最强的 A 级中,东部地区拥有 165 个,占总数的 77.44%,中部地区 31 个,占 15.9%,西部地区只拥有 13 个,仅占 6.66%;而在最弱的 J 级中,东部地区仅有 1 个,只占总数的 0.47%,中部 20 个,占 9.43%,西部则多达 191 个,占到总数的 90.10%。①

2. 县域经济空间格局的不平衡

尽管县域经济的发展极不平衡,但随着地区经济空间格局的日渐清晰,1990 年代以后,县域经济在已形成的地区经济空间格局中呈现出如下的格局特征:②(1)高发展水平的县域主要是沿着几个中心向外延伸。这些中心包括东部地区的北京、天津、上海、广州、深圳、青岛、厦门;中、西部地区的武汉、郑州、长沙、成都、昆明,并逐步形成了珠江三角洲、长江三角洲、京津塘地区三大经济增长带,成为全国经济的核心区。这种延伸现象也正是增长中心的"扩散效应"发挥作用的结果。(2)高增长县域以上述各增长中心为核心的继续外延,在空间上使全国的经济增长轴逐渐显现出来,形成了沿海岸带经济增长轴、长江沿岸经济增长轴、京广沿线

① 蔡昉、都阳:《中国地区经济增长的趋同与差距》,《经济研究》2000 年第 10 期。

② 李小建、乔家君:《20 世纪 90 年代中国县际经济差异的空间分析》,《地理学报》2001 年第 2 期。

经济增长轴。这种增长中心与增长轴相互连接的经济结构印证了区域经济理论中的“点—轴”模式。(3)低增长县域在空间上明显扩大,在空间分布上主要位于京广线、西藏中部、青海中部之间的区域。除该区域内各省会城市周边县域外,绝大多数县域的人均GDP增长量相当低。

(二)管理体制改革滞后,制约县域经济的快速发展

改革开放以来,我国一直在探索具有中国化特色的现代化建设之路。在经济领域,进行了由计划经济向社会主义市场经济的转轨,由城乡分治的二元结构向城乡一体化的现代化结构的转型。但此过程中,相对于宏观经济体制改革,我国县域经济发展的配套体制改革却明显滞后,制约了县域经济的发展。

1. 行政体制的制约

1982年12月4日第五届全国人民代表大会第五次会议通过的《中华人民共和国宪法》第一百零七条规定:“县级以上地方各级人民政府依照法律规定的权限,管理本行政区域的经济、教育、科学、文化、卫生、体育事业、城乡建设事业和财政、民政、公安、民族事务、司法行政、监察、计划生育等行政工作”,明确了县级人民政府管理经济的职能。政府在发挥管理经济职能的同时,还负有实现辖区内充分就业、保证社会安定团结、促进县域社会发展和控制人口过快增长的社会职能。具体说来,在经济管理方面还包括以下几个方面的内容:一是执行国家的国民经济和社会发展规划,制定县级国民经济和社会发展规划;二是制定和颁布有关的具体政策、章程、办法、组织协调县内各行业对外经济技术合作,发展横向经济联合;三是运用投资、财政、税收、价格、工资等经济杠杆,指导、控制、调整县内企业的生产经营和投资方向,促使产业结构和产品结构合理化,促使经济规划和计划目标的实现;四是组织市场调查和预测，收集、分析、处理、发布经济技术信息和市场供求信息；五是依照法律法规和规章，检查、监督企业的生产经营活动，调解、处理县内企业之间的经济纠纷和经济案件；六是依法保护县内企业生产经营自主权和合法利益。

但是近年来，县级政府在条块分割的体制背景下职能逐渐弱化，对经济的调控能力越来越弱。而在加快发展和维护稳定方面，县级政府责任和压力却越来越大，遇到经济发展中的难题，县级缺乏调控手段，有时只能玩“空手道”。市管县的体制导致市县之间利益博弈，市、县经济相对独立分割，各有各的责任和利益，市对县在经济发展上很难有精力给予帮助，相反却增加一个层次，使得行政管理、行政审批层次过多，隶属关系复杂，管理半径过长。有些省辖市为自身的发展，还集中所辖县（市）财力，或截留上级政府给所辖县（市）的经济补助。如江苏镇江市就规定按县财政收入的千分之八统筹用于镇江发展，其所辖丹阳市为此每年要给镇江统筹1600—1800万元，削弱了县域经济的发展。江苏的县级市江都市反映，建一个万吨级码头需要国家、省、市29个部门审批，正常报批要一年时间，影响经济发展的速度。①

2. 金融体制的制约

目前，中国经济已经到了工业反哺农业、城市支持农村的发展阶段。要充分发挥城市对农村的辐射和带动作用，加快农村发展，增加农民收入。国家财政投资在继续保持粮食生产安全的前提下，应逐步把投资重点转移到支持农村社会发展方面。随着国家财力不断壮大，这种支持力度必将随之加大。这是解决“三农”问

---

① 参见唐传阳《制约县域经济发展的体制因素及破解思路》，南方网理论频道，http://theory.southcn.com，2006年3月9日。

题,壮大县域经济的政策力量和重要的物质力量。然而,综观目前的金融体制、金融政策和金融环境却极不利于县域经济发展,尤其是欠发达地区的经济发展,金融支持县域经济发展力度明显不够。县(市)普遍反映信贷投入逐年减少,金融对县域经济发展支持力度越来越小。一是国有商业银行采取"抓大放小"的经营战略,对县域的信贷总量大幅减少;二是农户小额信贷难以支持县域产业化、规模化的经营;三是居县域经济主体地位的中小企业贷款十分困难;四是基层国有商业银行机构撤并后,金融服务出现了体制上的断层。

基层银行除负债业务发展有一定的自主权外,其他业务权限一律上收,严厉的责任追究制使县域金融机构支持经济发展缺乏积极性,加之以产权分散为特征的农业和中小企业大多不符合国有商业银行严格的贷款发放条件,农村仅有的资金通过商业银行上划资金、邮政储蓄等渠道被抽走,造成农村资金流向城市,小城市流向大城市,不发达地区流向发达地区,出现"抽瘦补肥"的现象。农发行已由过去涉足农产品收购、农业综合开发和农业基础设施建设等政策性银行蜕变为单一支持粮棉购销的"收购银行"。直接服务于"三农"的农村信用社,在巨大的资金需求面前,显得势单力薄。

3. 财政体制的制约

市场经济本质上是效益经济,资源跟着效益流动。世界发展历史证明:在工业化阶段规模决定效益,只有规模经济才能产生高效益。而要达到规模经济,首要的是大规模的投入,包括资金、技术、人才的投入。实际上,在发展中国家及不发达地区经济发展中,无一例外都存在着发展"瓶颈"问题,即资金、技术和人才的短缺,尤其是资金短缺。作为落后地区县域经济,经济发展落后不仅必然导致资本积累能力的低下，而且必然导致自身资源的流失，并由此形成恶性循环。目前，从各地现实情况来看，我国绝大多数县乡财政入不敷出，县级财政基本上是“吃饭财政”和赤字财政，乡镇一级财政更是基本上处于“破产”状态。

(1)西部、中部和东部的县乡财政都不同程度地存在着欠发工资问题。据有关部门统计，1999 年和 2000 年，全国欠发工资的县数分别是 779 个和 797 个，出现欠发工资的县涉及全国 23 个省、自治区、直辖市。从典型情况看，1999 年出现欠发工资的县的数量较多的三个省(位于中西部地区)，欠发工资的县数占本省总县数的比例分别达到 67%、96% 和 78%，欠发工资额较多的四个省(位于中西部地区)，欠发资金达到 10 亿元以上。① 县乡欠发工资问题不仅存在于中西部经济欠发达地区，在东部沿海省份中也存在。

(2)县乡财政多维持在吃饭的水平上，用来提供公共产品与服务等方面的能力非常有限。近年来，中央和省通过调整财政体制集中了县(市)地方财政一般预算收入增量的大部分，加重了地方财政平衡的压力。2000 年以后，地方收入超基数增长部分，省统一集中 20%。中央财政通过设置共享税集中财力，总集中比例达 73% 左右。如江苏省的丹阳市 2004 年实现财政收入 20 亿元，按规定上缴中央和省之外，省、市两级还须统筹近 4000 万元，实际可用财力不到 8 亿元，上缴超过 60%，虽地处苏南也基本是个“吃饭”财政。而 20 世纪 90 年代财税体制改革，只是对中央和地方的财权作了划分，并没有科学而严格地界定各级政府的事权，总体上

① 何成军：《县、乡财政困难：现状、成因、出路》，《中国农村经济》2003 年第 3 期。

财权向上倾斜，事权向下推卸。致使在2000年，在全国2074个县级财政（包括县、县级市）中，有950个县属于财政补助县，占46%。① 所以，近年的改革更使本已捉襟见肘的地方财政雪上加霜。财权与事权严重失衡，是各地反响强烈的问题之一。

同时，目前银行金融信贷体制也不适应县域经济发展，甚至强化了县域资金外流的诱导机制。解决发展资金问题的唯一途径是招商引资和发展民营经济，但往往又因客观条件制约而成效不大。

（3）县乡财政负债问题严重，基层财政风险不断累积。县级负债日益加重。西部某省的一个农业大县，到2000年底除拖欠工资2480万元外，还有粮食企业财务挂账、拖欠世行贷款（财政负担部分）和农业综合开发贷款等各种欠款总计1.5亿元左右，是该县年财政总收入的1.5倍。在沿海地区某省的一个县，到2000年末有内债2.5亿元，外债（世行贷款）1664万元，全县负债总额近2.7亿元，是当年该县财政总收入的1.39倍。在中部地区某省一个地级市，所属各县财政债务到2000年累计达14.4亿元，是所属各县当年地方财政收入的2倍多。②

（4）出现财政赤字的县乡的数量和赤字金额呈进一步增长的趋势。1999年，在全国31个省、自治区和直辖市中，除北京、天津、江苏、山东和广东等5省、直辖市没有赤字县外，其余26个省、自治区、直辖市都存在赤字县。2002年，2070个县域单位财政总支出超过总收入515亿元，赤字县占全部县域的比重达73%，即

① 参见“县域经济社会发展的财政政策研究”课题组《县域经济社会发展的财政政策研究》，《经济研究参考》2005年第49期。

② 参见何成军《县、乡财政困难：现状、成因、出路》，《中国农村经济》2003年第3期。

2/3 以上的县入不敷出，赤字总量占这些地方财政总量的 77%。[①]一些县虽然账面上无赤字，却普遍存在巨大的隐性赤字，即以当年应付未付的各种支出拖欠，或以负债、寅吃卯粮等形式存在的赤字。

（三）经济结构不合理，导致县域经济运行质量低下

1. 从工、农业内部结构看，专业化分工尚未形成

在工业方面，虽然经过 30 年的改革开放，我国某些具有良好区位优势的县市，如东部沿海地区和紧靠大城市的县市，或通过大量引进外资，或主动承接大城市的经济扩散，已迅速脱离了县域经济的弱势地位而崛起为新兴的工业化城市。但是，工业化意味着从传统的生产方式向建立在技术进步基础上的社会化大生产转变的过程，它本质上是一种生产方式，而非仅指工业发展。并且，工业化还与市场化、城市化、全球化密不可分，市场化、城市化和全球化，既是工业化的必然产物，又是工业化的客观要求。在工业化社会，一切产业部门的生产经营都必须依赖技术进步和进行大规模的社会化生产，即都必须纳入工业化之中。但是，值得注意的是，工业化也是一个漫长的历史过程，它通常先从城市起步，再扩展到广大农村地区；先从工业领域发展，再带动其他产业部门。这样算来，无论在时间上还是在空间上，县域经济都处于工业化的末端，因而不可避免定位在“牺牲者”的弱势地位，即为先发的城市经济提供资源和市场、承担保护环境和生态的社会成本，承受整个国民经济发展的代价。这样必然造成广大县域经济的发展处于弱势地位。虽然人们都明白，工商企业是县域经济的支柱，是全县财政收

---

① 参见何成军《县、乡财政困难：现状、成因、出路》，《中国农村经济》2003 年第 3 期。

入的主要来源，我们应把工业经济可持续发展放在非常重要的位置。但目前的现实是，我国县域优势行业和优势产业也并不明显，存在明显的结构雷同、规模偏小现象。县域工业基础相对比较薄弱，多数为中小型企业，技术装备落后，经营状况不佳，效益低，存在着重工业一头沉、结构严重失衡问题，“三废”排放量有增无减，空气和水污染比较严重。

在农业方面，我国是世界上人口最多的国家，是一个传统的农业大国，农业农村农民问题是中国最根本的问题。首先，农业对我国县域经济的发展作出了巨大贡献。农业是社会发展的起点。马克思曾指出：农业劳动不仅是农业范围内的剩余价值的自然基础，而且是其他一切劳动部门所以能够独立化的自然基础。① 农业对我国县域经济的发展作出了巨大贡献，起到了要素供给的作用。特别是改革开放以来，我国乡镇企业异军突起，无疑离不开1979年至1984年农业的高速增长。这一时期，由于农村土地制度改革，农产品收购价格提高，农业投入增长，农业技术推广等一系列因素的共同作用，我国农业连续6年高速增长。1984年同1978年相比粮食由3亿多吨增长到4亿多吨，人均粮食占有量由319公斤增长到396公斤。作为轻工业原料的棉花、油料等增长更为迅速，分别由216.7万吨和512.8万吨增长到625.8万吨和1191万吨。② 有关研究表明，从1952年至1990年我国农业以税收方式、“剪刀差”方式和储蓄方式为工业化提供的净积累达8708亿

① 转引自文戈《“一场值得关注的辩论”——就产业概念和信息产业范围再答乌家培先生》，《情报杂志》1996年第4期。

② 刘照明编著：《县域经济社会发展纵横》，中国物价出版社2000年版，第74—89页。

元(累计,没有折现)①。其次,农业中传统种养业仍占相当大的比重,区域特色不明显。目前我国人均可耕地仅1.26亩,②由于经济建设和风沙、盐碱等自然灾害的原因,我国耕地仍以每年1000万亩的速度减少。③ 土地质量下降、土壤板结、肥力下降,目前全国中低产田已占耕地总面积的2/3,有机质含量已降低到1.5%。全国5万多条流域面积大于100平方公里的河流,仅有20%的河流有防洪设施。全国8万多座水库中有1/4的大中型水库、2/5的小型水库属病险工程。全国万亩以上的灌区工程,已报废的占10%,不同程度老化失修的占60%,基本完好的只占30%。④ 大量的泵站、水闸、涵洞、灌渠破损,功能减弱,农业效益低下。这样,有限的土地、质量下降的土地承载着过量的农村剩余劳动力,阻碍着农业经营规模的扩大和现代科学技术的推行,以及隐性剩余劳动力的彻底解放。因此,在我国,传统农业的思想仍然在发挥着一定的影响,相当一部分农民思想观念保守,小农意识根深蒂固,故土难离,小富即安,怕冒风险,缺乏创业精神,而且落后的农业生产方式尚未彻底摆脱传统的小农业,小农意识依然浓重,不愿意放弃耕地,造成多数农户想保留田地,但又不能很好地多种田、种好田,从而牵制了农业人口向非农业人口转移,使大量的农村富余劳动力沉淀在农村。传统的小农生产方式尚未突破,农业生产经营单

---

① 杨永华:《外商直接投资农业与农业发展》,《南京社会科学》2002年第3期。

② 吴群:《农村剩余劳动力转移的前景与制度创新》,《现代经济探讨》2003年第3期。

③ 参见龚锡强《2008年中国粮食形势展望和对策分析(上)》,安徽农网:http://www.ahnw.gov.cn,2008年1月2日。

④ 杭宇:《试析农产品走出国门的"壁垒"障碍》,《农村经济》(成都)2003年第9期。

位小而散，农民的组织化程度低，市场信息闭塞，市场意识淡薄，生产经营不强，大多数农业劳动力聚集于传统种植业这个圈子里，视野不开阔，发展办法不多。在生产方式上，还存在着仅仅从事初级农产品原料生产的局限性，不能形成种养加、产供销、贸工农一体化生产；在资源配置上，还存在着“城市抓工业、农村抓农业”的城乡二元分割的局限性，不能实现城乡生产要素的合理流动和优化配置；在工作体系上，还存在着部门分割、职能交叉、服务落后的局限性，不能建立起权责一致、上下贯通的管理和服务体系。显然，这种传统的种养方式是与现代农业的发展、与县域经济的发展是不相符合的，没有体现现代农业的专业特色。再次，农业和农民的组织化程度低，专业化分工水平低，农业产业化链条不长。人口的质量是经济发展的关键要素，劳动力对乡村工业化、农村城镇化的影响，不仅仅在于劳动力的数量，而关键在于劳动力的质量。我国目前农村劳动力数量巨大，2002 年达 5.5 亿人，他们的文化和科学技术素质虽然已有所提高，但仍较为低下，文盲或半文盲占到 8.0%，高中以上文化水平仅占 11.62%，农村劳动力平均受教育年限为 7.51 年。① (1)我国劳动力素质普遍比较低，使其就业的产业转移障碍较多，难以进入较高层次的产业就业，只能在低层次形成过度竞争。(2)劳动力素质的低下使职业转移不够彻底，农村兼业现象非常普遍，特别是在东部发达地区。比如，在对江苏江阴农村基本情况调查中，发现专门经营农业的劳动力已经非常少，所占比率不足 10%，且大多是老弱病残。而大多数劳动者都能身兼二职，这给农村土地经营制度改革增加了难度。(3)劳动力素

---

① 赵俊臣编著:《县域发展战略学》，人民出版社 1995 年版，第 103—128 页。

质越低下，传统观念就越根深蒂固。他们守着“进有致富之路，退有善生之本”的重土安乡念头，形成了“离土不离乡，进厂不进城”的局面。这使得地域转移困难重重，“三集中”（工业、居住、耕地）无从谈起，“一配套”（基础设施）更是遥不可及。

从工、农业内部结构看，我国县域经济中的工、农业都尚未形成专业化的分工，还需继续探索与努力。

2. 从所有制结构看，非公有制经济发展不充分，且缺乏有效引导

经济发展的一般规律和沿海先进发达地区的发展经验表明，一个地区，只有构建起了合理的产业结构，经济发展的速度才会更快，质量才会更好，竞争力才会更强。怎样才算比较合理？就产业结构而言，一般来讲，第一产业应在10%以下，第二产业应在45%左右，其中工业在35%左右，第三产业应在45%左右。① 因此，党的十六大报告指出，必须毫不动摇地鼓励、支持、引导非公有制经济发展。尤其是经济欠发达地区，在公有制经济受到各方面制约的条件下，必须充分发挥非公有制经济快速、灵活的优势，将其作为重中之重，加以引导和扶持。要放宽民间资本的市场准入领域，在投融资、税收、土地使用和对外贸易等方面采取措施，实现公开竞争。要大力发展服务业、流通业为主的第三产业，使第三产业比重上升到40%以上，成为剩余劳动力就业的主渠道。经过近几年大发展，我国县域经济的民营化大大加快，非公有制经济数量有较大增长。

从县域经济发展的生产力水平看，县域经济具有农业人口比

① 参见李世奎《在万州区非公有制经济发展大会上的讲话》，重庆市万州区人民政府《政府公报》2007年第5期。

重大、工农业生产及其科技水平比较落后、服务业发展薄弱、农村和城镇剩余劳动力多的特点,这一低层次的生产力状况是与单一的公有制或者以公有制经济为绝对主体的所有制形式相适应的。而非公有制经济具有产权清晰、便于流动,责权利完全对应,投资方向灵活、投资效率高、见效快,市场适应性强等特点,因而在以农业、传统服务业和低层次的工业为主的县域经济中具有公有制经济不可替代的作用。

但在现实中,县域经济中的非公有制经济发展却存在着总体上质量不高,规模较小,布局分散无序等现象。虽然在发展县域经济的策略上,多数地区都提出了应该提高第二、第三产业比重,促进剩余劳动力的转移,积极推进城镇化建设,但是实践中多是着力发展工业,重视工业项目。非公有制经济在土地使用、融资、产品出口、技术引进、产品评级等方面仍受到不同程度的歧视,多数地区对加快发展非公有制经济的认识和措施还不到位,也缺乏足够、有效的引导。

3. 从市场结构来看,经济发展的外向度相对较低

近年来,各市(县)加大了对外开放力度,大力招商引资,招商引资已经成为县域经济发展的一个重要支撑手段。但是由于区位、外贸制度等方面的限制,目前,我国县域经济中自营出口和利用外资的份额还比较少。比如2001年,湖北省县域外贸出口商品总值为8.61亿美元,仅占国内生产总值的3.3%;实际利用外资为2.2亿美元,仅占国内生产总值的0.8%,比全省低2.8个百分点。①

① 参见湖北省计委地区处《湖北省县域经济发展的现状及对策》,湖北省科技信息研究院网站:http://www.hbsti.ac.cn/index.jsp.

（四）可持续发展意识不足，影响县域经济的长远发展

“可持续发展”是一种崭新的发展思想和发展战略，其概念是在当今社会发展出现困境时提出来的，时间大约为20世纪80年代初，它旨在探索人类未来持续发展的途径，强调人类与自然的共同发展，以此来促使社会的高度文明和全面进步，因而受到国际社会的普遍重视和积极拥护，并成为各国所坚持的重要的发展原则。

20世纪以来，尤其是第一次世界大战之后，世界各国普遍出现了经济的快速增长。但这种增长是建立在对自然资源的过度开采和利用之上的，因此不可避免地带来了资源的枯竭和生态环境的恶化等一系列问题。面对这一严峻现实，人类不得不反思传统的以牺牲自然资源和生态环境为代价的发展模式。

从过去将经济发展和环境保护相互分离甚至对立的做法，到今天的可持续发展概念及其理论的形成，标志着人类在环境与发展问题的认识上实现了巨大的飞跃。按国际通行的解释，“可持续发展”是指既满足当代人的需求，又不损害后代人满足需求的能力；既达到发展经济的目的，又保护人类赖以生存的大气、淡水、海洋、土地和森林等自然资源和环境，使子孙后代能够安居乐业，永续发展。可持续发展思想并不是简单地等同于环境保护，它是从更高、更远的视角来解决环境与发展问题，强调各社会经济因素与生态环境之间的联系与协调，寻求的是经济、人力、资源、环境等要素之间相互协调的发展。

我国作为一个发展中的大国，坚持可持续发展的战略，不仅是对整个人类社会的神圣职责，而且对于自身的长远发展也有着重大的积极的意义。特别是对于我国现阶段重点发展的县域经济来说，经济的发展离不开社会的发展、离不开良好生态环境的建立。县域是一个不断发展着的多层次空间系统，县域内人口、资源、环

境、经济、社会之间是联动的。发展经济最忌“竭泽而渔”。发展县域经济莫不是如此。对于人类社会发展的漫长过程和人类需求欲望的无限性来说,任何经济资源都是稀缺的。要使受到破坏的人类赖以居住与生存的资源与生态环境恢复到人们所期望的良好状态,将会付出更大的代价。更不用说今人必须为后人、为子孙后代的生存与发展需要的满足而考虑和着想,万不能吃祖宗饭,断子孙粮。因此,发展县域经济必须要爱惜资源,保护好资源,走好可持续发展的路。基于此,党的十五大明确指出:“我国是人口众多、资源相对不足的国家,在现代化建设中必须实现可持续发展”。

但是,纵观现阶段我国县域经济发展的现状来说,可持续发展的理念并未深入人心,在广大的县域范围内,人们可持续发展的意识也并未形成。从经济上看,总体的生产力水平还比较低,可持续发展能力比较低;从社会角度来说,文化教育程度比较低,人才不足、教育落后是一个突出的问题。从生态环境的角度审视,又存在着人口基数大、资源相对短缺、环境污染不断加剧、生态破坏严重等一系列严峻的问题。总的来说,有以下几点:

1. 人口基数大。在漫长的封建社会中,由于生产力低下,劳动力的多少和强弱,直接关系着家庭的经济收入,所以,我国的传统观念中,一直流传着“早生贵子”、“多子多福”、“儿孙满堂”、“儿女双全”的思想,客观上刺激了早婚、多育。建国后,很长一段时间内,我国又奉行“人多力量大、人多好办事”的思想,这种错误的认识,导致在实际工作中实行鼓励生育的人口政策,造成人们生育行为处于放任自流的无政府状态。并且随着社会主义制度下生活及卫生、医疗条件的改善,新中国成立后的30年里,我国人口呈现出“高出生、低死亡”的态势。在城镇,受工作时间和工资收入的限制，一些家庭自觉地少生少育。在农村，人口生育完全是顺其自然。于是，在旧的生育观的支配下，在政府激励政策的推动下，人口增长好像一匹脱缰的烈马，迅速形成巨大的人口规模。据统计，1949 年，我国人口大约 5. 4 亿，到 1978 年增加到 9. 62 亿①，创造了人口翻一番的“奇迹”，其中农民的“贡献”最为显著。20 世纪 70 年代，党和国家认识到人满为患，开始倡导和实施计划生育政策，城镇取得了一定效果，农村则收效甚微。改革开放后，计划生育作为我国的一项基本国策，在城市得到了很好的贯彻执行，基本上实现了一对夫妇只生一个孩子的目标，在农村，工作的开展也卓有成效，使得人口迅猛增长的势头得到遏制。然而，由于人口发展的惯性，由于农村庞大的人口基数业已形成，所以造成人口的年平均增加的绝对量仍在上升。尽管当前城镇、农村人口的出生率和自然增长率均出现下降趋势，可是人口规模还会逐年加大，整个人口形势出现了“大人口基数，低增长率，高增长量”的特征。这就是人口增长的基数效应，它直接促成了农业为主地区农村人口急剧膨胀的局面。就拿豫东平原农区周口来说，有统计资料显示，1997 年，周口地区人口出生率为 13. 49‰，自然增长率为 7. 64‰，分别比 1990 年第四次人口普查下降了 10. 95 和 11. 96 个千分点，控制人口的政绩是突出的，但结果不容乐观。1990 年底，全区总人口 923. 67 万，到 1997 年底已达到 997. 16 万，平均每年净增 9. 19 万人。②

显而易见，历史的原因导致了当代中国农村人口爆满的现状，

---

① 参见《人口增长与计划生育》，中央政府门户网站：www. gov. cn，2005 年 7 月 26 日。

② 转引自赵桂兰《农业为主地区农村人口众多引发的问题剖析》，《周口师范高等专科学校学报》1999 年第 6 期。

其触目惊心的数量给农业为主地区经济的发展(县域经济的发展)和社会的进步带来不少棘手的问题。发展县域经济需要大量资金,这些资金主要依赖于县域内的积累,依赖于生产发展,以此来增加县财政收入。在工农业生产速度一定的情况下,人口数量及其增长速度,对资金积累的规模和速度影响很大。人口多,消费部分就大,资金积累部分就会相对减少,势必影响生产规模的扩大,延缓经济发展的速度。

建国50年来,我国差不多平均每年净增1000万人口,致使每年新增加的国民收入,其1/4以上都要被新增长的人口消费掉,因此不得不减少资金积累,严重影响了经济建设的发展速度,由于每年积累资金有限,往往是抓了工业,忽视了农业。① 在20世纪80年代,大力抓了工业生产,而同期农业基本建设的投资却减少了1/3,只占总投资额的5.1%。不仅国家对农业的投资减少,农民对农业的投入也大大下降。② 1985年全国农民用于固定资产的投入额,仅占农民收入的10%,其中73%以上用于住宅建设,而用于农业生产基本建设的不到27%,也就是说农民对农业基本建设的投入还不到农民当年收入的2.7%。③ 我国人口的增长是影响积累和建设不能快速发展的基本原因,也是影响县域经济发展的主要因素。

2. 劳动力素质差。经济综合实力实际上取决于县域拥有的

① 参见易富贤《中国人口问题:船大惯性大,调头要趁早——就中国人口问题给中央的建议》,人民网:"http://www.book.people.com.cn/GB/69398/6378873.html"。

② 肖媛:《基于资源禀赋的县域特色经济研究》,《经济学研究》2006年第5期。

③ 宗锦耀:《新的探索 新的跨越——中国改革开放三十年的农业机械化》,《中国农机化》2008年第6期。

物质资本和劳动力资本的数量和质量。在商品经济社会，生产发展水平和经济竞争能力提高最终取决于劳动者的素质。在影响经济增长的各要素中，劳动力尽管数量增长变化不大，但劳动力作为最活跃、最革命的因素，其拥有的科学文化水平、技术操作熟练程度、劳动经验、思想精神状况始终决定资源、资本、技术等生产要素的优化配置程度，直接决定了产业创新、技术创新、劳动生产率和收入水平的提高。对于我国来说，广大县域内劳动力资源相对是比较丰富的，但从质量和素质上看却又是非常低下的，突出表现为劳动力文化程度低、科技素质差，人为地制约了县域经济的持续、快速、健康发展。

(1)劳动力文化程度低，思想观念落后。农业部副部长张宝文曾指出，目前在我国4.8亿农村劳动力中，初中及以下文化程度者占到4.2亿人，小学及以下文化程度占37.3%，初中文化程度占50.2%，高中文化程度占9.7%，中专文化程度占2.1%，大专及以上文化程度占0.6%。① 据2003年对山东4200个农户所进行的调查，山东省农村转移劳动力中，初中以下文化程度占72.9%，中专及以上文化程度的仅占9.7%，接受过专业培训的也仅占17.7%。② 从这些直观的数字我们可以看出，现阶段我国将近有九成农村劳动力的科技文化素质低下。而实践证明，越是劳动力文化程度低的区域，区域经济发展水平越落后，相反劳动力文化程度高的地方，经济发展水平相对高一些。从这个意义讲，县域经济发展水平与其劳动力文化程度成正比。据测算，劳动力最高文化

① 参见《我国将用十年培养一百万农民中专生》，中国教育和科研计算机网：www.edu.cn，2005年11月16日。

② 参见董学清《山东每年技工缺口30万人》，新华社济南2004年8月25日电讯稿。

程度是文盲半文盲的农户贫困发生率,贫困深度指数和贫困强度指数分别是小学文化程度的1.5倍、1.6倍和1.6倍,是初中文化程度的3倍、3.1倍和3倍,是高中文化程度的4倍、3.3倍和3.4倍。① 贫困户贫困的内因主要反映在自身思想与智力贫困上,集中表现为思想观念陈旧落后,精神状态不佳,思想政治素质低,绝大多数劳动者在生活和生产过程中,仍然沿袭传统习惯模式,商品经济发展意识淡薄,自然条件观念强,没有理想,缺乏信心,怨天尤人,循规蹈矩,故步自封,绝大多数劳动者思想意识形态仍然停留在自给半自给的小农经济意识形态上。这样长期的自我束缚限制了主观能动性的发挥,造成劳动力观念落后的原因主要是教育的落后。

(2)劳动力科技素质差,科技成果转化率下降。"十五"期间,我国农业发展的科技含量仅为35%,而农业发达国家达到60%~80%;农业科技成果转化率仅为40%,转化成果普及率仅为30%~40%,也就是说成果转化后有2/3没有得到普及和推广。② 科技成果在向现实生产力转化过程中,起决定作用的是作为实际操作者劳动力所拥有的劳动经验和技术操作熟练程度。从上述资料可以看出,我国大部分县域,由于劳动力普遍存在着科技素质差,科技接受能力弱,劳动技能低下,在一定程度上限制了新技术的引进、示范、扩张、普及、推广速度和质量以及科技成果转化效果。事实上,真正熟练掌握新型科学技术的操作能手为数很少,大多数劳动力学科技、用科技、推广科技意识观念非常淡泊,劳动技能不高,

① 赵茂林:《西部农村贫困和教育落后的相关性》,《中外企业家》2006年第7期。

② 参见迟福林《2007,走向全面的制度创新》,中国网:www.china.com.cn,2007年3月14日。

仍然拘泥于传统粗放技术操作状态。比如我国目前不到世界10%的耕地却使用了世界30%的氮肥,2005年我国化肥的使用量达4124万吨,每公顷平均施用量高达400公斤,远远超出发达国家225公斤/公顷的安全上限。农药的使用量每年达到120万吨,1.36亿亩农田遭到不同程度的污染。目前全国农机总动力达到600亿千瓦以上,农机原值3362亿元,但对农业的贡献率仅为17%,机耕率47%,机播率27%,机收率19%。①

3. 教育落后。我国是世界上最大的发展中国家,农村人口占80%以上,农村的发展对县域经济的发展有着决定性的影响,可以说没有农村的发展就没有县域经济的发展。而农村的发展靠人才,人才的培养靠教育。从某种意义上讲,农村教育决定着县域经济的未来。客观地讲,改革开放以来,我国农村教育事业有了很大发展,在基础教育方面,基本普及了九年制义务教育,全国已有76%的县普及了小学教育,多数城镇普及了初中教育,基本扫除了青壮年文盲;在农技教育和成人教育方面,初步形成了县、乡、村二级培训体系;政府对农村教育的投入也有了明显的增加。但是,透过现象看本质,农村教育状况并没有实现质的飞跃。相反,不仅许多根深蒂固的问题没有得到彻底的解决,而且新的情况、新的问题在新形势下不断产生。从总体上来说,我国的教育还是比较落后的,民族的科学文化素质还比较低,特别是县域范围内的广大农村。据第五次全国人口普查统计:我国15岁以上的人口中,文盲、半文盲约占6.5%,我国100万人口中的科学家、工程师的人数,是美国的1/15,是日本的1/60。据国外统计,在136个国家中,每

① 参见陈汗《一个农村党支部书记对新农村建设的冷静思考》,《农民日报》2006年4月20日。

1万人中的平均学生数,我国排在第135位。[①] 我国人口的文化程度,同发达国家相比,还有很大差距。

分析这种差距,我们不难发现,由于人口众多,学龄人口数量增长快,严重影响了教育资金的投入,城乡教育严重失衡,农村教育质量严重下滑,农民不能享受充分的教育,致使县域经济的发展也缺乏应有的动力而迟迟不前。

(1)教育经费投入严重不足,农村教育难以维持。从1986年《义务教育法》通过并实施之后到2002年,我国基本普及了九年制义务教育,也就是说有85%的人口和地区实现了九年制义务教育。但其中一个很重要的措施就是实行了多渠道筹措教育经费。据国家教育发展研究中心对我国7省市26个县抽样调查,1998年样本县义务教育经费总支出中各级财政的教育补助专款约占12%,县财政约占9.8%,其余78.2%为乡村负担。[②] "乡村负担"就意味着这笔钱摊派到了农民头上,可见,这个发展是以加重农民和企业负担为代价的。1999年以来,为减轻农民的负担,全国逐步实行了费改税的政策以后,农村停止了集资和征收教育附加费,原先筹措教育经费的机制被打破,而政府投资远远不能满足维持原有义务教育规模的需要,虽然中央出台了一系列转移支付政策,但转移支付的数额远远低于以前教育集资和征收教育附加费的数额,与农村教育的实际需要相比,无异于"杯水车薪"。所以,1999年以后农村中小学的人均公用教育经费呈下降趋势,农村教育经费更加"捉襟见肘",许多地区农村教育难以维持正常运转,拖欠

① 参见"中学思想政治教学网":www.zz6789.com。

② 参见乔雅俊《教育落后:农村全面建设小康社会的最大瓶颈》,黄河新闻网,www.sxgov.cn,2004年9月23日。

教师工资现象又有所抬头，农村中小学危房面积又开始回升，等等。同时，我们也不能不看到，在目前把单纯的经济发展当成硬性评价指标的地方发展观念影响下，不少地方政府和领导眼中只有摆在面前的、好出成绩的经济工作，而根本不愿将资金投入到教育这无形的资产上，从而造成了不少地方对农村教育是"高高举起，轻轻放下"，"嘴上讲起来重千斤，拿在手里却不足四两"的现象。

(2)教师严重流失，师资短缺素质下降。我国有800万乡村教师，承担着一亿两千万农村中小学生的教育。在乡村教师队伍中，作为骨干力量的公办教师只有不到50%，大多是村聘的。① 应该说，广大乡村教师以无私奉献的精神默默地耕耘在农村教育这块阵地上，为我国农村教育的兴旺与发展做出了极其巨大的贡献。但是随着形势的发展，农村教师队伍建设上师资流失、素质下降等问题越来越严重地凸现出来：一是由于拖欠工资、生活工作条件艰苦等原因，部分公办教师迫于生计"跳槽"到了工资待遇、生活和工作条件较好的城镇。由于教师的大量流失，一些学校已经不能正常开课。二是农村实行税费改革以后，为了减少教育资金的需求量和地方行政负担，各地所采取的一条重要措施就是大规模地、盲目地撤并学校和精简教师，使本来就严重不足的教师队伍更加缺员。三是师资得不到正常补充。财政体制改革后，经费包干，每增加一位公办教师就增加一部分支出，因而许多乡镇不愿接受新分配的大中专毕业生，宁愿聘请只有初、高中水平的代课老师，而目前师范院校毕业生也由于多种原因不愿到条件艰苦、待遇较差的农村任教，从而使教师队伍的总体素质更加下滑，严重影响农村

① 参见乔雅俊《教育落后：农村全面建设小康社会的最大瓶颈》，黄河新闻网，www. sxgov. cn，2004年9月23日。

教育事业的发展和教育质量的提高。

(3)农村中小学生失学、辍学现象严重。据统计,目前我国每年约有1000万左右的中小学生因为不能升入高一级学校而回到家乡;约有3000万的农村孩子没有上过学或中途辍学,每年辍学的农村孩子达400万之多。造成农村孩子失学、辍学的原因是多方面的。一方面,义务教育的"出口"被堵死或不畅,使农村学生升学比例始终保持低水平。同样是十五六岁的孩子,在城里初中毕业后可以升入高中或职高,而在农村却有75%左右的孩子初中毕业后因升学无望或无学可上,①不能升入高中,过早地被抛向社会;另一方面,经济困难是造成农村学生无法继续升学的重要原因。同时,一些地方在调整农村学校的布局时,盲目集中、撤并学校,学校数量减少,使得原本能够就近上学的孩子因交通不便等原因纷纷辍学,过早地品尝了生活的艰辛,此外,师资力量不足、教育水平不高,导致许多农村孩子在激烈的应试竞争中难以取得主动。统计表明,目前农村辍学孩子中,有近一半是因为升学无望。

在都市人视野中充斥着"高科技"、"E时代"的今天,落后的农村教育,不仅影响了农村建设人才的培养,造成建设人才的匮乏,进而会直接的影响到县域经济的发展。农业部门的统计数据表明,农村各类专业技术人才仅占农业劳动力的0.71%,每7000亩土地只有一名农业技术人员,每7000头牲畜只有一名兽医人员,每万亩森林仅有0.53个林业专业技术人员,我国农业技术人员在人口中的比例为万分之一,而发达国家是万分之三十至四十,这种情况使得我国现有适合农业应用的科技成果70%左右在农

① 参见乔雅俊《教育落后:农村全面建设小康社会的最大瓶颈》,黄河新闻网,www.sxgov.cn。

村因人才“瓶颈”的制约而无法推广，科学技术进步因素对我国农业生产的贡献率只有30%，而发达国家一般都在60%至80%。[①]我国是个农业大国，农业是国家经济发展的基石，农不兴则国不稳。农村产业结构的调整，农业科技成果的转化，都必须以农村劳动力素质的提高为基础。特别是在我国加入WTO的今天，落后低质的农业生产根本无法与先进国家的农业相抗衡，在激烈的国际竞争中，低素质的人力资源导致低素质的农业，无疑是没有竞争力的。

教育的落后，最直接的影响就是人才的匮乏，而经济的发展，科技的应用，都离不开人才。人是生产力中的首要因素，人才通常是先进生产力的代表。人才由于其具有更多科学理念，掌握着更多精深的技术与知识，因而在推动经济的发展方面，通常比作为个体的普通劳动者能发挥更大的作用和作出更大的贡献。而这一切最终取决于教育条件的改善。

4. 自然资源短缺。我国拥有广袤的国土和丰富的自然资源。但在庞大的人口基数面前，却显得相对不足，人均占有量远低于世界平均水平。关系到人类基本生存的淡水、耕地、森林和草地等4类资源，我国的人均占有量只有世界平均水平的28.1%、32.3%、14.3%和32.3%，矿产资源人均占有量也不到世界平均水平的一半。[②] 我国的自然资源不仅“人均相对不足”，而且还存在地区分布上的严重不均衡，即“地大物博”在我国的西部、北部。而“人口众多”在我国的东部、南部。资源的不合理开采和浪费，更加剧了

① 参见张德元《农村劳动力转移与农村职业教育》，《中国职业技术教育》2003年第20期。

② 参见《新的资源观——知识经济与资源》，金融界网站：www.jrj.com.cn。

资源短缺。在经济发展过程中,我们始终受到资源相对短缺的制约,受到资源的地区分布严重不均衡的制约。新中国成立以后,特别是20世纪70年代末改革开放以来,我国的经济发展取得了举世瞩目的成就。但是,由于发展观念上的偏差和其他种种原因,我们一直走的是一条只注重增长的数量而忽视增长的质量的传统发展模式,即粗放式经营与发展的模式。这一发展模式,一方面使我们取得了两位数的经济增长,另一方面也使我们付出了很大的代价。发达国家在人均GDP达几千美元时才出现的环境污染加剧和生态恶化问题,我国在目前人均GDP500~600美元时就已出现。县域经济的发展不能以浪费资源和牺牲环境为代价。实施可持续发展,必须处理好资源开发与环境保护的关系。

5. 生态环境恶化。地域环境是区域社会经济存在和发展的经常的、必要的条件,是自然前提和基础,是对一个地区社会经济发展产生重要影响的因素之一。长期以来,在"征服自然"和"地大物博"思想的影响下,在我国,人们对资源与环境的认识一直都停留在"取之不尽,用之不竭"的思想观念上,因而一直未曾考虑资源与环境、经济与环境关系的问题。于是,经济发展指标成为政府及其决策者主要考虑的价值取向,忽视环境因素,始终没有把生态环境保护放在适当位置。

在农业方面,强调"以粮为纲"的单一农业政策,致使全国很多地方出现了盲目、过度地"毁林垦荒"、"围湖造田"、"湿地开垦"、"草地农垦"以及在宜林宜牧的地区开垦种植和"乱采乱挖"等行为,导致很多地方生态严重失衡。而且,在我国大部分地区还尚未摆脱千百年来"靠天吃饭"的局面,农耕技术相沿甚久,未能普遍建立起稳定、高效、高产和低耗的生态农业系统,个别地区甚至仍沿用刀耕火种方式。因粗放式经营,导致土壤质量退化,土地生物量减少，不得不靠扩大耕地或强度利用土地，继而又加剧土壤退化过程，形成恶性循环。

在林业方面，森林采伐技术落后，使一些地区林业资源枯竭；而另一些地区则是过熟林自然枯损，林木加工浪费惊人，在造林方而热衷于大造声势，搞大规模群众植树运动，而并未形成一套科学合理的整体造林规划，结果是年年植树不见林。

在工业方面，许多工厂设备陈旧，生产工艺落后，管理混乱，资源利用率很低，跑、冒、滴、漏现象严重，特别是工业废气和废弃物排放量大，对生态环境造成极大的污染。许多乡村特别是乡镇企业发达地区和开发项目比较多的地区，很难找到“一块净土”、“一方净水”。在很多农村的沟渠河道正遭受着工业废弃水和生活垃圾污染的同时，水土流失尚未得到有效控制，边治理边破坏的现象依然存在，目前全国还有200多万平方公里的水土流失区亟待治理，任务十分艰巨。① 而且在现在许多开发和建设项目中，由于决策者的生态保护意识薄弱，缺乏制度保障，决策前期无生态保护评估、咨询；决策过程中无生态保护参与；决策实施中无生态保护监督；实施后无生态保护审计或回顾性评价制度。

在牧业方面，我国广大草原也由于持续干旱和超载过牧，加之牧区水利建设长期滞后，导致了草原退化、沙化严重。全国牧区饲草料灌溉面积仅占可利用草原面积的0.4%，与20世纪80年代初相比，天然草原载畜能力下降了约30%，而载畜量却增加了46%。目前全国牧区33.8亿亩可利用草原90%出现不同程度的退化、沙化。一些生态严重恶化的地区，河流断流、湖泊干涸、湿地

---

① 参见姚润丰《农村水环境恶化，危及农民健康影响农产品安全》，中国经济网：www.ce.cn。

萎缩、绿洲消失，生物多样化减少，有的地方丧失了人类基本居住条件。近5年来，牧区已有26万人不得不搬迁移居。①

在环境政策方面，环境政策中多年存在"重城市、轻农村"的倾向。如在污染防治立法的适用对象方面，突出表现大中城市利益中心主义和大中企业中心主义的特征。现行的污染防治法律原则和制度，着重反映了大中城市的环境保护需要。适应乡村和乡村企业环境的专门制度基本是空白。依据现行法律制度状况，难以有效控制、防止乡村污染和乡村企业污染。一些地方、部门、单位和个人在经济利益驱动下，决策时注重资源开发，忽视环境保护，把"先破坏后治理"、"先污染后治理"、"只污染不治理"作为资本原始积累的正常途径。决策的后果必然导致在发展生产的同时，造成土地退化、水土流失、生物多样性破坏等一系列生态恶化的后果。

在生产力布局方面，由于缺乏科学的环境与发展的综合决策，较少考虑区域和流域生态环境容量或承载能力，生态保护措施不得力，一些能源基地、干旱与半干旱地区的棉花基地和商品粮基地的建设，产生了一边开发一边破坏生态的严重后果，反过来又制约了这些基地特别是下游地区的进一步发展。与此同时，一些大型的自然资源开发项目由于没有严格执行环境保护法，没有开展切实有效的生态环境影响评价，没有明确的资源开发的生态保护任务与措施，有的项目则是作为首长项目，以个人决策取代综合决策，项目一经实施就给环境造成严重的破坏。

发展经济，摆脱贫穷，走向富裕是我国发展战略的核心目标，

---

① 参见翟洁辉《紧紧围绕提高农业综合生产能力，努力推进新时期的农村水利工作》，中华人民共和国水利部网站：www. mwr. gov. cn。

但是,面对人口、资源的约束,面对环境污染加剧和生态恶化的严峻现实,我们的发展决不能再走传统的只注重经济发展而轻视环境保护的发展道路。走可持续发展的道路是我国县域经济快速发展的必然选择。

第三章　职业教育与县域经济发展关系探讨

我国是一个农业大国,55.1%的人属于农村人口,如何解决好农村、农业和农民的问题,如何尽快增加农民收入、发展农村经济一直是关系我国民生的重大问题。① 因此,习惯上我们常把“县”与农村和农业联系在一起,离开了农村和农业也就不成其为“县”。从我国现有的基础、环境和未来的发展空间看,发展县域经济是解决我国农民增收、推进城市化建设以及实现教育、经济等的可持续发展诸多难题的基本落脚点。正所谓县域兴,全局稳;县域富,全民富。发展壮大县域经济,不仅是贯彻“三个代表”重要思想和科学发展观,全面建设小康社会的重要体现,也是实施富民强国战略的客观要求。

根据世界各国发展的经验,如果没有农村的现代化,就没有全国的现代化;没有广大农民的小康,就没有全国人民的小康。但就我国目前县域经济发展的现状来看,形势并不容乐观,整体经济实力不强,主要表现在:经济结构初级化,城镇化水平低,社会发展水平比较落后,经济发展缺乏特色和个性,县域经济效益不高,等等。当然,县域经济的发展路径依赖于政府政策、资金、自然资源、人力资源、区域优势等诸多生产要素,在这诸多要素中,人力资源是最

① 参见《中国人口现状》,中央政府门户网站:www.gov.cn。

活跃、最积极、最重要的要素。

在我国,人口众多而自然资源又相对不足,占人口绝大多数的农民素质十分低下,这一直是制约我国县域经济发展的瓶颈。基于此,2006 年 11 月 21 日,中共中央政治局常委、国务院总理温家宝在主持召开的国务院常务会议上,强调把教育摆在优先发展的战略地位。加快发展职业教育工作。① 落实科教兴国战略和人才强国战略,大力发展职业教育,加快人力资源开发,是推进我国走新兴工业化道路,解决"三农"问题,促进就业再就业的重大举措,是全面提高国民素质,提升我国综合国力可持续发展的重要途径。职业教育成为保证我国在今后漫长的前进道路上能否持续稳步发展的人才培育体系中不可或缺的关键一环。

由此可以看出,县域经济发展与职业教育有着最紧密、最直接的联系。但是,由于受计划经济和传统教育的影响,我国的教育与经济一直存在着"两张皮"的现象,相当一部分职业技术学校基础差,发展中脱离实际、脱离群众,至今仍未过生存关。虽然县域经济与职业教育在我国时代的大潮中被寄予厚望,但仔细观察,我们又不得不承认他们现实的境遇举步维艰。面对这样的现实,又该怎么办呢?

其实,同样的时代需求、同样的时代际遇、同样不可推卸的历史重任在不断昭示着:推进职业教育与县域经济的协调、可持续发展,已成为当务之急。基于此,我们试图从职业教育与我国县域经济发展的关系层面进行探讨。

---

① 参见新华社北京 2006 年 11 月 21 日电讯稿,《人民日报》2006 年 11 月 22 日。

第一节　职业教育与经济发展关系讨论

一、巴洛夫的观点

巴洛夫(Thomas Balogh)是英国经济学家,是当今国际职业教育界极具影响力的学者之一。其关于职教发展的理论,集中反映在他于20世纪60年代初期发表的一系列评论文章中,特别是《非洲的人灾难》(*Catastrophe in Africa*)和《非洲需要什么样的学校》(*What school for Africa*)两文中,以"发展经济学"和"人力资源说"为基础,全面阐述了对职业教育,特别是对发展中国家职业教育发展的看法。这些观点可概括为:发展中国家应该集中力量发展职业教育;职业教育的发展应该以经济发展计划为主要依据;经济发展是可以"预测"的,经济发展所需的"人力资源"也是可以"预测"的,可以加以"规划";根据"规划"的人力资源需求,应该进行"人力储备","人力储备"可以通过学校,特别是职业学校的发展来实现。在巴洛夫看来,发展中国家的职业教育与经济发展是相辅相成、互相促进的。职业教育发展规划做好了,就能推进经济发展和社会进步;而经济发展了、社会进步了,又能使职业教育有更大的发展空间。巴洛夫的观点在当时得到了联合国教科文组织、世界银行等国际组织的支持,成为20世纪60年代发展中国家教育与经济发展的指导理论,而且他的这一理论,在一段时间内、在一些发展中国家,也确实产生了上述的结果。

事实上,巴洛夫的理论虽然是在20世纪60年代进行的系统阐述,但实际上他是对战后职业教育发展道路的一个总结。二战结束后,各国面临战后重建的繁重任务,有一技之长的劳动力十分缺乏。50年代后期,各国又面临产业结构的重新调整,随着新的产业部门的出现，一线技艺型劳动力供应十分紧张。60 年代，大批原殖民地、半殖民国家取得政治独立，开始民族经济的建立，同样急需掌握劳动技能的现场生产者。所以，各国无不把发展教育放在突出地位，其中培养生产、经营、管理一线的中、高级应用型人才的职业教育受到了非常急迫的关注。职业教育由此经历了一个少有的发展“黄金时期”。正是在这一背景下，巴洛夫的职业教育思想应运而生了，认为职业教育应以经济预测为依托，根据“人力规划”培养和供应人才。

客观地说，巴洛夫职教思想的产生具有充分的合理性。一方面是那个时代对技术人才有迫切的需求，必然会推动职业教育的大发展；另一方面，当时又是发展经济学和“人力资源说”盛行的时期。而事实上，当一个国家经济发展较为平稳时，这一理论也确实发挥了较好的作用。战后德国的迅速复兴就得益于合理规划的职业教育的发展，这已是不争的事实。新独立的国家由于经济发展规模不大，在经济发展的过程中，按照规划培养和供应具有一技之长的劳动力，也使国家颇为受益①。然而进入 20 世纪 70 年代，战后经济发展的“黄金期”结束，各国在经济建设中遇到了这样或那样的问题，不够灵活的人力规划也逐渐暴露出自身的缺陷。传统的职业教育发展模式受到空前的挑战，巴洛夫的职业教育思想也开始遭受诸多的质疑。

二、福斯特的观点

福斯特(Philip J. Foster)同样是国际职业教育理论界颇有影

① 参见傅志明《福斯特与巴洛夫论战对当前中国职业教育改革的意义》，《职业技术教育》2003 年第 22 期。

响的一名学者，他毕业于伦敦大学经济学院，曾任美国芝加哥大学教育学和社会学教授，澳大利亚麦夸里大学教育学教授，美国纽约州立大学教育学和社会学教授。他关于职教发展的理论，主要反映在他的名作《发展规划中的职业学校谬误》中，该文实际上是著名比较教育学家安德森和鲍曼主编的《教育与经济发展》中的一章。福斯特一直非常重视农村教育与发展的问题。在 20 世纪 60 年代，西方“发展经济学”盛行，当时教育理论界的“人力资源”学派主张学校可以根据政府的经济发展计划和“长期性的人力预测”来提供一定数量训练有素的“人力储备”为经济发展服务。1961 年教育专家巴洛夫在联合国教科文组织召开的非洲国家教育部长会议上提出：发展中国家在通过重点投资学校形态的职业教育和在普通学校课程中渗透职业教育内容的战略来发展经济。而针对此观点，福斯特以他多年在加纳的研究成果为依据进行了全盘的否定。福斯特指出：经济发展是很难准确“估计”的；经济发展所需的“人力”也是难以准确“预测”的；根据这种“预测”作出的人力规划，往往“脱离经济中就业机会的实际结构”；按照“人力预测”作出的职教发展规划、“储备”的“人力资源”，常常会与实际存在很大差别，既可能造成浪费，也可能加重失业状况。一句话，基于简单预测的“人力规划”，不能也不应成为职教发展的依据。福斯特还进一步指出，职业教育的重点，不应该是“正规学制”的职业学校，而应该是“非正规灵活”的在职培训，包括就业前的岗前培训、已经就业员工的在岗培训和离职人员的换岗培训等。福斯特尤其反对巴洛夫的在学校内增设职业课程这种“学校课程职业化”的主张，他通过对非洲的经济结构、就业结构、民众观念的冷静分析，认为孤立地把职业学校当作解决教育与就业问题的钥匙的观点是错误的，是缺乏实际依据的，其观点可以概括如下：

1. 仅仅靠学校和教育机构来解决不发达国家人力资源的问题是不行的;相反,学校在这方面可能是非常“笨拙”的机构。

2. 学校自身有一系列问题有待解决,如学校中的巨大浪费、非洲教育使人们形成的好高骛远的追求以及非洲人轻视职教、重视学术性教育,即普通教育达到了“不理智”的程度等。

3. 上述现象的产生,是因为在大多数非洲人眼中,从就业的意义上说,学术性教育就等于职业教育,因为接受了学术性教育就能获得白领工作。在大多数非洲人看来,只要经济结构偏重于白领工作,职业教育,甚至是较实用的技术教育便无法成功地实现他们的目标。

福斯特认为农业教育的对象是农民而不是学生。因为“如果一个来自农村的孩子求学的目的是为了离开乡村的话,那么任何学校中的农业课程对他来说都是毫无意义的。”①学生对农业课程不会感兴趣,也不会去认真学习。因此“没有必要让学校在校生成为农业教育的对象”。② 农业教育的重点应该是农民。福斯特提出农村职业教育的主要任务是向农民推广农业生产的新知识、新技术以及市场信息,这一任务可以通过大众传媒、直接的推广计划或“成功农民示范计划”等方式来实施。福斯特认为农业教育是农村职业教育的重点。因为农业是农村发展中的一个关键领域,也是最难以变革的领域。单靠农业技术培训不能对农业生产发挥明显影响。因为农民最注重实际,只有当他们看到科学技术带来的实际收益时,他们才会有学习这种科学技术的愿望。因此,

---

① 石伟平:《福斯特的职业教育思想及其影响》,《外国教育资料》1995 年第 2 期。

② 同上。

农村职业教育必须考虑农民的学习积极性以及职教计划可能给他们带来的收益。农村职业教育只有与当地农村经济发展和农民收益直接相关,才可能获得成功。福斯特还对学校形态的职业教育发展提出质疑,他断言“职业教育的重点是非正规的在职培训”。①单靠正规学校不可能影响任何重大的农村变革。教育仅仅是农村发展诸多因素中的一个,自然资源、交通、产品市场等也是重要因素。

福斯特的批评在20世纪60年代中期提出后,由于职业教育正处于蓬勃发展中,各国经济也呈积极向上的态势,前述消极事态表现得并不明显,这种批评并未引起足够的重视。但到20世纪80年代这种批评随着上述消极现象的日益突出,再加上一些著名经济学家的推崇,逐渐成为主流观点,一些国际组织也修正了自己工作原则的指导理论,逐步采纳了福斯特的意见。尽管福斯特对学校形态职业教育的批评过于武断,但其注重实际的农村职业教育思想在解决我国“三农”问题、发展县域经济、发展农村职业教育的今天仍值得我们深思和参考。

第二节　职业教育与县域经济可持续发展关系分析

可持续发展是当今社会所树立的一种崭新的发展观,它是在资源枯竭、生态环境恶化、人口激增、经济衰退等问题威胁到人类未来的生存与发展的情况下提出来的。此观点认为我们人类的发展是“既满足当代人的需要,又不对后代人满足其需要的能力构

---

① 石伟平:《福斯特的职业教育思想及其影响》,《外国教育资料》1995年第2期。

成危害的发展”①。事实上，可持续发展模式的提出，迫使人们正视我们的现实：实现经济增长，是人类文明繁荣的物质基础。然而传统经济增长方式忽视经济、生态与社会协调发展，使发展付出了沉重代价。建立新的发展模式，在维护人与自然平衡的条件下，兼顾后代利益，实现全球经济发展，不仅表达了人类追求美好生活的共同愿望，更主要的是反映出人类对经济发展规律认识上的深化。研究发展问题，就意味着要求人们注意无发展增长所产生的危害。人们由此开始把经济增长与社会、与人、与教育的发展看成是内涵与外延虽有交叉但又不相同的概念。1987 年，世界环境与发展委员会经过在世界各地的广泛调查，向联合国提交了一份题名《我们共同的未来》的报告，对当前人类在发展与保护方面存在的问题进行了全面和系统的评价。该报告明确提出了“可持续发展”的思想理论，并将其定义为是一个变化的过程，在这一过程中，资源的利用、投资的方向、技术发展的导向及机构的变动均能协调发展，不仅使当代而且使未来的潜力得到提高，人类的需要和欲望得到满足。可持续发展作为一项国家长远发展战略，受到了世界上多数国家的广泛关注和重视。而我国政府也于 1994 年 3 月正式公布了《中国 21 世纪议程——中国 21 世纪人口、环境与发展白皮书》，全面深刻地论述了中国可持续发展的背景、必要性、战略和对策。

县域经济是整个国民经济的基层和基础，属于宏观经济范畴。县域经济可持续发展既是整个经济可持续发展系统的一个子系统，也是实现经济可持续发展战略的重要保证。没有县域经济的可持续发展，就没有整个国民经济的可持续发展。因此，重视和加

---

① 北京市科学技术委员会编：《科教兴国词语释义》，学苑出版社 1996 年版，第 6—41 页。

强对县域经济可持续发展的研究,具有重要的现实意义。

农村职业教育是指在一定的文化基础上,对农村广大求业人员所进行的种植、养殖、加工、运输、服务等方面的专业知识和职业技能的教育。它既是解决我国"三农"问题,促进就业、再就业的重大举措,也是全面提高国民素质,提升县域经济可持续发展的重要途径。因为"教育是推进可持续发展和提高人们处理环境和发展问题的关键"①。我们需要通过教育、通过学习来培养可持续发展所需要的价值观、行为方式和生活方式。我们人类今天所面临的问题,并非仅仅是一个客观物质世界的问题,它同时也是一个文化——文明的问题,而文化问题自然就会导出教育问题,衍生出了"教育的可持续发展"问题。因此,在现阶段,农村职业教育不能再把自身的眼光局限于农村,其范围应从农业扩大到"加工、运输、服务"等二、三产业,扩大整个经济的领域;职业教育也不能再把自己孤立于职业的围墙之内,而是必须积极地向外延伸,拓展自身与社会、经济、生态等各个领域的联系。在整个教育朝着可持续方向发展的背景下,农村职业教育也必须扬帆远行。

因此,县域经济的发展是一个持续完善和前进的过程,农村职业教育的发展亦是一个持续完善和前进的过程,二者相互依存、相互作用的过程中实现着可持续发展的关系。

一、职业教育是县域经济可持续发展的重要环节

众所周知,"三农"问题一直是困扰我国县域经济进一步发展的"瓶颈",是我国经济和现代化建设的根本问题,实现全国建设

① 钱丽霞:《可持续发展教育的历史演进与价值分析》,《上海教育科研》2006年第2期。

"小康社会"的奋斗目标也必须切实解决这一问题。所谓"三农"问题即农业、农村、农民问题。农业问题,主要是农业需要改变落后的生产方式,走向产业化的问题;农村问题,主要是二元社会结构形成了城乡之间政治、经济、文化发展水平的较大差异;农民问题,主要是农民文化素质不高、收入过低、经济负担过重问题。"三农"问题的核心在于农业生产方式的落后,农产品产业化、市场化程度低,农民生活水平低。为此,必须加快农业和农村社会经济结构的调整,大力发展农业产业化经营,加速农村现代化和城镇化步伐。农业产业化、农村城镇化、农村现代化是紧密联系互相影响的,能够为这"三化"直接服务,最具推动力的便是农村职业教育,职业教育是教育与经济的结合点,是教育与社会各种职业沟通的桥梁,是实现农业产业化、农业现代化、农村城镇化的重要支柱。因此,从可持续发展的角度深刻认识职业教育对县域经济发展的影响,具有特别重要的意义。

（一）发展职业教育是获取人力资本投资收益的必然选择

经济学研究核心议题是如何以最小的投入获得最大的收益。从经济学意义上说,发展职业教育既可以满足社会发展和经济建设的需要,也可以满足人民群众的根本需求。因为职业教育不仅能为国家带来经济的增长,也能为职业院校毕业生及家长带来人力资本投资的目标收益。美国经济学家舒尔茨曾对"人力资本"概念作过如下描述:"体现在人身上的体力、知识、技能和劳动熟练程度等综合能力和素质就叫人力资本。而将所有在人身上所进行的旨在提高劳动者生产能力的投资称之为人力资本投资。"①可

① 刘春生:《以就业为导向发展职业教育的理论思考》,《吉林工程技术师范学院学报》2005 年第 2 期。

见,人力资本和其他非人力资本一样,都是一种生产要素,都是促进经济和生产发展的一个重要变量,其目的都是为了产出的最大化。人力资本的形成过程,实际上就是人力资本的生产过程和人力资本价值的形成过程,而其主要途径便是人力资本投资。教育投资是人力资本投资的主要组成部分,是提高人力资本知识存量和技能存量的主要途径,也是推动经济发展的重要途径。职业教育作为一种与社会联系最紧密的教育投资,一个重要目的就是获得收益。在未来劳动者身上进行人力资本的智力投资,必将提升人力资本的价值和使用价值,从而提高人力资本投资的收益。职业教育投资对国家来说,是提高生产率、经济效益和增加国民收入的来源;对个人来说,是获得理想职位的条件。职业教育促进经济发展,主要是通过为社会培养合格人才来实现的。

当前全球化趋势增强,科技革命迅猛发展,国际竞争更加激烈,必须充分发挥科学技术作为第一生产力的决定性作用。国家之间的竞争是经济实力的竞争、科技水平的竞争,归根结底是人才的竞争。人才在我国经济发展和社会进步中具有基础性、战略性、决定性作用,强化人才支撑体系是做好人才工作、促进县域经济发展的重要保证,对县域经济的发展起着枢纽和调控作用。人才支撑体系最为核心部分就是人力资本,人力资本的数量、质量、结构在一定程度上决定了人才支撑对县域经济发展的影响。

托达罗(Todaro M. P)在其《经济发展与第三世界》一书中指出,"正是人力资源,不是资本,也不是物质资源,最终决定着一个国家经济和社会发展的性质和步伐"。① 越来越多的发展经济学

① [美]托达罗:《经济发展与第三世界》,印金强等译,中国经济出版社1992年版,第452页。

家论证,人力资本教育投资的经济收益远远超过其他各类投资的收益,在发展中国家的收益要大于在发达国家的收益,初等教育的收益要大于中等和高等教育的收益;而人才资源所掌握的具有经济价值的知识和技能(即人力资本)是国家财富之源。现代经济发展理论家关于经济增长因素的分析报告则指出,人力资本开发和利用在整个社会进步过程中的重要地位。著名的经济增长因素分析理论家戴比森(Debbiesen)在对1919至1957年之间的美国经济增长因素作分析时发现,这期间美国经济增长的38%是劳动力素质提高的成果。而美国芝加哥大学的舒尔茨教授在他的研究报告中指出,1910年至1957年近50年间美国农业的物力投资增长4.5倍,收益提高3.5倍;人才投资增长3.5倍,收益提高却达17.5倍。美国是世界上教育最发达、研究条件最好的国家,但他仍然不遗余力地挖掘外国高素质人才,这是因为美国的人才资源开发不仅着眼于国内,而且放眼全球。美国的科学家和工程师有1/3来自国外,1994年在美国获得博士学位的人员也约有1/3来自国外,美国50%以上的高科技公司的外籍科学家和工程师占公司科技人员的90%,这就是美国成为经济和科技最发达的国家的最主要原因之一①。战后的西德和日本,经济都处于崩溃的边缘,可是在短短20年时间里,又迅速成为世界经济强国。其中最主要的原因是:战争破坏了他们的厂房、机器、铁路、公路等设施,但并没有破坏他们受过良好教育、具备相当科技能力的人才资源,充足的、高素质的人才资源,是它们经济腾飞的前提条件。人才资源对经济发展的重要作用也被国内的经济实践所证明:举全国人才之

① 参见吴中等《驻马店地区人力资源空间和结构分布研究》,《郑州航空工业管理学院学报》2000年第3期。

力才有了深圳的发展，昔日的小渔村变成了中国的一个大城市；而被称为“中国硅谷”的北京中关村工业园区已经成为北京经济的主要推动力量，工业园区的经济增长已占北京市工业增加值的60%，①其主要原因就是中关村已成为搞技术和人才的聚集地。

县域经济和社会的发展需要有一支数量充足、质量稳定、结构合理的高素质人才队伍作支撑，没有人才支撑作保障，就谈不上经济的增长和发展。作为提高生产力的首要因素，一般而言，一个地区人才资源越丰富，就越能够为该地区的经济发展乃至生产水平的提高提供强力的支撑；反之，尽管经济的发展和生产力水平的提高已经具备了其他的物质条件和社会条件，但如果人才资源贫乏，人才资源在数量、质量、结构上得不到相应的保证，也会影响乃至延缓经济的增长和发展。所以，县域经济要想获得发展必须通过职业教育这一重要途径来获取人力资本的投资收益，这是其必然选择。

（二）发展职业教育是提高农村劳动者就业能力的必然途径

农村一直是中国改革的培养基地，农村的职业教育是培养和造就大批高素质劳动者和新型农民、开发农村劳动力资源的最直接、最有效的途径，在全面贯彻科教兴农战略、推进农业现代化的过程中，具有不可或缺和不可替代的作用。党的十五届三中全会指出：农业的根本出路在科技、在教育。实行农科教结合，加强农业科技的培养和推广，注重人才的培养，要把农业和农村经济增长转到依靠科技进步和提高劳动者素质的轨道上来。

纵观我国建国后农业发展的历程，我们可以非常清晰地感受

① 参见李杨《中关村科技园区对北京工业经济增长贡献率达60%》，新华网北京2002年3月29日电讯稿。

到科技在其中所产生的重大作用。20世纪80年代初期我国广大农村家庭联产承包责任制的实行,激发了农民的积极性,使我国的农业跃上了一个新台阶。然而随后农业陷入了停滞不前的局面,很重要的一个原因就是农业的科技水平低。我国多年的扶贫经验也表明,简单地直接给以经济救助,不如改变农民的思想观念,使他们掌握农业科技知识,从而摆脱贫困。

美国著名的经济学家舒尔茨对印度和日本的农村发展进行研究,他认为:"日本和印度的农业生产的巨大差距并不是土地是否适合于耕作的问题。在这一点上,印度情况要好得多。印度也不吝啬对灌溉设施的投资。在考虑到所有因素之后,事实是,日本耕作者在把有用的知识运用于生产方面的技能比印度的耕作者高得多。"①这是日本农业在土地等生产要素十分不利的情况下,发展情况仍优于印度的原因。

的确,依靠科技进步,提高农业生产的科技水平,增加产品的科技含量,是提高农业经济效益、促进农民增收的重要途径。当今以生物技术为代表的农业高新技术的快速发展,给农业生产带来了新的技术革命。在传统农业向现代农业的转变中,观光农业、加工农业、订单农业等新兴农业的出现,给农业注入了新的观念和内容,同时也使我国的农业和农村经济面临严峻挑战,这些现代农业都需要高素质的农民,而我国农村劳动者科技文化素质很低。事实上,农民收入水平低、生活质量差,这不是"三农"问题的原因,是"三农"问题外在表现的一个重要方面。"三农"问题的根本原因则在于农业生产力水平低、技术落后,农业劳动力素质低。一般

---

① 转引自郝振君、郝振全《舒尔茨的农村人力资源理论述评》,《教书育人》2007年第6期。

来说，劳动生产力是由五个要素决定的，即“工人的平均熟练程度，科学的发展水平和它在工艺上应用的程度，生产过程的社会结合，生产资料的规模和效能，以及自然条件”。[①] 在不同时期，决定生产力的这五个要素的地位和作用是不相同的，并在一定条件下相互转换。这要求不同的生产关系与之相适应。当今世界已经跨进了知识经济时代，科技进步和劳动者素质的提高已日益成为经济增长和社会生产力发展的决定性因素，可是在农村，知识的作用无论在理论界还是在实践中都没有得到应有的重视。

据调查显示，我国农村劳动力中，文盲、半文盲为8.96%，小学文化程度占33.65%，初中文化程度占46.05%，高中文化程度占9.37%，大中专文化以上程度分别占0.40%和1.57%，平均受教育年限为7.4年[②]。一些贫困地区指标更低，而发达国家农业劳动力平均文化程度20世纪80年代末为11年，目前已经达到12年以上，我国今后若干年内如果农民文化水平指数继续以0.16年速度增长，到2010年才达到初中毕业水平，2025年才达到发达国家80年代末的水平。[③] 据有关调查资料，在我国农村劳动力中，接受过培训的只占20%，接受过初级职业教育或培训的只占3.47%，接受过中等职业教育的只占0.13%，而没有接受过技术培训的竟高达76.4%，而发达国家每万名农业人口中，拥有农业科技推广人员30—40名，我国仅有5名，农业科技推广人员中，初中以下文化程度的占60%，且由于科技经费不足，科技体制不合

---

① 马克思：《资本论》第1卷，人民出版社1994年版，第53页。

② 曾满超、赵文波：《我国农业人口的教育思考》，《高等农电教育》2001年第4期。

③ 马建斌：《对当前农村职业教育发展问题的思考》，《教育研究》2000年第2期。

理等原因，还有相当比例的农业科技人员处于闲置和流失状态，农民科技文化素质低，对新技术的吸收和创新能力差，我国农业科技转化率只有30%—40%，仅占发达国家的一半。①

劳动力是人的劳动能力，是存在于人身体中的体力和脑力的总和。在任何社会劳动力都是生产的基本要素，而劳动力成为商品，与资本、土地、技术等同样作为市场要素在运转。劳动力商品属于生产要素类商品，其使用价值在于社会再生产过程而非消费过程，它在社会再生产过程中具有自身使用价值及价值的提升能力，即学习能力，通过学习和培训可以使劳动力的使用价值得到不断提高，从而获得更大的交换价值。而劳动者整体素质的提高是经济发展与社会进步的基础，是国家竞争力的体现。就如英国经济学家亚当·斯密在其所著《国富论》中将人的能力视为一种资本，认为它同时是社会财富的一部分，并且这部分财富会为社会创造出更大的利润。事实上，这就意味着劳动力使用价值的提高绝不仅仅是"商品"生产过程，它同时也是公共品的生产过程。因此，对于农村劳动力来说，其扩大再生产、提高就业能力有两条基本途径：外延的扩大再生产和内涵式扩大再生产。在城市和农村劳动力同时存在巨大剩余的背景下，劳动力在数量上的增长已经成为剩余劳动力压力，而决定农村劳动力非农化转移的因素中无论是农业劳动生产率提高、工业化进程加快，还是农村劳动力非农就业竞争力增强，都无一例外地与劳动力素质提高也就是劳动力内涵式扩大再生产紧密联系，其核心无疑是强化对农民的教育和培训。根据赵耀辉的调查，教育对劳动力从农村到城市的永久性

① 参见黄育云、杨璠《"三农"问题与农村教育优先发展战略》，中山大学行政管理中心网站："http://cpac.zsu.edu.cn/"。

迁移作用很显著,劳动力的受教育年限每增加一年,进入本地非农业产业就业的概率就增加3个百分点,户口迁入城市的概率也会增加6个百分点。[①] 因此,农村经济发展和农民致富的根本出路在科技,科技发展的关键在人才,人才培养的主要途径在职业教育。

随着我国城市化进程的加快,职业教育将成为提高农村转移劳动力素质的重要途径。周明星在《农村教育综合改革概论》中指出:"仅2002年底,全国农村劳动力外出就业已达9400万,按照我国制定的发展方向,到2020年至少有3亿的农村人口进城"。[②]

面对如此庞大的劳动力大军,农民的素质及自身的技术含量将成为外出农民能否找到工作的决定性因素。但是如前面所述,我国农村劳动力素养却令人担忧,这样,一方面,低素质的劳动力因大部分没有经过任何的职业训练,难以在劳动力市场上与下岗职工相抗衡,必然失去在城市拾遗补缺的机会;另一方面,缺少文化的农村劳动力往往只能选择在建筑、运输等部门干体力活,受苦受累收入也不高。想要改变这种状况,提高农村劳动力素质,职业教育是必然的选择。

(三)发展职业教育是解决农民增收问题的必然要求

农民增收问题作为"三农"问题的核心,不仅是经济问题,更是一个政治问题。更好地促进农民增加收入,是贯彻"三个代表"重要思想的本质要求,是加强党的执政能力建设、努力构建和谐社会的一项重要工作。能否较大幅度地增加农民收入,事关我国社

---

① 赵耀辉:《中国农村劳动力转移及教育在其中的作用》,《经济研究》1997年第2期。

② 宁永红:《基于现代教育技术的农村职业教育发展模式转换》,《中国农村教育》2007年第1期。

会政治稳定，事关走共同富裕的道路，事关全面建设小康社会。

近年来，中央和地方为增加农民收入而采取的措施虽然已收到了明显的效果，但这些措施与根本解决农民增收困难的长远需要还有一定差距。据国家统计局公布的数字①，2004 年国内生产总值 136515 亿元，比上年增长 9.5%，粮食总产量 4695 亿公斤，比上年增长 9.0%。其中第一产业增加值 20744 亿元，增长 6.3%；第二产业增加值 72387 亿元，增长 11.1%；第三产业增加值 43384 亿元，增长 8.3%。全年全社会固定资产投资 70073 亿元，比上年增长 25.8%。第一产业投资由上年下降 19.6% 转为增长 20.3%；第二、三产业投资分别增长 38.3% 和 21.6%，增幅分别回落 8 个和 0.5 个百分点。全年居民消费价格比上年上涨 3.9%，涨幅比上年提高 2.7 个百分点。全年社会消费品零售总额 53950 亿元，比上年增长 13.3%，扣除价格因素，实际增长 10.2%，比上年加快 1 个百分点。全年城镇居民人均可支配纯收入 9422 元，比上年增长 7.7%；农民纯收入 2936 元，实际增长 6.8%；年末城乡居民人民币储蓄存款余额达 119555 亿元，比上年末增加 15929 亿元，增长 13.3%。通过这组统计数字可以看出，2004 年粮食喜获丰收，扭转了 1999 年以来连续五年下降的局面；投资结构有所改善，第一产业与第二、第三产业投资增长率的差距有明显缩小；农民收入是 1997 年以来增长最快的一年。但仍存在一些不容忽视的问题：第一，对农业投入的增长还大大低于对第二产业，同时也低于对第三产业投入的增长。第二，农民增收幅度仍低于粮食增长幅度，粮食增收的部分并没有同步地贡献给农民增加收入。第三，农民人

① 朱剑红：《国家统计局盘点 2004 年国民经济》，《人民日报》2005 年 1 月 26 日。

均纯收入实际增长低于城镇居民人均可支配收入增长1个百分点,且两者原来的基数前者就远远低于后者,这足以证明农民年收入额与城市居民年收入额的绝对数差距仍在相对扩大。第四,城乡居民储蓄存款中,农民部分的份额在减小(通常情况下)。第五,考虑居民消费价格比上年上涨3.9%,涨幅比上年提高2.7个百分点的实际,2004年农民收入实际增长是很有限的。城镇居民与农民收入差距仍居3.2:1的历史最高水平,而农民收入中的一部分是物折算收入,有一部分还要用于生产性支出,实际城乡差距更大。根据国家发改委制定的2005年国民经济和社会发展计划①,2005年国内生产总值增长8%左右,居民消费价格总水平涨幅控制在4%,城镇居民人均可支配收入增长6%,农民人均纯收入增长5%,全社会消费品零售总额预期增长12.5%。显然,上述分析的几个问题仍未预期得到很好解决,农民增收相对缓慢的情况仍将存在。这正如2005年的中央"一号文件"中指出的那样:"必须清醒地看到,农业依然是国民经济发展的薄弱环节,投入不足、基础脆弱的状况并没有改变,粮食增产、农民增收的长效机制并没有建立起来,制约农业和农村发展的深层次矛盾并没有消除,农村经济社会发展明显滞后的局面并没有根本改观,农村改革和发展仍然处在艰难的爬坡和攻坚阶段,保持农村发展好势头的任务非常艰巨"。

因此,当前我国"三农"工作的首要任务是解决农民增收的问题。农民收入的增加,不仅影响到农民生活的改善,更重要的是影

① 国家发展和改革委员会:《关于2004年国民经济和社会发展计划执行情况与2005年国民经济和社会发展计划草案的报告》,《人民日报》2005年3月16日。

响农民对农业的投入,影响我国农业发展的后劲。那么,如何增加农民收入,如何解决农民增收问题呢?

据调查显示,在影响农民收入的诸因素中,农民的科技文化素质是一个很重要的因素。从当前的现状来看,农民是所有行业中素质最低的一个群体,文盲、半文盲的比例最高,整体文化素质不高,这些都影响了农民行业适应性,使其大多数只能从事附加值低的、科技含量不高的简单劳动,对于科技含量高的复杂劳动,很多人不能胜任,这样严重制约了农民收入的提高。比如1998年,杨忠源等人对我国126395名从业人员的调查显示,只会从事简单的传统农业耕作的占51.9%,具有传统耕作经验和少数具有某种技能的人占45.5%,两者合计共占97.4%;接受过初等以上专业技术教育并具有本专业劳动技能的还不到3%(见表3-1)。

表3-1 从业人员的科技水平

产业分类	总人数	只会一般操作(%)	有传统经验或某种技能(%)	具有初级技术知识(%)	具有中专中技水平(%)	具有高级专业技术知识(%)
种植业	95527	55.1	42.5	2.3	0.1	0
果林业	4154	44.5	54.0	1.1	0.4	0
养殖业	7031	32.1	62.2	5.6	0.1	0
乡镇企业	8881	66.6	32.1	1.3	0	0
交通、建筑业	10802	30.3	65.8	3.4	0.4	0.01
合计	126395	51.9	45.5	2.4	0.1	0.0007

资料来源:杨忠源:《农民文化技术素质与农业发展、农民富裕程度的相关关系、农民收入与劳动转移》,中国农业出版社2001年版,第11页。

农民的素质尤其是科学文化素质对增加农民收入起着至关重要的作用，因为无论是什么样的技术和政策，无论是提高质量还是转变生产结构，最终都需要通过农业生产者来实现。农业的发展一靠政策，二靠科技。如果说20世纪80年代初期农民的收入增加主要受惠于农村政策的话（如1978—1984年农民收入增长主要来自于农民积极性提高和农民产品价格上涨），那么，进入20世纪90年代以后，特别是21世纪知识经济时代的到来和农业高新技术的发展，农民收入的变化更多地与农村劳动力的受教育水平有关。通过农业部对农村固定观察点资料的整理可以看出这种关系。

表3-2　1996—2001年不同文化程度劳动力劳均纯收入比较

平均受教育年限	1996年		1997年		1998年	
	劳均收入	样本数	劳均收入	样本数	劳均收入	样本数
平均	3023.57	970	3372.81	985	3108.98	979
1年以下	3182.11	54	2499.74	58	2107.76	58
2年	4719.15	5	1790.12	7	2044.63	8
3年	2608.30	60	2944.88	92	2408.38	81
4年	3095.26	31	2458.74	40	2316.75	33
5年	2865.52	215	2729.85	211	2495.22	213
6年	2824.90	117	3095.14	118	2732.08	124
7年	2702.95	186	2941.10	199	2998.22	205
8年	3537.26	202	4615.51	178	4390.89	173
9年	3593.33	71	5850.88	62	4699.79	62
10年以上	2186.74	29	4610.45	20	4619.09	22

	1999 年		2000 年		2001 年	
平均	2998.56	977	2596.45	972	2673.13	940
1 年以下	1892.75	61	1794.02	61	1596.69	50
2 年	1539.75	8	1697.97	10	1857.31	14
3 年	2087.99	74	1775.49	25	1505.74	60
4 年	1890.44	28	1602.72	67	1804.21	21
5 年	2259.35	210	2199.54	209	2349.01	195
6 年	3108.30	126	1920.73	114	2132.56	112
7 年	2818.83	207	2420.01	217	2748.08	223
8 年	4324.12	178	4013.05	180	3369.75	179
9 年	4262.35	65	3579.75	65	3892.55	61
10 年以上	4978.11	20	3768.03	24	4919.20	25

资料来源:农业部农村固定观察点资料。

从表 3－2 可以看出劳均纯收入总体上随着劳动力平均受教育年限的增加而上升。并且,当劳动力受教育年限为 8 年和 8 年以上时的劳均纯收入水平高于总体平均水平,8 年以下受教育水平的劳动力其劳均纯收入则低于总体水平(1996 年例外)。即初中和高中以上受教育水平的劳均纯收入均高于总体平均收入,文盲半文盲和小学文化水平则低于总体平均收入。另据世界银行研究,对劳动力教育平均每增加 1 年可提高国内生产总值 6%—9%。可见,文化知识对农民收入的增加有十分重要的影响。与此同时,农民收入的增加还受所接受或掌握的技术影响,我国每年都有大量的农业科技成果问世,但真正能转化被农民所利用的却很少,我国现阶段农业科技成果推广率只有 30%—40%,而发达国家可达 80%,这中间除了科技转化体制等方面的原因外,农民接受新技术的能力低下也是一个十分重要的原因。据调查,就农户自身来说,决定科技入户率的主要因素是文化水平而非经济水平。我国目前家庭劳动力接受过职业教育或技术培训的农户相当少。据农业部对河南省1000户农村住户观察资料的整理(见表3-3)表明,劳动力中接受过职业教育或技术培训的农户家庭纯收入明显高于没有接受过培训的农户,家庭劳动力中接受过职业教育或技术培训的劳动力越多,家庭劳均纯收入水平也越高。可见,农业技术培训对促进农民增加收入也有十分重要的影响。

表3-3　技术培训与农民纯收入的关系

家庭受过培训的劳动力数量(个)	家庭劳均纯收入(元)	样本数
0	2592.97	901
1	3673.25	59
2	3964.43	10
3	4160.41	2

资料来源:农业部农村固定观察点资料2001年。

由以上资料可以看出,想要增加农民收入,必须提高农民的科技素养,必须通过一定的途径对农民进行技术培训。而农村职业教育正是农业科研和农业技术推广转化的纽带,它既可对农民进行农业生产方面的技术培训,提高农民学科学、用科学的意识和能力;也可成为农业科研成果转化和推广的重要阵地。因为农村职业教育,在开展研究方面,可加强纵向联系和横向联合,纵向能与高等院校、科研院所联合进行攻关,横向能同县市农业局、农科所、农技站等联合,可紧密结合当地农业经济和农民生产过程中遇到的实际问题,组织力量开展科学研究活动,及时解决农民生产实际中的技术难题。农村职业教育结合了当地农业和农民生产实际,加强农业技术的推广示范工作，这是增加农民收入的有效途径。并且我国广大农村每年都有大批的学生初中毕业后不能升入高中，或高中毕业后不能升入大学，他们如果接受一定的职业教育，掌握一定的现代农业科学技术，将是促进农业现代化，改变农村贫穷落后面貌，使农民脱贫致富的一股巨大的力量。例如湖北省农村职业高中的专业课、职业初中的实用技术课，坚持实际、实用、实效的原则，面向城乡经济和农民需要开课，推广最新、最先进的实用技术，提高了实用科技转化效益。农村中等职业学校通过开展“一生带一户”，建立不同形式的小基地活动，形成了学生“进校带项目、在校学技术、回家搞实验、毕业见效益”的良好氛围。

总之，农民文化素质的提高依赖于农村教育，从理论上来说，文化程度越高，其收入就应该越高。人力资本理论认为，教育影响收入分配是因为它能提高受教育者的生产能力。从这个角度来说，农村职业教育比农村义务教育更直接提高劳动者的生产能力，更直接影响着农民的收入。当然，农村职业教育是建立在农村义务教育的基础之上的，没有基础教育作为基础，职业教育无从谈起。一个具有高生产能力的劳动者相应地能为社会创造更多的财富，理应得到较多的合理回报，教育是一种长期投资，使人终身受益。教育影响收入分配的更主要途径还在于它提高了受教育者的配置能力。配置能力是一种发现机会、抓住机会、使既定资源得到最有效配置的能力。中国现正处于全面的社会经济转型期，社会经济处于严重的不平衡之中，既有一般国家的产业非均衡和区域非均衡，更有转型国家所特有的体制非均衡。这意味着配置能力在中国有很大的运作空间，进而意味着在中国教育对收入分配应该有很大的影响。但由于城乡二元结构分裂了城市和农村，户籍制度给农民限定了身份,就业政策上的严重不平等,使得农民的配置能力难以发挥,进而使农民的教育收益率降低,特别是基础教育的个人收益率很低,这也是农村义务教育陷入困境的主要原因。但作为农村义务教育有益补充的职业教育来说,它能够更多立足于广大农村的现实土壤,结合当地经济发展的需要,不断完善、发展自身,而且能够通过对农民的实践教育和培训,使农民在整体上知识化、信息化,在个体上专业化、技能化,在全社会生产力中上层次,在国际贸易中上水平,从而不断提高农民自身在社会经济整体运行中的综合素质和竞争能力,为农民增收发挥积极作用。

(四)发展农村职业教育是农业结构调整的必然举措

所谓农业结构调整,其实就是各种农业生产要素(劳动、资金、土地等)在市场的引导下在农业各部门之间的重新分配和组合。农业结构调整势在必行,它是中国传统农业向现代农业过渡的必然途径,也是参与国际竞争的必然要求。随着经济不断发展,我国农村生产结构性矛盾日益突出,农民收入下降,迫切需要调整以适应经济发展的需要。农业结构调整的主体是农户,我国农户的基本特征是:(1)土地经营规模小。1999 年底,户均耕地面积 7.94 亩,小生产与大市场的矛盾相当突出①;(2)农业人口过多。目前,农村劳动力近 4.5 亿,富余劳动力大约在 3 亿左右。大量的农业劳动力导致人均资源占有量少,加之资本、技术投入和农业基础条件薄弱,造成农业劳动生产率低下,农产品商品率低下;(3)农民收入低,经济实力弱,限制了其自主调整产业结构的能力;

① 参见凌炳余《入世后县域经济发展对策初探》,《乡镇经济》2003 年第 4 期。

(4)就农民整体而言,其文化素质较低,市场意识不强,对市场信号反应不够灵敏,出现比较明显的盲目性和地区趋同性,增大了农业生产的市场风险;(5)农村职业教育落后,农民非农劳动技能缺乏,经营管理素质差。我国农户的基本特点决定了农村产业结构调整的困难。迫切需要增加农村人力资本的投入力度,通过教育改变农户的基本状况,特别是农村职业教育的投资力度,增强农民在产业结构调整中的自觉性、主动性和创造性。

20世纪90年代以来,我国农产品市场供求状况发生了巨大变化,即以粮食为代表的主要农产品由供不应求转变为供求基本平衡、丰年有余的状态。而且随着居民收入提高,人们的食物结构已经逐步由数量型向质量型转变。但是,由于农业生产结构的刚性特点,使一般性的农产品出现相对过剩、价格下滑和农业经营收入下降的趋势。农业结构的刚性主要有两方面的原因:其一,农业自身的特点造成的农业结构刚性。如农业生产受特定的自然生态环境制约,生产周期长等原因造成的农业结构刚性。其二,农村人口文化素质低,劳动技能不高,是农业结构刚性的主要原因。1990年的人口统计显示,第一产业有22%的劳动力是文盲和半文盲,农村人力资本短缺,尤其是科学文化素质低,使农民对市场的分析预测能力差,特别是缺乏生产优质农产品所需要的知识和技术,以及企业家才能缺失造成的创新动力不足,收入预期和观念、行为的长期固化,使农业结构调整十分艰难、缓慢。因此,在一定时期内,很难改变当前这种一般性农产品供大于求、价格下降与农民增收困难的格局。不仅如此,由于加入WTO后,国家面临进一步放开农产品市场的压力,中国农产品市场将面临国外农业发达国家优质价廉的农产品的更大冲击,农产品市场相对过剩的矛盾将进一步突出。一般性农产品,特别是粮棉油等大宗农产品的价格还有一定的下降空间,农民的农业收入还可能进一步下降。因此,只有加大农村教育的投资力度,特别是农村职业教育的投资力度,不断提高农民的科学文化素质和劳动技能,为农业产业结构调整、优化奠定基础。

农业结构调整的目标,总的来说是要全面提高农业生产的整体水平,促进传统农业向现代农业转变。调整农业结构所要达到的目标是一个综合性目标,它不是简单的多种点什么、少种点什么的问题,而是要全面提高农产品质量、优化农业区域布局、优化农业产业结构,实现农业的可持续发展和城乡经济的协调发展。具体地讲,有三个目标必须明确:①实现农产品供求总量基本平衡,农产品品种、品质适应市场需求。②通过发展优质、高效农业,发展农村第二、第三产业,实现农业增产、农民增收和农村剩余劳动力的转移。③使农业实现比较合理的区域分工和布局,形成不同地区各具特色的专业化生产,尽量避免农业生产中的盲目性。这三个目标的实现都需要建立在农村职业教育大发展的前提之上。

第一,组织开展优势品种、项目的科技培训。我国农村劳动力素质普遍较低,传统农业的耕作方式是主流,通过职业技术培训,增加农产品科技含量,提高农产品质量,适应人们对农产品质量日益提高的要求,增强我国农产品的国际竞争力。经过国际比较,我国的水稻、蔬菜、水果、畜产品、中草药、水(海)产品的生产、加工有一定的国际竞争力。如果检疫、防疫、质检制度更为严格,有机、生态农业快速发展,这些产业、项目的竞争力将更强。围绕这些项目进行科技培训,努力降低生产、经营成本,提高产品的科技含量、质量标准和市场化程度,保证农业生态和食品安全,能不断提高国际竞争力。第二,加强非农职业培训,提高农村劳动力的就业和创业能力。农业结构矛盾一个焦点是农村种植业占的比重大，发达国家一般畜牧业高于种植业10个百分点，而我国畜牧业却低于种植业30个百分点。畜牧业的生产更需要技术培训的支持。第三，培养高素质的专业农户和农业经纪人队伍。提高竞争力，必须改革农业科研、推广、培训极度分散的管理体制，开展有针对性的、实用、实际、实效的农民培训和科技推广。认真研究农民教育的科学规律，分层次、分阶段、有计划、有重点地培植有一定生产经营规模、质量、效益好的转移农户、先导农户；加速培植能连接农业生产者和农产品市场的经纪人队伍，是当前我国农村教育重要的任务。

农村职业教育作为为农村经济服务的桥梁正是这种教育的主要形式。2004年6月17日至19日全国职业教育工作会议提出，大力发展农村职业技术教育，提高农村劳动力素质和农民的生产技术水平，对于改造传统农业，加大农业的科技含量，实现农业增产和农民增收，提高农产品质量和竞争力，促进农村产业结构调整和农业产业化经营，加快农业现代化进程，都将发挥十分重要的作用。这也正是对农村职业教育推动农村经济发展、调整农业结构作用的准确定位。

（五）发展职业教育是加快城镇化建设的必然出路

人口资源丰富和结构性剩余是我国农村人力资源的基本态势，也是中国政府需要着力解决的基本问题。提高城镇化水平，转移农村人口，可以为经济发展提供广阔的市场和持久的动力，是优化城乡经济机构，促进国民经济良性循环和社会协调发展的重大措施。因此，当人类社会刚刚跨入21世纪之时，伴随农业生产力水平的提高、工业化进程的加快和推进城镇化条件的渐趋成熟，我国政府结合我国国情明确宣布“要不失时机地实施城镇化战略”。① 十六大报告指出，要用城乡统筹的眼光解决中国的农业、农村和农民问题。解决“三农”问题不能封闭在农村内部，要和城市结合起来，加快推进中国的城镇化，使更多的农业人口转移到城市中去，从事非农产业，形成一个城乡统筹的格局。

城镇化是在经济发展过程中农村人口不断向城市集中或农村向城市转化的过程，同时也是第一产业人口向第二产业、第三产业人口转移的过程；城镇化不仅是人类社会走向现代文明的重要标志，是工业化的必然产物，同时也是工业化、现代化的重要载体和推进器。城镇化水平的高低，是衡量一个国家和地区经济社会发展程度的重要标志，当一个国家或地区存在着大量的农村人口时，现代化只能是一个美丽而遥远的憧憬。纵观世界发达国家的历史，无一例外地经历过农村劳动力向城市非农产业大规模转移的过程。目前，发达国家城市化程度普遍超过 70%，有些甚至达到 80% 以上。在一定意义上说，人类社会发展的文明史，就是一部顽强地从丛林走向平原、从乡村走向城市的演变史。而对我国而言，城镇化不仅是走向现代化的必由之路，而且对打破传统体制下形成的城乡二元结构、从根本上解决“三农”问题、发展县域经济更是有着十分重要的现实意义。

何为城镇化？城镇化是指农村人口不断转移为城镇人口的过程，一般用城镇人口占总人口的比重来衡量，它包括四方面的内涵：一是人口城镇化；二是地域城镇化；三是经济活动城镇化；四是生活方式城市化。

加快工业化和城镇化建设，意味着大量农村劳动力要进入城

① 朱登兴：《统筹城乡发展急需户籍制度改革》，《经济经纬》2004 年第 1 期。

市,转移到二、三产业工作。2001 年,我国农业 GDP 份额已经下降到 15.2%,而农业就业比例仍高达 50%。[①] 农村人口非农化和城镇化进程缓慢,农民比重过大,导致农业相对劳动生产率过低,严重影响了农业产业化的推进。

目前我国有 8 亿多农村人口,其中有 4.8 亿构成了农村劳动力,在当地从事乡镇企业和其他非农产业的约 1.6 亿。按照目前劳动力合理负担耕地水平测算,只需劳动力 1.5 亿,再加上林牧渔业的劳动力需求量,农业部门的劳动力需求量仅为 1.7 亿,我国剩余劳动力达 1.5 亿。[②] 而且随着人口的不断增长和农业现代化程度的提高,农村剩余劳动力的数量必然会越积越多,这对农村发展将会造成极大障碍。

农村城镇化建设和剩余劳动力转移亟待加快,但是,制约我国剩余劳动力转移的因素很多,如长期计划经济体制下形成的封闭的城乡二元结构,农村非农产业对剩余劳动力的容纳有限,劳动力市场发育滞缓,劳动中介组织发育程度低等。除此之外,更为重要的一个因素是我国农村劳动力素质低下。农村剩余劳动力转移的方向主要是生产效率较高的农业产业或非农产业。从总体上看,生产效率较高的产业对劳动力的素质要求相应也比较高。面对低素质劳动力的剩余和高素质劳动力的需求,只有通过对农村剩余劳动力进行专门的职业教育与培训,使他们掌握一定的专长和技术,提高他们的素质,增加获取参与人口流动的条件和机会,从而使他们从生产效率较低的农业部门转移出去,顺利实现农村剩余

---

① 参见覃爱玲《起草组成员解读一号文件》,新浪网财经纵横:http://finance.sina.com.cn,2004 年 2 月 13 日。

② 杨肃昌:《加强农民工培训的六点建议》,《发展》2005 年第 4 期。

劳动力向非农产业和城镇流动。而且通过教育和培训的劳动力收入较高,职业也更加稳定,不至于造成转移劳动力的"回流"。另外,通过开展对农村剩余劳动力的职业教育与培训,还能开拓他们的视野,树立就业的自信,激发他们自觉转向农业之外的多种经营,进行自主创业。

(六)发展职业教育是加快新型工业化进程的必然手段

当前,我国经济社会发展已进入到一个新的时期,工业化进入新阶段,产业结构调整和城镇化进程加快,国际生产要素流动和产业转移加快。党的十六届五中全会提出,在"十一五"发展期间,我国将从制造业大国走向制造业强国。我国目前已是制造业大国,工业增加值居世界第四位,但我国的制造业生产技术和管理水平与发达国家差距还很大,主要是技术创新能力不强,产品以低端为主,附加值低、资源消耗大,而且安全生产事故多,这些都与从业人员技术素质偏低、高技能人才匮乏有很大关系。要努力提高我国制造业水平,使"中国制造"在国际市场上真正有竞争力,这就必须从源头上抓起,更加重视和加快发展职业教育,全面提升人力资源的整体素质。

目前,我国机械制造业主要在第二产业,而劳动力文化、技术素质低下严重制约着我国经济的发展。我国第二产业从业人口平均受教育年限2000年仅为9.44年,只是初中水平,初中以下文化程度人口高达71.72%。① 我国现有技术工人只占全部工人的1/3左右,技师和高级技师不到4%。② 据资料显示,工业化国家

① 李辉:《需求,中职扩招百万的原动力》,《中国教育报》2005年3月3日第1版。

② 李敏:《职业教育关系核心竞争力》,中国教育和科研计算机网:http://www.edu.cn。

技术工人中的高级工比例高达35%，中级工达50%，而我国7000万技术工人中，高级工比例仅为3.8%，中级工36%。若按照高级工比例30%计算，我国应有高级工人数为2100万，缺口高达1850万之多；中级工按50%计算，缺口为1050万之多。[①] 如不加快发展职业教育与培训，我国的制造业强国战略将会成为泡影。

二、县域经济发展是职业教育可持续发展的坚强后盾

县域经济是一个蕴涵希望、充满活力的经济。从总体上来说，县域经济的发展需要农村职业教育提供强有力的人才和智力支持，而农村职业教育的发展也需要以县域经济实力为基础，县域经济的发展是农村职业教育的坚强后盾。

（一）农村职业教育体系是县域经济发展的产物

农村职业教育体系的形成与县域经济的发展有着密不可分的联系，从某种程度上来说，我们甚至可以认为农村职业教育体系直接形成于县域经济的怀抱，是其直接的产物。这从我国职业教育发展的历程以及现阶段所面临的挑战中可见一斑。

1. 从我国农村职业教育发展的历程来看

目前，我国大力推进职业教育的发展，而建好县级职业教育中心是我国职业教育的重点。《国务院关于大力发展职业技术教育的决定》指出，每个县（市、区）都要重点办好一所起骨干示范作用的职教中心（中等职业学校），继续实施县级职教中心专项建设计划，国家重点扶持建设1000个县级职教中心，使其成为人力资源开发、农村劳动力转移培训、技术培训与推广、扶贫开发和普及高

---

① 马树超等：《"十一五"期间我国职业教育改革与发展的思路》，北京教育科研网：http://www.bjesr.cn。

中阶段教育的重要基地。各地区要安排资金改善县级职教中心办学条件。也就是说,农村职业教育承担着县及县以下的广大地区的人群的职业教育任务,包括高等职业教育、中等职业教育和职业技术培训,但主要是中等职业教育和职业技术培训;也就是说在现阶段我国正在大力提倡建立能够促进县域经济发展的农村职业教育。

为什么现阶段我国大力提倡县域范围内的职业教育呢?一方面,职业教育确实可以在某种程度上推动县域解决"三农"问题;另一方面,也是非常值得关注的一点就是,巨大的县域经济发展的强大势头、强大需求,也成就了农村职业教育,是职业教育持续快速健康发展的最强大动力。

自我国普及义务教育以来,我国的人力资源优势已经初步显现。但是,随着产业结构的调整升级,劳动力就业结构正在发生深刻的变化,仅仅掌握九年义务教育水平的文化知识已经不能满足社会发展的新要求,无论是就地向非农产业转移还是向城镇转移就业,农民工都必须再接受一定的技能培训和职业教育。没有经过职业培训,没有一技之长的专业知识,外出打工,只能从事简单工种,工资收入低廉,工作岗位也没有保障。现实情况表明,农民子女急需职业教育,渴望成才就业。一些切身感受到转移培训甜头的农民工说:"读完初中上职中,打工致富一路通",真实地道出了农民群众对转移培训的衷心欢迎。其实,随着县域经济的快速发展,高素质的人才也是其孜孜以求的。

党的十一届三中全会以来,我国农村率先进行了经济改革,普遍推行了家庭联产承包责任制,土地承包赋予了农户生产经营的自主权,极大地调动了广大农户生产积极性,科学种田、科技兴农的口号被提出,也为县域经济的发展带来了新的生机。现在县域范围内的广大农村已从单一的第一产业变为一、二、三产业并举，农、林、牧、副、渔、工、商、建、运、服务业并生的综合经济体。现在的农业也由过去传统农业向市场农业和农业产业化道路转化，高科技的农业推广面越来越普遍；农业的现代化要求用现代化的文化知识全面武装农业劳动者，要使用现代的科学技术，运用现代的生产手段和设施装备农业。而且随着改革开放的深入、生产关系的调整和完善，为生产力的解放和发展提供了广阔空间。如何尽快提高农业生产技术水平，尽快提高新技术含量和档次，告别落后低级的生产方式是亟待解决的问题，农村多业共生体的发展，特别是农业在品种、耕作、病虫害、生物资源保护和利用、自然生态平衡的建立、农副产品的深加工等都须开展科技革命，再生产各环节上都需要实现技术飞跃。当然，这是反映了县域经济中农业的现实状况，其实，工、商、建等各个行业都存在着科技主导的趋势，所以说，科技进步是决定我们在新世纪县域经济生存和发展的关键因素。

在这种情况下，国务院农业部等六部门作出规划，2003—2005年，对拟向非农产业和城镇转移的1000万农村劳动力开展转移就业前的引导性培训，对其中的500万人开展职业技能培训；对已经进入到非农产业就业的5000万农民工进行岗位培训；2006—2010年，要对拟向非农产业和城镇转移的5000万农村劳动力开展引导性培训，并对其中的3000万人开展职业技能培训；同时，对已进入非农产业就业的近亿农民工开展岗位培训。[①] 面对规模空前的培训任务，现有的职业教育和成人教育机构的培训

---

① 参见周济《在全国职业教育工作会议上的讲话》，中华人民共和国教育部网站：www.moe.edu.cn。

规模显然是远远不够的。因此，县域经济的发展成为农村职业教育教育持续快速健康发展的最强大的动力。

2. 从农村职业教育所面临的挑战来说

县域经济是中国经济的微观基础，处于行政管理和政策落实的前沿，是城乡社会各种矛盾交汇之处。“县”是联结城乡的纽带，是中国基本的行政和经济单元。13 亿人中，有 9.3 亿人口是农村户籍，同时还有 1.6 亿人生活在 2000 多个县级单位的小城镇中，这就意味着全国 11 亿人生活在广大县域单位之内。据资料显示，2005 年，全国县域经济的地区生产总值达 8.81 万亿元，占全国 GDP 的 48.10%；县域经济 GDP 平均为 43.86 亿元，县域地方财政一般预算收入平均为 1.64 亿元。① 可见，县域经济在国民经济中具有基础性的作用。

从农业调整上来看，我国县域经济范围内的农业正在朝着“区域调特、规模调大、品种调优、效益调高”的思路在发展，以国内外市场需求为导向，大力推进农业产业化经营，龙头带农，科技兴农，促进传统农业的优化升级，提高农业的整体效益；从工业调整上来看，县域经济已经加快了机制转换和体制创新，以技术改造、产品创新为突破口，立足本地主导产业，抓大扶强；从第三产业的发展来看，县域范围内的第三产业正以市场建设为重点，加快发展交通运输、邮电通讯、金融保险业，以及信息咨询、中介服务等新兴产业，构筑以城市为中心的区域购物中心、乡镇级的商业服务中心和村的三级服务体系；从区域竞争的态势看，特色就是财力，特色就是潜力，特色就是竞争力，特色就是生命力。经济发达县

① 张秀生：《区域经济发展：现状，问题与对策》，东西部经济研究院《中国政府咨询网》：“http://www.govzx.com.cn”。

(市)的实践证明,发展特色经济是成功之道。特色是品牌,是市场,是竞争手段,要想加快发展县域经济,就必须更好地适应形势,放大优势,培植强势,做强特色经济。特色经济多是"块状"集群型经济,实行区域化布局专业化生产,带有鲜明的比较优势和区域特色。因此,我国的县域特色经济也正在突破全面抓、抓全面的常规思维,坚持有所为有所不为的原则,结合本地资源状况、交通区位、产业结构、科技水平等综合因素,在全国、全球经济发展新格局中,打造自己的特色,扩张自己的优势,建立自己经济发展的"坐标系",大力培育"人无我有、人有我优、人优我特"的市场"亮点",开辟适合本地区发展的新路;从城乡发展的格局来看,正在积极推进以县为核心的城镇建设,坚持软件硬抓,硬件精抓,优化环境,不断提升城镇形象,引导生产要素尽快向城区和城镇聚集和重组,为二、三产业的快速发展拓展空间,创造条件。从经济发展的动力看,我国的部分县域经济也在坚持不懈地抓投入、上项目、引资金,在千方百计激活民间力量,聚集有限的资金,集中发展科技含量高、市场空间大的优势项目,引导规模企业不断健全,完善经营管理制度。

上述情况,反映了我国县域经济发展的强劲势头。不过,经济的发展,并不单单限于经济发展。我们所讲究的所要求的发展,是以经济建设为中心,同时又包含政治、文化、科技、教育、社会等诸多领域在内的整个社会的全面发展。所以,现阶段我国县域经济发展的态势需要与之相适应的政治、科技以及教育。政治不是我们讨论的重点,而科技直接源于教育,特别对于县域经济来说,直接与之相连的是农村职业教育。那么,我国农村职业教育的现实状况如何呢?

(1)发展环境缺失

教育的发展需要有适宜的环境和条件。就我国目前农村职业教育而言,地方政府与学校在农业发展上缺乏互动机制,地方政府更多地关心引资、城镇建设等"立竿见影"的政绩项目,对县域经济发展有重要而又"滞后"作用的职业教育多不关心或关心较少,有的关心只停留在文件中或口头上;学校又多以"学校为中心"、以"教学为中心",教师、研究人员虽身处农村职教第一线,但真正对"三农"实际问题了解较少,科研人员的科研缺乏实际导向,教师在教学中多理论、少实际,甚至照本宣科,学生"上课记笔记、考试考笔记、考后扔笔记"。教学实践基地建设不力,笔者曾对四川27所职业中学的调查发现,有85.3%的学校曾有的教学实践基地因经费短缺等原因或转包个人或荒芜,导致学生无法实习,相应职业技能欠缺。

(2)价值取向的偏离

市场经济的发展促进了经济的繁荣和人民生活水平的提高,但也带来人们对功利和实用的执著追求,这种追求对农村职业教育发展中的影响也是双面的,一方面,功利性的追求可以刺激创新,促进发展;另一方面,它也会压抑创新与发展,特别是当人们迷失在功利的旋涡中时,便会失去自我,失去创新与发展的原动力,成为功利的附庸。有的职业学校专业设置中将眼光更多地瞄准经济发达地区,而不顾及当地经济发展的需要,图名称而不究内容、重实用而轻基础理论,重学生数量而忽视学生质量;有的教师、学生崇尚自我奋斗、自我设计,追求自我实现,而在具体作为的选择中,却受制于功利主义和个人主义。这些功利性行为导致的是急功近利,目光短浅,凝固了创新意识,弱化了创新能力,一定程度上阻碍了农村职业教育的发展。

(3)管理体制的障碍

我国现有的农村职业教育尤其是西部农村职业教育，单纯依靠政府办学的观念依然存在，其管理体制还没有完全打破垂直的封闭体系，使教育依附于权力，忽视教育自身发展规律，压抑了学校自身发展的积极性和主动性，使学校缺乏应有的生机与活力。表现在三方面：

①封闭型的围绕传统农业办学的办学思想。传统农业以单纯的种植业和粗放经营为主要特征，与之相适应的农村职业教育在培养目标上，主要以培养种养殖业技术人员或劳动者为主或以经济发达地区所需技能为主，不能依据当前农业科技发展和农业结构转型的需要以及所在地区经济发展需要而相应调整专业设置、培养目标以及课程体系和教学内容，限制了职业学校的拓展空间，造成农村职业技术学校在招生与就业上存在着两难。

②培养目标上缺少个性，仍未摆脱教育目标中的应试性和城市趋同性，实际培养中仍固守传统的技能型人才培养。长期以来，我国农村职业技术学校以传授传统的某项实用技术或实际技能为主，随着知识经济社会的到来，这种传统的技能型人才很难适应现代社会发展的需要。

③办学职能上，固守正规学历教育和职前培养培训，缺乏“大职业教育观”。传统的职业教育观念把职业教育局限在全日制教育、学历教育、职前一次性教育的范围内，因而，在学历教育上，仍然实行正规的全日制学历教育，学制统得过死，缺少活性和弹性；而在培养培训方面，主要以职前培养培训为主，缺少职后和对在岗、转岗以及再就业人员的继续培训，限制了农村职业技术学校的扩展空间。当前社会、经济发展形势要求职业教育必须适应社会发展需要，把职业教育融入“终身教育体系”和“学习型社会体系”当中，从而树立“职前—职中—职后”一体化的“大职业教育”的思

想，让职业教育为人们的个性化教育选择和终身学习服务。

农村职业教育发展的现状令我们深思，“科技是第一生产力”，我国县域经济发展的现实境遇需要科技的支持、人才的支持，在农村这样一个特定区域中，科技和人才的发展重任都将落在职业教育的肩上，随着农业科技的发展、城镇化、工业化进程的到来，更需农村职业教育面对县域经济发展的挑战，努力提高办学水平，深化办学体制、专业设置、课程内容的改革，增强科技能力和办学活力。

（二）经济结构的变化制约着职业教育结构的变化

职业教育是与经济社会发展联系最为直接、最为紧密的一类教育。我国经济社会发展进入新阶段，产业结构调整和城镇化进程加快，对劳动者的素质提出了更高的要求。由于劳动力市场对人员素质要求的变化，经济结构的每一次调整，都会引起职业教育的波动。

经济发展是社会全方面发展的首要条件。一般来说，经济发展水平决定着教育的需求度和发展水平，经济结构中的产业结构和技术结构决定着劳动力的类型结构和层次结构，进而影响着教育类型和层次结构的变化与调整。因此，经济是职业教育发展规模和模式及层次的供求关系函数，经济发展阶段制约着职业教育机构的变化。

1. 区域地理环境制约职业学校布局结构的调整

地理、自然环境是一个地区发展的重要条件。优越的地理位置、便捷的交通、有效的信息网络，往往有利于该地区与其他地区建立广泛的联系，实现人力、物力、财力等资源在空间上快捷、合理的流动。古代文明的发祥地大都集中在大河流域，都是因为在当时条件下，河流两岸便于人们生活和生产，并且河流提供了比较便利的交通条件，有利于各类资源聚集和信息交流。现代文明是面向海洋的文明，因而沿海地区成为各类资源的集散地，也成为各国经济最为发达的地区。以江苏为例，江苏的苏北和苏南发展差距悬殊，与地理位置有着密切关系。苏南地区与上海相接，长期以来与上海形成一种特殊的地缘政治和地缘经济关系。上海作为我国工商业发展中心和环太平洋经济中心之一，一直对该地区发挥着强劲的带动与辐射作用，促进了苏南地区的经济繁荣和社会进步。而苏北地区由于远离现代化大都市，加上受长江阻隔，资源流动不畅，难以实现资源的优化配置。同样，地理、自然环境是中等职业学校布局的重要物质基础。因为职业学校总是建立在一定地域范围之内，有一定的教育服务半径，其校址选择、学校分布、专业设置、教育层次等自然要受地理条件的制约。在交通不便的农村地区，为了便于学生上学，学校分布要相对分散；而在城市地区，由于市中心地价昂贵，往往将学校建在地价相对便宜的近郊。职业学校是直接为经济建设和社会发展培养应用型人才的，特定区域的生产力状况以及地缘产业群分布，会直接影响到职业学校的空间布局和专业设置。

仍以江苏的苏南、苏北为例，这两大地理区域有着各自的地理空间特点。苏南地理空间比较狭窄，但城市化水平较高，城市分布也比较均匀，中等职业学校主要集中于城市，乡村中设置的比较少。在这种情况下，苏南地区中等职业学校布局结构调整在更大程度上是城市中等职业学校布局结构的调整，是适应城乡之间文化发展走向的乡村职业学校向城市职业学校的集聚；相对而言，苏北地理空间广阔，但城市化水平较低，乡村中设置的职业学校比较多，中等职业学校布局结构调整更多的是立足于乡村，建立一定形式的职业教育中心。

2. 区域人口制约职业教育结构的变化

人口是社会生态基础的重要部分,教育作为培养人的社会活动,与社会人口发展状况密切相关。一方面,教育影响人口的发展变化,影响人口数量的增长及规模,影响人口的素质和结构。教育是控制人口增长速度和规模,提高人口素质,促使人口结构趋向合理的手段之一。另一方面,由于教育的对象是一定年龄、层次的人群,在整个人口的构成中仅占一定的比例,这样,一定社会、一定区域的人口状况及发展趋势,就在一定程度上决定了接受一定形式教育的总的个体数,从而对教育发展的规模、速度、结构、形式乃至目标都有一定的制约作用。因此,教育的规划、发展不能忽视人口这一重要的社会条件。

职业教育结构的变化必然要受到区域内人口状况的影响。接受一定形式职业教育人口的数量、素质及其结构、空间分布,制约着职业学校的数量及其结构、空间分布。假定在经济社会发展水平相同的条件下,人口总量较大、密度较高的区域,其教育的规模也就较大,接受一定形式职业教育的人口数量也会较多,这必然制约着该地区职业教育实体的总量及分布。当然,人口素质也是制约职业学校数量和空间分布的重要因素。人均受教育年限高的地区,职业学校必然要比人均受教育年限低的地区数量多、规模大。

3. 区域经济发展水平制约着职业教育的速度、规模与结构

区域经济的发展,不仅对教育的发展提出要求,而且为教育的发展提供物质基础,决定着区域教育投入的总量。职业教育结构变化的目的是有效整合资源,合理利用资源,但调整过程中却需要大量的成本。发达地区因其经济实力强而有较多社会、经济资源投入教育,投入布局结构调整的活动,可为职业教育结构变化创造雄厚的经济基础。相对而言,不发达地区因其经济薄弱而难以拨

出经费来进行大规模的职业教育结构变化。同样,区域内经济发展水平直接影响到大众的收入水平,影响到家庭的教育支出。职业教育结构变化必然要增加部分学生的食宿成本、交通费用,因此,经济不发达地区因经济原因而无力支付子女教育费用的家庭,所占比例自然要高于发达地区。因而,职业教育结构的变化要以一定的经济发展水平为基础,量力而为。不考虑现实社会经济条件,盲目地调整,必然会走入教育发展的误区。

从另一方面来说,区域经济发展水平在一定程度上决定着职业教育结构的变化的内涵、规模、专业类型和层次差别等。区域经济发展水平较高地区的中等职业学校发展规模相对于区域经济水平落后地区的职业学校来说,其专业设置在已有的产业链中更多地集中于高端部分,分工的类型、层次也较高;而经济水平较低区域的中等职业学校规模比较小,专业的设置更多地集中于产业链中的低端部分,产业分工的类型、层次也比较低。

职业教育是与国民经济联系最紧密的一种教育类型,它担负着培养社会各职业岗位高素质劳动者的重要任务。因此,职业学校的专业设置必须主动适应国民经济和社会发展、科学技术进步以及职业岗位不断变化的需求。围绕产业办专业,办好专业兴产业,社会需要什么专业的人才,我们就培养什么样的人才,只有这样,职业教育培养的学生才能适销对路,职业教育也才能更好地为地区经济服务。职业教育开设的专业及管理机制的改革必须紧跟社会经济发展的需求。职业教育部门要组织专门人员深入社会进行调研,随时掌握人才市场的需求情况,根据市场需求情况并结合职教部门本身的实际,设置或调整相应的专业。

一是职业学校要重视对国民经济宏观发展规划和政策的研究,预测和把握国民经济发展和科学技术进步对人才的需求,适时地做好专业的调整和专业设置。比如,国家实施西部大开发战略;积极推进产业结构调整;加强基础设施和基础工业、能源等支撑国民经济增长的能力的产业;重点开发和发展高新技术产业;大力发展邮电、通讯和信息技术产业;大力加强第一产业、调整和提高第二产业、积极发展第三产业;加入WTO后,为适应各国间的交流和合作,各行业正在制定和调整相应的规则和配套政策,这一切都对职业学校的专业设置有着非常直接的影响。

二是要考虑区域经济发展对人才的需求。由于我国各地区经济发展不平衡,职业学校应根据所在地区的发展规划和优势制定相应的人才预测和规划。合理设置专业,优化人才资源的配置,发挥职业教育为区域经济服务的作用。

三是要了解产业结构调整和劳动力就业结构变化对人才的需求。随着我国产业结构的调整,就业结构必将发生相应的变化。从某种意义上讲,一个国家的生产力水平,决定了一个国家就业结构、产业结构。而就业结构和产业结构的调整必须有相应的人才储备做基础,这就要求职业学校的专业设置必须做出及时、准确的调整。比如,我国要加快发展第三产业,职业学校就应当结合学校实际情况,及时调整专业设置,以适应产业结构的变化。

4. 区域政治结构、社会结构制约职业教育结构的变化

政治结构主要是指权力机构体系,关注的基本问题是权力的分配和运作。其对教育的作用和影响,在于形成对教育控制的一定模式。当代中国正经历着社会转型,教育控制模式也由中央集权制向地方分权加中央调控模式过渡。2002年国务院召开的全国职教工作会议明确提出,要推进职业教育管理体制改革,逐步建立“在国务院领导下,分级管理、地方为主、政府统筹、社会参与”的新的职业教育管理体制,并进一步强化市(地)级政府在统筹职

业教育方面的责任。这种管理体制的确立促使各级地方政府尤其是市(地)级政府能够立足于区域发展来统筹规划职业教育的发展,打破部门界限和学校类型界限,发挥市场机制的作用,整合和充分利用现有的各种职业教育资源,建立起适应区域经济和社会发展需要的中等职业学校布局结构。而地方政府的职业教育发展战略、统筹能力将直接关系到中等职业学校布局结构调整的成效。

社会结构是指社会要素构成社会系统的形态,决定着社会关系的分布与走向,规定着社会不同成员及各种资源的控制和动员方式,因而决定着社会活动空间的有无或大小、社会组织的自主活动程度,影响着社会资源的流动。以往我国社会属于同质社会结构形态,社会的结构分化程度很低,社会资源的运行由国家全面垄断。改革开放所表现出的社会发展基本趋势是,要打破单一纵向式社会结构,建立既有纵向式,又有全社会普遍联系的横向式社会结构网络,增强社会各个领域和组织的独立性,从而形成一种社会为主体,国家进行调节和管理的社会与国家适度分离的新型关系。这种新型关系的确立,旨在扩大社会的自主权,激发社会本身的活力。社会结构的调整对职业教育结构的变化将会产生深刻的影响。在此社会转型背景下,职业学校办学的自主性得到明显加强,整个职业学校系统也将从单纯服从于政府指令向服务于社会的目标转变;职业教育结构变化的方式从由外而内的刚性调整逐步向由内而外的柔性调整转变;职业教育结构变化的制度规划将尊重一种内在秩序的自然演进;变化的成效也将更多地从职业学校自身的效益来判断。

第四章　东中部地区职业教育与县域经济发展

考察教育制度的优劣,往往以一定历史发展阶段的时间、地点和条件,以及它是否促进人类社会的进步为依据。经济发展水平高的国家或区域,在教育制度、教育措施等方面,有许多经验值得经济发展水平低的国家或地区学习,在一定程度上它会成为低水平发展国家或地区教育制度和教育改革的基本模式或成为重要的参照样本。本章选取了我国具有不同发展梯度的东部(发达地区)、中部(崛起地区)两大地带,以其典型代表江苏、河南两省作为研究对象,对经济社会发展与职业教育的关系进行一些探讨。目的是通过跨地域的研究来吸取有利于我国职业教育发展的先进经验,力图阐明职业教育与县域经济发展之间的关系,为我国西部县域经济发展与职业教育改革提供有益的借鉴。

第一节　江苏省职业教育与县域经济发展

江苏简称苏,位于我国大陆东部沿海中心,地处美丽富饶的长江三角洲,东濒黄海,西北连安徽、山东,东南与浙江、上海毗邻。地形以平原为主,主要由苏南平原、江淮平原、黄淮平原和东部滨海平原组成,其中点缀着中国五大淡水湖中的太湖、洪泽湖,自然条件优越,经济基础较好。江苏省的耕地面积为 7353 万亩,占全国的3.97%，人均占有耕地0.99亩；沿海滩涂890多万亩，是重要的土地后备资源。[①] 因此，江苏素有“鱼米之乡”之称，农业生产条件得天独厚，农作物、林木、畜禽种类繁多。粮食、棉花、油料等农作物几乎遍布全省。

一、江苏省县域经济与人力资源状况

江苏省是我国社会经济发展较快的东部省份。1990—2000年江苏省GDP年均增长率为19.74%，比全国平均水平高出2.71个百分点。GDP占全国比重从7.63%上升到9.59%，人均GDP由第9位上升到第6位，为11773元；2005年江苏省的GDP达到1.8万亿元左右，位居全国第3，人均GDP达到3000美元。[②] 特别是在县域经济的发展中，其县域经济在全国有着重要影响。早在1982年，江苏省就提出了促进城乡经济协调发展的方针，为县域经济发展提供了良好的发展机遇。1983年，江苏全面实行“市管县”体制，将城乡经济连接起来，进一步推动了县域经济的发展。此后，江苏乡镇企业迅速发展，城乡差别逐步缩小，有的地区甚至出现了“农村包围城市”的局面。国家有关部门公布的2000年全国百强县中，江苏省有14个县（市）入围，总数居第2位。昆山、江阴、张家港、常熟、太仓市依次位列第3至第7名。[③] 入围百强县，从总体上反映了这些县（市）的社会经济综合发展水平、基本竞争力和可持续发展能力。在2001年，江苏省16个县（市）进入

---

① 参见《江苏省概况》，江苏省政府门户网站：www.js.gov.cn。

② 黄景章：《江苏省区域经济可持续发展的现状与对策》，《经济学理论》2006年第1期。

③ 参见《第二届中国县域经济基本竞争力百强县（市）名单》，中国县域经济网：“http://www.china-county.org”。

全国综合经济实力百强县市,58 个县(市)创造 GDP 5385.79 亿元,占全省 GDP 总额的 56.6%;财政收入 387.89 亿元,占全省财政总收入的 36.4%。①

在第二届全国县域经济基本竞争力评价中,全国县域经济基本竞争力由强到弱划分十个等级,即从 A 级到 J 级。在最强的 A 级中,东部地区有 160 个,占总数的 80.0%,中部地区有 30 个,占 15.0%;西部地区有 10 个,占 5.0%;在第一等级中,除北京、天津、上海三个直辖市外,江苏省领先其他各省市区,稳进第一等级。江苏省县域经济的最大特点是 58 个县域经济的平均值大,人口平均 91.7 万,GDP 平均 92.8 亿,都高居全国首位;各县市间差距小,在十个县域经济基本竞争力等级中,江苏省只有在 A 级到 E 级中分布,并且只有 6 个分布在 C、D、E 级,大部分分布在 A、B 级中,其他省市区是没有的。全国县域经济 GDP 超过 50 亿的共有 262 个,比上年同比增加 18 个。其中,东部地区 191 个,中部地区 52 个,西部地区 19 个,最多的是江苏省,有 42 个。② 江苏县域经济的发展不仅使域内 5300 多万人安居乐业,而且开辟了农业现代化、农村工业化、农村城镇化的道路,为江苏的现代化建设作出了巨大贡献。江阴这个面积只有全国 0.1‰,人口只占全国 1‰的县级市,创造国内生产总值 365 亿元,占全国的 3.3‰、财政收入 36.03 亿元,超过海南全省。③

江苏省被誉为我国的经济强省、教育大省和科技大省。江苏

① 张莉华:《大力发展江苏的县域经济》,《唯实》2003 年第 12 期。

② 参见《第二届全国县域经济基本竞争力评价》,中国县域经济网:“http://www.china-county.org”。

③ 参见姚志华《龙腾虎跃竞风流:江苏县域经济发展侧论》,《江苏经济》2002 年第 8 期。

经济以及县域经济能够保持旺盛的生命力，一方面依赖于其自身良好的经济基础，另一方面与其较高水平的人力资源、较发达的教育水平和先进的教育科技发展战略有着密不可分的联系。进入21世纪以来，江苏省教育的普及水平有了很大提高，早在1996年，江苏省就在全国省和自治区一级中率先实现了普及九年制义务教育，2006年，江苏省适龄儿童入学率达99.84%，幼儿教育3年普及率达90.4%，初中毕业生升学率达93.48%，高中阶段教育毛入学率达76.7%，高等教育毛入学率达35.6%。[①] 2000年江苏省又率先进入了高等教育大众化的阶段。2005年，高等教育毛入学率达到了33.5%；省内的高等院校数量、在校大学生数、职校生数均位于全国前列；科技进步对工业、农业增长的贡献率分别达到45.5%和55%。[②] 与此同时，江苏省还不断加大全省地方教育经费的投入，2006年，预计教育经费总投入为680亿元，比上年增长4%，省级财政预算内拨款59.22亿元，比上年增长21.2%。[③] 由此可见，江苏教育、科技、人力资源的优先发展是其经济持续快速发展的不竭动力。

当然，江苏经济乃至县域经济能够取得领先于全国的发展水平，职业教育也作出了重要的贡献。改革开放以来，江苏职业教育经历了恢复起步、快速发展、调整提高三个阶段，进行了起步兴办、建设骨干学校、推进职教现代化三次创业，取得了突破性进展。20多年来，江苏职业教育累计培养了400多万各类专业技术人才和

① 张俊平：《向"教育强省"迈进——江苏全省教育工作会议综述》，《江苏教育》2007年第2期。

② 同上。

③ 参见教育部《2006年全国教育经费执行情况统计公告》，教育部网站："http://www.edu.cn"。

高素质劳动者，培训城乡劳动者2000多万人次。在21世纪初，江苏省教育厅、农林厅、劳动和社会保障厅、科技厅、科协等部门联合启动实施了“5112”教育富民工程，以此来帮助农民增加收入、帮助下岗转岗职工提高再就业能力、帮助弱势群体家庭子女接受职业教育。仅2001年，江苏省农村劳动力转移培训就达178万人，其中境外劳务输出5.5万人；农村党员干部培训112万人，农村致富骨干培训143万人；下岗转岗培训66万人，培训再就业率达48.8%；弱势群体家庭子女接受职业学校教育免收或减收学费的人数达14728人。[①] 而且从代表江苏本世纪初现代化发展水平的苏州工业园区人力资源调查情况看，中等职业学校毕业生在电子、电信、机械、医药、轻工等主要行业员工中占到50.8%，在大型和中小型企业员工中占到60.1%和46.8%，在技术密集和劳动密集型企业员工中占到40.3%和30.1%，充分表现出职业教育在全省现代化建设中发挥了不可替代的作用。[②]

经过几年调整，目前江苏省已形成较为完整的职教网络，构建了全民教育、终身教育、优质教育三大体系和教育均衡化、多元化、信息化、面向世界四大发展战略，逐步形成一个以中职教育为主，中高职相衔接，职教和普教、成教相沟通，公办和民办职教共同发展，中外合作办学不断推进的现代职业教育体系。

---

① 参见袁丽英《江苏职业教育：成就、经验与不足》，《职业教育研究》2005年第1期。

② 参见国务院发展研究中心中国农村劳动力资源开发研究会联合课题组《我国走出城乡二元结构战略研究（下）——新农村建设中农民工及城镇化有关问题研究》，《经济研究参考》2006年第7期。

二、江苏省职业教育的历史发展

江苏职业技术的发展,是伴随着我国的改革开放和以经济建设为中心的社会主义建设而发展起来的。在这20多年里,主要经历了以下几个发展阶段:

(一)"六五"、"七五"期间的职业教育

"六五"、"七五"两个时期处在我国改革开放刚刚起步阶段。这一时期,江苏由于乡镇企业的蓬勃兴起和工业化步伐的加快,拉动了经济起飞,江苏职业教育在原有较为薄弱的基础上,其战略指导指向了以早期规模扩张、数量增长为主的轨道,到"七五"末期,职业教育的规模和数量都有了较大的增长,基本上改变了高中阶段结构单一的局面。

(二)"八五"期间的职业教育

在这一时期,江苏在原有工业化进程的基础上,加大外向型经济发展,增大出口对经济增长的拉动力,成功地实现全省经济得以持续高速的发展。

与之相适应,江苏省的职业教育继续保持增长的态势,此时的职教发展战略中,数量增长仍是重要目标,但同时已开始从管理人手启动增长方式的转变。整个战略目标主要体现在三个方面:① (1)职业学校与普通高中招生和在校生数的比例由原来的1:1左右调整到6:4;(2)管理规范的制度化建设。中专学校四项管理规则和三个规范建设(首先是教学管理规范),职业高中的28条常规管理取得了较大成效,职业学校走上了规范管理轨道;(3)大力

① 参见周稽裘《江苏职教面向"十五"发展和改革的几点战略思考》,《职教通讯》1999年第12期。

加强了骨干学校的建设。

经济的高速增长，促进了就业需求，是推动职业教育发展的主动力。与此同时，政府对职业教育事业继续贯彻大力发展的方针（不过行政方式已由行政指令转向更多的政策调节），这无疑也极大地促进了职业教育的改革和发展。

（三）“九五”期间的职业教育

“九五”期间，江苏期望在以赶超为目标，继续保持高速增长的同时，按照中央部署努力实现“两个转变”。实际执行情况是前两年维持了高速增长，但是 1997—1998 年，形势发生急剧变化，从短缺经济开始转向过剩经济，供求关系发生变化，市场机制开始真正发挥决定性作用，就业形势趋于严峻。因此，江苏职业教育遇到了前所未有的挑战。这一时期江苏职业教育改革发展的战略目标主要有四项：(1)职教规模继续扩大，招生人数继续增加。预计到 20 世纪末，江苏初中毕业生升入高中的比例将达到 70%，职业高中到高中教育比例为 60%；①(2)建设一批骨干学校。继续推进“1122 工程”，优先建设 350 所中等职业学校，每所规模达到 2000 人左右；(3)完善职教体系建设，特别是中职与高职教育的沟通；(4)开始启动现代职教制度的建设，把职教现代化建设从物质层面向制度层面推进。当然这一战略目标的实现是以预计的经济增长能保持快速发展为其基础的。

（四）“十五”期间的职业教育

“十五”期间，江苏采取切实有效的措施，高标准、高质量实施职业教育，推动了职业教育的快速健康发展。

---

① 参见“中国教育与人力资源问题报告”课题组《第一国策论——一份前瞻中国 21 世纪前 50 年教育与人力资源问题报告》，《职业技术教育》2003 年第 6 期。

1. 职教规模快速发展。2005年,江苏省职教招生达51.6万人(普高招生52.3万人),职教招生比"十五"初期翻了一番多,创历史新高。2005年,江苏省有独立设置的高等职业院校71所,中等职业学校695所(其中含技工学校139所)。职工培训中心、成人技术培训学校和各种社会培训机构近万个。[①] 一个中、高等职业教育相衔接,职业教育和普通教育、成人教育相沟通的现代职业教育体系已初步建立。

2. 质量效益显著提高。(1)示范专业建设顺利推进。2003年,江苏职业教育以就业为导向启动了职业学校示范专业建设。在"九五"确定的六大类专业近100所职业学校进行专业现代化建设试点的基础上,又优先确定了数控技术应用、汽车应用与维修、计算机应用与软件技术等10个专业领域,重点建设300个中职学校示范专业和30个五年制高职示范专业。到2005年底,此项任务已全部完成[②];(2)实训实习基地建设正式启动。2004年,江苏启动了技能型紧缺人才培养培训工程,在35所国家技能型紧缺人才示范性培养培训基地院校的基础上,又遴选200所左右职业院校作为江苏省技能型紧缺人才培养培训基地,联合800个左右企业开展紧密型校企合作。全省每年联合培养技能型紧缺人才5万人,培训13万人次。在建好校内实训基地的同时,还以校企合作为实践平台,大力加强校外实习基地建设。目前,全省职业学校共建成了校外实训基地2000多个。这些基地使职业教育与经济建设联系更加密切,也为江苏职业教育的现代化提供了强劲支

① 袁丽英:《江苏职业教育:成就、经验与不足》,《职业教育研究》2005年第1期。

② 参见赵锋《职业教育回归就业本位》,《上海教育》2004年第13期。

撑。(3)骨干学校建设稳中求进。在“九五”“1122”工程取得重大成果的基础上,“十五”期间,江苏继续对中等职业学校进行布局调整和优化整合。省政府每年都拨出专款并要求地方各级政府配套资金,集中建设一批骨干职业学校。目前,江苏共有市、县职教中心102所(其中省合格职教中心96所),校均在校生规模3200人;有省级以上重点中等职业学校235所(含技工学校),其中国家级重点148所,省重点职业学校招生总量达到招生总规模的60%以上。① 职业教育资源的配置趋于优化,质量和效益有了明显提高。

3. 集成发展有新突破。表现为:一是集群式发展。以常州大学城和苏州国际教育园区为代表。多所职业院校集聚一地,形成集群,做到资源共享,共同发展;二是集团化发展。由一批高职院校牵头,以中等职业学校为主体,企业广泛参与,组成跨地区的专业集团共同发展。至2005年10月,全省已成立了商业、农林、现代服务、建筑、旅游、信息等7个省级职业教育集团以及一批市、县级职业教育集团;三是集合式发展。2003年,江苏联合职业技术学院正式挂牌、运行,全省各地共19所高等职业技术学校在联合职业技术学院的组织、管理下集合式发展。

4. 高等职业教育发展良好。江苏省在全国率先开展了五年制高等职业教育试点,并通过调整职业教育体系结构,把办学条件好、社会信誉高的重点中等职业学校升格为职业技术学院。同时,积极鼓励综合性大学举办高等职业教育,大力支持社会力量发展高等职业教育。目前,高等职业教育的在校生占全省高校在校生

---

① 参见江苏省教育厅职业教育与社会教育处《2005年职业教育与社会教育工作总结》,江苏教育网:“http://www.ec.js.edu.cn”。

的一半以上。

5. 服务功能得到拓展。江苏通过组织实施“5112”富民工程和农村劳动力转移工程，强化职业教育的服务功能。整个“十五”期间，全省教育系统培训农村劳动力500万人，培训农村致富骨干100万人，培训农村党员干部100万人，培训进城务工农民200万人。①

6. 管理体制和办学体制不断创新。逐步形成了分级管理、地方为主、政府统筹、社会参与的职业教育管理新体制，逐年扩大了中高职衔接的招生规模，打通了高职高专升本的渠道，架设了沟通职业教育与普通教育的立交桥，民办职业教育在一些地区发展运行态势良好，多种形式的国际合作办学方兴未艾。

7. 教师队伍建设得到加强。2002年全省启动了“四新”培训，到2005年，已累计培训职校教师11607人。同时启动了省级骨干教师培训，到2005年共培训1200多人。2003—2005年组织647名职业学校教师出国培训。为了培养有职业教育特色的“双师型”教师，江苏启动了职业学校教师企业实践，到2005年，已有5500名教师参加了企业顶岗锻炼。到“十五”期末，全省中等职业学校教师学历达标率从1996年的29.4%提高到2005年的75.4%。② 教师队伍素质进一步提高。

8. 社区教育向纵深推进。社区教育是构建终身教育体系的重要组成部分。“十五”期间，江苏社区教育实验工作有组织、有计划、有步骤地稳步推进。全省共创建社区教育实验区45个，其

---

① 唐厚元：《江苏实施“5112”教育富民工程力促劳动力转移》，《职教论坛》2005年第22期。

② 袁丽英：《“十一五”江苏职业教育：发展基础与宏观环境》，《职教论坛》2006年第13期。

中申报创建国家级示范区4个,实验区6个,成立社区培训学院7个。社区教育理念逐步深入,社区教育活动广泛开展,社区教育组织网络基本形成。

9. 职业教育投入力度加大。为了加强职业教育的内涵建设,全省加大了对职业教育的投入。2004—2007年,江苏省安排职业教育实训基地建设补助资金每年1亿元。职业教育专项经费从2002年的2000万元起逐年提高到2005年的6000万元。明确城市教育费附加用于职业教育的比例不低于20%,农村成人教育经费定额从年人均0.25元提高到0.5元以上,由县、市、区政府筹措和统筹安排。同时,要求用人单位按照职工工资总额的2%提取职业教育和培训费,并列入成本开支。[①] 职业中学生均预算内教育事业费和生均预算内公用经费逐年提高。

10. 职业教育保障体系逐步完善。实施了职业教育扶贫助学工程,2004年省财政安排2000万元,以助学券的形式,支持1万名农村家庭贫困的学生接受中等职业教育。2005年达到4000万元,资助2万名左右的贫困学生。到2006年将达到6000万元,资助3万名左右的贫困学生。中等职业学校就业指导与服务体系逐步完善,成效显著,全省职业学校应届毕业生就业率始终保持在95%左右。[②]

目前,江苏职业教育已进入了“十一五”期间。2005年,江苏省委、省政府作出了《关于加快建设教育强省率先基本实现教育现代化的决定》,由此,掀起了江苏整体教育现代化建设的汹涌浪

① 袁丽英:《“十一五”江苏职业教育:发展基础与宏观环境》,《职教论坛》2006年第13期。

② 同上。

潮,使高等教育大众化的步伐更加坚定,也带来了职业教育的大发展:一方面政府将继续做好宏观调控与统筹工作,为职业教育发展创造更好的环境,另一方面将更多地放权于学校,职业学校办学自主权进一步扩大;在职业教育的办学主体上,职业学校办学主体多元化问题将会有较大突破。教育管理体制改革的深化必将给职业教育发展带来更多动力与活力。

三、江苏职业教育的主要特色

(一)走规模扩张与质量效益并重之路,提高为经济社会发展服务的水平

20 多年来,江苏职业教育在规模不断扩大的同时,不断加大内涵发展力度,职业教育为经济社会发展服务的能力不断增强。

1. 调整职业教育的布局结构,建设一批上规模的骨干职业学校

江苏职业教育布局结构的调整始于“八五”末期,省政府提出了职业教育发展的“1122”工程,推进骨干职业学校建设。通过布局结构调整,江苏省中等职业学校数从 1995 年的 850 多所减少到 2002 年的 713 所。到目前为止,江苏省已基本建成职教中心 102 所,其中通过省合格职教中心评估验收的 90 所。这批江苏省合格职教中心校均占地达 152 亩,校均建筑面积达 26500 平方米,校均学生数近 2500 人,校均设备总值达 414 万元。[①] 这批职业教育“航空母舰”的建成,提高了职业教育为地方经济和社会发展服务的水平,提高了职业教育的规模效益,树立了职业教育的良好

---

① 参见袁丽英《江苏职业教育:成就、经验与不足》,《职业教育研究》2005 年第 1 期。

形象。

2. 优化职业教育的专业结构,努力提高学校的专业建设水平

职业教育的专业结构和专业设置必须紧跟经济结构调整的步伐,这是职业教育体现自身功能和特色、提高适应力和竞争力的重要途径。为促进职业教育的专业结构和专业设置更主动地与经济结构调整和支柱产业发展相适应,江苏在"九五"计划的开局之年,就选择了代表江苏结构调整和支柱产业发展趋势的六大专业,在近100所职业学校中开展了专业现代化建设试点。在试点取得阶段性成果的基础上,又不失时机地提出在全省建成300个中等职业学校重点专业和30个五年制高职示范专业,为创建全国一流水平的重点和示范专业积极准备。通过专业结构的调整和重点专业的建设,促进职业学校的专业设置与地方经济和社会发展的实际需要紧密结合,成功组织了20世纪末发展低谷期的冲击,为江苏职业教育新一轮发展营造了比较良好的发展空间。

3. 提高职业教育的层次,努力构建中高等职业教育体系

江苏省根据经济社会发展和现代化建设对各类高级专门人才的不同要求,针对高等职业教育起步较晚、基础较弱但发展前景看好的情况,积极出台扶持高等职业教育发展的政策,在保持职业教育重点放在高中阶段的前提下,高校招生计划的增量部分主要用于高等职业学校的招生,同时逐年加入了高校对口招生和五年一贯制高职教育的招生规模,进一步打通高职、专科升本科的渠道,加快建立健全人才成长的"立交桥",彻底扭转了中等职业教育"终结性"教育的局面,初步形成了中等和高等职业教育沟通和衔接的良好局面。

(二)走产学研结合之路,提高为经济社会发展服务的实效性

职业教育只有与经济社会紧密结合,才能有旺盛的生命力。

职业学校只有从经济建设和社会发展的边缘地带走向中心区域，真正融入地方经济和社会发展之中，才能使职业学校获得源源不竭的发展动力，才能真正办出职业教育的特色，真正办成企业和用人单位眼中、手中、心中的职业教育。因此，与普通教育相比，职业教育以培养生产线的技术技能型人才为目标，更强调学生实践操作能力、社会适应能力、知识转化能力、革新创造能力等的培养。但长期以来，学科教学模式始终占据着主导地位，教师缺乏实践动手能力，理论知识与生产实践相脱离，极大地制约了职业教育人才培养特色的形成和质量提高。江苏自20世纪90年代末期开始就明确提出中等职教必须走产学研结合之路，通过产学研结合模式，积极开展多方面、多层次、多形式的校企合作，探索校企合作新机制，以此来谋求合作的互利双赢，促使校企合作朝着良性的、可持续的方向发展。首先，从教育方式与生产方式的合作入手，推进理论与实践、教育与生产劳动相结合。学校积极争取企业参与职业教育的全过程，依靠企业力量提高教育质量，培养适应企业需要的高素质劳动者。在课程教学体系改革、实践教学和“双师型”教师队伍建设等方面紧密依托企业，实现与企业资源共享，赢得企业在人力资源、实验实习基地等方面的支持，吸纳企业先进的管理理念和制度，提高学校软硬件建设水平。同时，职业学校积极投身于企业社会化服务体系，开放化办学，积极承接企业教育社会化的任务，为企业建设学习型组织服务。其次，加强校企研发合作和产业合作，推进生产、教学和研究相结合。在推进教学模式创新、引进企业生产模式、共同参与研发项目等方面加强合作。他们将学校研究活动与企业生产技改、研发工作结合起来，降低企业生产消耗和成本，提高产品质量和性能，研究开发新型产品，提高企业经济效益。近两年中，江苏省职业学校与企业合作开展了500多项科研攻关。学校参与孵化小企业。中小企业开始与职业学校共建研发机构,依托学校智力资源开发新型产品,产学研合作不断得以巩固。这样,不仅提高了江苏省职业教育的教学水平,而且也提高了职业教育的社会服务能力。产学研结合模式的推进,从职业教育最根本的教学模式改革着手,促进了职业教育相关专业领域的最新技术发展,促使职业教育加强实践教学,把教学活动与生产实践、社会服务、技术推广及技术开发紧密结合起来,为现代化建设培养具有创新能力和实践能力的劳动者。

(三)走南北合作之路,有序统筹区域间的平衡发展

江苏省共辖13个大市,由南至北划分为苏南、苏中、苏北三个区域,地理面积分别约为2.8万、2.04万、5.2万平方公里;2004年底,三个区域的人口分别约为2200万、1700万、3200万。区域之间的经济发展水平存在很大差距,比如,苏北地区面积占江苏总面积的一半以上,但2004年人均GDP和人均财政收入却只有全省平均水平的54%和35%。从2004年的人均GDP来看,苏南的苏州市为57992元,苏中的扬州市为17359元,而苏北最高的淮安市仅为9597元,区域经济的发展差距由此可见一斑。①

由于南北在区域经济等各个方面的较大差异,江苏省南北职教发展也并不均衡。但是,从1999年开始,江苏省为了扭转这一局面,积极尝试职业学校的南北合作,并使其成为江苏职业教育发展的主要特征。南北合作开展中主要在办学经费、招生计划、毕业生就业等方面采取切实措施:苏南与苏北联合办学和订单式培训的"北送南接"、"北招南训",还运用了"1+2"、"2+1"、"1.5+

① 李星云:《论教育经济功能与江苏和谐社会构建》,《南京理工大学学报》2007年第3期。

1.5”等办学模式，苏北学生在当地完成文化基础课学习后，转入苏南职校学习专业和实践课程，并在苏南地区安排就业。[①] 为此，江苏省还出台了三项政策：一是每年拨出专项经费，作为对苏南职业学校收费差额的补偿；二是在计划安排上，凡是“南北合作”学校的招生计划优先保证；三是条件成熟的学校优先安排五年制高职招生计划。

南北合作促进了招生、就业的良性循环，是提升江苏职业教育整体水平和实现均衡化发展的一条有效途径。经过几年实践，在招生形式和教学模式上已初步形成了比较稳定的合作模式：其一，由苏北学校代为招生或由苏南职校直接招生；其二，在苏南建立专业师资培训基地，聘请本地职校和企业的专家对苏北教师进行培训；其三，苏南教师到苏北职校进行为期一至两年的教学，苏南学校承担工资，苏北学校给予适当补助；其四，毕业生既可以充实苏南的经济建设，也可回到苏北参加家乡建设。这样，不仅加快了苏北职业教育的发展，而且在人才流动的过程中，也加大了科技的流动，使苏南和苏北的人才、经济等各个方面能够互通有无，对口支援与合作，实现区域的共同发展。

（四）走与创业教育融合之路，为经济社会发展提供创新型人才

创业教育与就业教育有着不同的职业教育目的观，就业教育以填补现有的就业岗位为取向，创业教育则以创造性就业和创造新的就业岗位为目的。江苏省的创业教育自20世纪80年代末开始试点，发展较快。1998年，经教育部批准，在各省中等职业学校

---

① 黄芳：《苏浙职教发展成功经验对上海的启示》，《职教通讯》2006年第6期。

中普遍开设了《就业与创业指导》等有关课程，让学生通过创业教育，树立创业理念，了解创业知识，增长创业才干，毕业后能自主创业。

江苏省每年有25万—30万应届初、高中毕业生未能继续升学，他们基本上分布在农村，成为新增劳动力。① 20世纪90年代初期，江苏面对初三分流学生，大力开展了实用技术培训，在实行"双证"（毕业证和实用技术培训结业证）制度的基础上，进一步实施创业教育。几年来，参加培训的初、高中毕业生95%以上走上了发展民营经济的创业之路。

（五）走教学制度创新之路，逐步形成面向社会的灵活的教育体系

如前文所述，江苏把专业现代化建设作为职业学校加强内涵建设、提高人才培养质量的关键点，先后进行了专业现代化试点和示范专业建设。早在1996年初，就启动了职业教育专业现代化建设，跳出了传统的单一教材改革的狭窄局面，重构教学体系，着眼于整体性的教学模式变革，让近百所试点学校参加，在六个大类专业率先开展试点，构建了结构性调整新局面，形成了一批优质职业教育资源，成功地阻击了20世纪末发展低谷期的冲击，为江苏职业教育新一轮发展营造了比较优势、奠定了基础。到了2002年，江苏省还启动了第二轮专业现代化建设，这一轮专业现代化建设确立"以人为本"的核心理念，把提高学习者综合能力素质作为建设的主线。通过示范专业建设，以专业结构优化为重点，形成了社会服务和专业设置、培养目标和素质教育、教学体系和内容设计、

① 姚於康：《江苏农村现代服务业发展现状和道路模式探讨》，《江西农业学报》2008年第11期。

第二节　河南省职业教育与县域经济发展

河南简称“豫”，位于我国中东部，黄河中下游，因大部分地区在黄河以南，故名“河南”，历史上曾有“中州”、“中原”之称，曾有20多个王朝在此建都。河南是中华民族文化的发祥地之一，在那里我们往往可以寻找到古老中国政治、经济、文化和教育等各种各样的痕迹。但是，曾经的灿烂辉煌，在历史的变迁中已发生着些许的变化。现今的河南，在中国的版图上，从政区和交通地位来看，占着居中的地位，以河南为中心，北至黑龙江畔，南到珠江流域，西到天山脚下，东达东海之滨。作为中国第一人口大省，河南省面积16.7万平方公里，统辖17个省辖市，1个省直管市，21个县级市，48个市辖区，89个县，2123个乡镇，4.8万个行政村（截至2001年底），总人口近亿，其中农村人口占71.1%。改革开放以来，中国东部、西部、东北相继在国家政策的引领下，经济和社会发展加快，实力迅速提升，从而使得人口密度大、人均占有资源少的中部地区的发展问题日益凸显，而河南作为中部地区颇具代表的省份，所面临的压力和挑战前所未有。

一、河南省县域经济与人力资源状况

自改革开放以来，经过20多年的发展，特别是在中国加入WTO和中央提出“促进中部地区崛起”的新战略形势下，河南经济已积累了相当的实力，生产总值总量已由1978年在全国的第9位上升到2005年的第5位，数值上从1978年的162.92亿元上升到2005年的10535.2亿元，以1978年为基数计算，生产总值增长了64.66倍，平均每年增长10.7%；人均生产总值从1978年的

230.5元上升到2004年的9072,增加了8841.5元。河南省经济在中部乃至全国地位不断上升,由第二、第三产业所推动的河南省经济增长结构不断优化。2001年以来其第一产业占其地区生产总值的比重为:2001年21.89%,2002年20.89%,2003年17.59%和2004年18.69%。经过多年的努力,河南终于跻身国内新兴工业基地的行列,并成为国内第五个GDP总量超万亿的省区。①

河南经济在改革开放后取得了良好的发展,而县域经济是国民经济的基本单元,是构造地带经济、经济区、城市等区域经济的基础。在河南经济整体发展的同时,河南的县域经济也呈现出加速发展之势。河南县域生产总值2003年增长9.3%,2004年为15.9%,2005年为16.5%,县域生产总值达到7247.10亿元,是河南生产总值的68.8%;对河南经济的贡献率达78.5%,两年提高20.7个百分点。2005年,河南县域财政一般预算收入201.97亿元,比2003年增长59.8%;河南县均财政一般预算收入由2003年的1.17亿元提高到1.87亿元,其中超亿元的县市66个,超3亿元19个,超5亿元10个,分别比2003年增加17个、16个和10个。2005年,河南省县域城镇建成区面积1349.66平方公里,是2003年的1.1倍,城镇面貌明显改观;县以下建制城镇区常住人口为786.57万人;县域城镇化水平达23.3%,两年提高了7个百分点。② 县域经济已成为河南经济发展的重要支撑。

从总量上来说,不管是河南经济还是河南县域经济在全国都

① 参见《关于河南省2003年财政决策和2004年1—6月份财政预算执行情况的报告》,国务院发展研究中心信息网:“http://www.drcnet.com.cn”。

② 参见贺海峰《河南县域经济解读》,《决策》2006年第6期。

走在前列，但如果从其他方面仔细分析，我们就会发现由于巨大的人口基数，河南的经济发展（包括县域经济）相对指标目前还比较低。“2005年全国百强县”依然主要集中于长三角、珠三角和环渤海三大经济圈，其中浙江、山东、江苏等三省占2/3以上，邻省河北已有4个，而河南仅有1个。从县域经济综合实力来看，2004年河南县域GDP仅相当于江苏、浙江、广东的36.6%、48.1%和86.9%，县域平均财政收入仅为上述三省的23.1%、16.4%和29.3%，人均指标差距更大。而且河南省内县域经济的发展不够平衡，2005年县域经济综合实力前10位的县市，生产总值占河南县域生产总值的比重已达18.1%，而后10位的县市仅占5.6%；全省人均GDP、人均财政收入、农民人均纯收入，最高的县分别是最低的县的7.6倍、33.9倍和2.9倍，一些传统农业县至今尚未走出困境。[①] 所以，河南省的县域经济总体实力并不强，亦属欠发达地区之列。事实上，近年来，河南省的县域经济得到快速的发展，在很大程度上依赖于资本的高投入和资源的高消耗，70%以上的县域工业产值来自于采掘业和原材料初级加工业。[②] 此外，一些县市工业化刚刚起步就遇到土地、资金等瓶颈制约，短期内不会缓解。

由此可以看出，由于政治、经济、文化和科技发展等社会历史原因，河南与其他许多经济发达省份尚有一定的距离。但经济发展水平和创造能力的差距，本质上是人力资本存量与质量上的差距。由于河南人口多，高等院校少，中等教育规模与人口、年龄构

① 参见国家发改委宏观经济研究院信息中心课题组《2006年中国宏观经济大事辑要（下）》，《经济研究参考》2007年第33期。

② 贺海峰：《河南县域经济解读》，《决策》2006年第6期。

成不协调等，导致河南教育发展相对滞后。据2000年统计，河南在校小学生1200万人，初中在校生461万人，而普通高中在校生仅为51万人，平均15万人口只有一所高中。从静态粗略分析不难看出，河南省人力资本存量不足。另据“第五次人口普查”资料显示，大学和相当于大学的人口河南省仅为247.5万人，占全省人口的2.67%，文盲及半文盲为543.2万人，占全省人口的5.87%。① 2002年，省高等教育、中等技术教育、普通高中教育每万人口在校学生人数分别为77(全国115)人，28(全国31)人，131(全国132)人，分别位居全国的第26位、17位和18位。2001年河南万人科学家工程师数为255人，而中部的湖北为388人，湖南为280人，山西为339人，与北京、上海、东南沿海等经济发达省份相比较，其差距更大。②

面对这种状况，河南试图寻找一些能够改变这种状况的途径，他们深刻认识到，经济、社会落后的原因与各行各业所需人才的结构、数量和水平有着密切的关系。基于此，河南省委、省政府从宏观的角度，及时做出战略部署，加大教育改革力度，围绕实施科教兴豫战略和教育事业优先、超前、加快发展的指导思想，解放思想、开拓进取，坚持“普九”重中之重地位的不动摇，加大投入，实行责任制。在1999年，河南省实现“普九”的县(市、区)达到150个，是所有县(市、区)总数的94.9%，人口覆盖率达到87%，较1997年的53%增加34个百分点，提前一年实现基本普及九年义务教育任务。1998年通过国家基本扫除青壮年文盲的验收，青壮年文

① 参见张娅《加大人力资本投资，促进河南经济发展》，《河南商业高等专科学校学报》2006年第2期。

② 参见《再论中原崛起——着力培育中原崛起的内生机制》，河南报业网："http://www.dahe.cn"。

盲率降到5%以下,摘掉了文盲大省的帽子。义务教育阶段指标均有较大幅度的提高,全省小学适龄人口入学率达到99.6%,初中适龄人口入学率达到97.1%,基础教育的发展为提高河南省人口的科学文化素质奠定了基础。同时,河南的高等教育在新的世纪也实现了由精英教育向大众化教育的跨越。高等教育毛入学率由2000年的8.7%提高到目前的17.02%,普通高校本专科在校生达到85.2万人,是2000年3.3倍,①较好地满足了人民群众接受高等教育的愿望,为经济社会发展提供了有力的人才支撑。

而作为培养实用人才的职业教育,在河南省教育大发展的背景下,曾经一度因为社会偏见、人们认识的误解等原因而停滞不前,只能在社会的边缘徘徊,如今,随着经济发展对技工人才需求的日益增加,职业教育的社会价值重新被人们所认识,其发展实现了由低谷徘徊到集团化蓬勃发展的跨越。河南省政府提出要把河南丰富的"人力优势"转化为"人才优势",特别强调消除社会偏见,加强职业教育和技术培训,对于职业教育给予更多重视并改进教学方法,并明确提出努力实现在县域内新增学龄儿童"一个不少"地接受完义务教育的基础上,随着高中阶段教育的普及,逐步实现应届初中毕业生"一个不少"地接受职业教育或培训的目标。在实践中,河南省还依据实际组建了9个省级职教集团,带动了全省职业教育向规模化、集约化、连锁化方向发展。2001年河南省中职学校在校生已达到110万人,另外还有43万高职、高专在校生,占到高等学校在校生的62%。河南中职招生在1998年陷入低谷,人数不足30万,之后招生人数年年攀升,2004年全省招生

① 参见国家发改委宏观经济研究院信息中心课题组《2005年中国宏观经济大事辑要(上)》,《经济研究参考》2006年第19期。

44万人，占高中阶段教育招生总数的3.52%，2005年这一数字已突破50万人。2005年全省各类中等职业学校在校生126.1万人，比2000年增加22.6万人，2006年河南全省中等职业技术学校招生57.89万人，在校生137.09万人，毕业生数37.17万人。①

河南省职业教育在其生存环境并不乐观的情况，却能够独辟蹊径，创出一条发展职业教育的新路，最为重要的是其在规模、结构、质量、效益全面提高和优化的过程中，走出了一条根据河南经济和社会发展实际，结合教育现代化建设，以普及高中阶段教育，为中部崛起战略实施培养实用人才和提供技术支持，以及转移农村剩余劳动力等在内的现实之路。

二、河南职业教育的历史发展

河南省的职业教育起步于20世纪80年代初，20多年来河南职业教育从小到大，由弱到强，逐步走上了科学化、规范化、法制化的道路，进入了一个崭新的发展时期。河南省职业教育20年的发展历程，可以划分为恢复起步、加速发展、依法推进、调整改革、大力推进五个阶段。

（一）恢复起步阶段（1980—1984年）

党的十一届三中全会确定了“以经济建设为中心”的基本路线，邓小平提出了“科学技术是第一生产力”的科学论断，为党中央确立“科教兴国”战略奠定了坚实的思想和理论基础，经济建设中心地位的确立引发了对人才的大量渴求，尤其是对生产一线操作型应用人才的需求，十年动乱中遭受严重破坏的中等职业教育

① 参见《强化政府责任　加大创新力度　努力促进职业教育的大发展》，《中国职业教育》2005年第10期。

得以重新恢复。1980 年 10 月，国务院批转教育部、国家劳动总局《关于中等教育结构改革的报告》，提出“在城乡要提倡各行业广泛兴办职业学校，职业中专、农业中专。使各类职业学校在校学生数在整个高级中等教育中的比重大大增长”。在中央一系列精神的指引下，1980 年河南省的职业教育工作开始起步，教育厅成立了职业教育处，统筹管理全省普通中专教育和职业教育工作。起步初始，全省有职业学校 58 所，在校学生 5000 余人。到 1984 年底，中等职业学校已达到 378 所，招生 6.34 万人，在校学生 13.21 万人，分别占高中阶段招生人数和在校学生总数 26.4% 和 20.7%。①

（二）加速发展阶段（1985—1990 年）

1985 年 5 月，中共中央颁布了《关于教育体制改革的决定》，明确提出：“社会主义现代化建设不但需要高级科学技术专家，而且迫切需要千百万受过良好职业教育的中、初级技术人员、管理人员、技工和其他受过良好职业培训的城乡劳动者。没有这样一支劳动技术大军，先进的科学技术和先进的设备就不能成为现实的社会生产力。”1986 年 7 月，国家教委、国家计委、国家经委、劳动人事部联合召开了全国首次职业教育工作会议，提出要贯彻“先培训、后上岗”的原则，大力发展职业教育，加强中等专业教育和技工教育。

在这一时期，河南省的职业教育得到了省委、省政府的高度重视。1985 年 8 月，中共河南省委、河南省人民政府提出发展职业教育要以中等职业教育为重点，充分调动企事业单位和业务部门的积极性，并鼓励集体个人和其他社会力量办学；强调要坚持贯彻

① 参见《将农职教进行到底》，《职业技术教育》2001 年第 12 期。

“先培训、后就业”的原则，并就解决专业课师资等重大问题做出部署。1990年河南省第五次党代会明确提出“把发展职业技术教育作为河南省教育工作的突破口”。由于措施得力，河南省的职业教育工作出现了加速发展的势头。各地根据自身发展的实际，积极探索适合当地特点的职业教育发展道路，并积累了许多经验。1990年底，全省各类中等职业学校共有751所，招生12.6万人，在校生32.3万人，分别占高中阶段招生和在校生总数的42.7%和39.6%，①呈现出了强劲的发展势头。

（三）依法推进阶段（1991—1997年）

党的十四大确定了90年代我国改革和建设的主要任务，明确提出“必须把教育放在优先发展的战略地位，努力提高全民族的思想道德和科学文化水平，这是实现我国现代化的根本大计”。要求使“城乡劳动者的职前、职后教育有较大发展”，“高中阶段职业技术学校在校学生人数有较大幅度的增加，未升学的初中和高中毕业生普遍接受不同年限的职业教育，城乡新增劳动力上岗前都能得到必需的职业技术培训”。为实现党的十四大所确定的战略任务，使教育更好地为社会主义现代化建设服务，1996年5月15日，全国人民代表大会常务委员会通过了《中华人民共和国教育法》，并于当年9月1日起开始实施。这是中国职业教育发展史上的重要里程碑，我国的职业教育从此步入法制化的发展轨道。河南省的职业教育开始了依法发展的新历程，并进入了兴盛时期。仅几年的时间全省就改建职业学校120所，新建43所。截至1997年底，全省中等职业学校共有1303所，招生37万人，在校学生达

① 参见崔炳建《努力办好人民满意的职业教育》，《河南职业技术师院学报》2005年第1期。

94万人，分别占高中阶段招生和在校生总数的69.7%和66.8%，职业学校教育质量和办学效益也日益提高，涌现出了一批有特色、有影响的骨干学校。其中18所学校成为国家级重点，80所学校成为省级重点，159所学校成为省示范学校。中等职业学校数、招生数和在校学生数均位居全国第一位。①

（四）调整改革阶段（1998—2000年）

党的十四届三中全会提出："实现九五和2010年的奋斗目标，关键是实行两个具有全局意义的根本性转变：一是经济体制从传统的计划经济体制向社会主义市场经济体制转变；二是经济增长方式从粗放型向集约型转变。"为主动适应社会主义市场经济体制，转变高等学校和中等专业学校的人才培养机制，全省开始了招生制度和就业制度的改革。1997年，普通高等学校招生并轨；1998年，中等专业学校招生并轨。通过改革，改变了普通中专由政府包得过多的做法，学生缴费上学，大多数毕业生在一定范围内自主择业。随着经济体制的转变及普通中等专业学校招生、就业制度的改革，职业教育生存和发展的外部环境发生了较大的变化，办学机制、办学模式还基本停滞在计划经济时期。因此，中等职业学校招生普遍出现了滑坡。1999年全省中等职业学校计划招生41万人，结果仅招生30.5万人，只完成招生计划的74.4%，比1998年下降14%。②

在职业教育发展面临困难时期，党中央、国务院根据国家经济和社会发展的需要，及时采取措施，努力为职业教育提供宽松的外

---

① 参见韩小爱《改革开放20年河南省职业教育发展的历程及基本经验》，《河南职业技术师院学报》2001年第6期。

② 参见张德元《农村劳动力转移与农村职业教育》，《中国职业技术教育》2003年第20期。

部环境。1999年6月13日，中共中央、国务院颁发《关于深化教育改革全面推进素质教育的决定》，提出要在确保“两基”的前提下，积极发展包括普通教育和职业教育在内的高中阶段教育，为初中毕业生提供多种形式的学习机会。要大力发展高等职业教育，培养一批具有必要的理论知识和较强实践能力的生产、建设、管理、服务一线和农村急需的专门人才。同年6月15日，召开改革开放以来第三次全国教育工作会议，江泽民总书记在会上作了重要讲话。他指出：“对于不能进入高等学校进行学习的城乡学生和其他群众，应通过大办各级各类职业技术学校，广泛吸纳他们学习和掌握一门或几门生产技术与管理、服务方面的技能。而不要造成未能进入高等学校学习的普通中学生，只是带着一般的语文和数、理、化知识回到了农村和城市。努力办好各级各类职业教育，是一篇大文章。现在，中等职业教育虽然已经有了发展，但总体来说，还刚刚开始做。各地各部门要狠狠抓它十年、二十年，必会大见成效。”①这一切，犹如春风化雨，给困难时期的职业教育带来了勃勃生机，职业教育发展的外部环境也进一步得到优化。

（五）大力推进阶段（2001—2006年）

河南省的职业教育工作在一系列调整改革下，克服了许多困难，走上一个发展的轨道。特别是2002年国务院颁布了国发[2002]16号文件《国务院关于大力推进职业技术教育改革与发展的决定》，全国上下掀起认真学习全国职教会议精神，大力推进职教事业的发展进程，河南省也于2003年5月召开了全省职业教育工作会议，出台了《河南省人民政府贯彻国务院关于大力推进职

① 转引自黄尧《深化职教改革推进素质教育为培养21世纪高素质劳动者而奋斗》，《职教论坛》1999年第9期。

业教育改革与发展的决定的实施意见》。河南省教育厅抓住机遇,主动适应市场变化,努力打破职业教育困难局面,大力推进全省职业教育体制改革。采取的主要措施有:一是改变发展方式。改变过去那种铺摊子、低水平的外延发展方式,提出了走内涵发展的道路。二是科学规划。坚持高中阶段教育协调发展,将中等职业学校和普通高中的招生比例由6:4逐步调整到5:5。① 三是调整学校布局,优化资源配置。打破行业和部门界限,由省辖市政府统筹规划各类中等职业学校。并提出了部分职业学校设置的原则:百万人以上的县(市)设置3—4所,百万人以下的县(市)设置2—3所,50万人以下的县(市)设置1所。对办学规模过小、重复设置、无发展前途的学校实行合并,鼓励跨行业、跨地区、跨所有制进行多种形式的联合办学。2000年底,各类中等职业学校数由1997年的1303所调整到1225所,长期存在的条块分割、分散办学的状况有了一定改变。四是积极发展高等职业教育,完善职业教育体系,在科学规划的基础上,提出每个省辖市建立一所综合性高等职业学校。从1998年起全省先后审批设置了13所高等职业学校,还有7所国家级普通中等专业学校分别与有关高校联办,成立了二级职业技术学院。五是构建教育立交桥,满足广大职业学校毕业生进一步深造的愿望。职业学校对口招生专业逐年增多,由当初的农、林、牧专业扩展到电子、财会、计算机等18个专业。招生数量逐年增加,招生对象范围逐步扩大,由单一的招职高毕业生扩大到招收各类中等职业学校毕业生。试行了“3+2”分段模式的高等职业教育制度和保送生制度。职业学校毕业生的出路日

① 参见《十六届五中全会〈建议〉学习辅导》,《新长征》2005年第22期。

趋多元化。[①] 由于改革力度大，措施得力，全省高中阶段教育得到了协调发展，职业教育滑坡的势头得到了初步遏止。2000 年，全省中等职业学校计划招生 35 万人，实际招生 33.4 万人，完成年招生计划的 95.4%，招生数占高中阶段招生总数的 51.4%。[②]

改革开放 20 年来，在省政府的关怀支持下，在河南省教育厅的正确领导下，河南职业教育工作者以满腔热情和高度的责任感，奋力开拓、辛勤耕耘，使河南的职业教育和培训有了长足的发展，为河南经济和社会发展提供了大量的人才支持和智力贡献，在“科教兴豫”战略中发挥了重要的作用。

三、河南职业教育的主要特色

（一）立足省情，发展“县域职教”

河南，论经济结构，农业占了大头，农村人口占 70% 以上，是一个实实在在的农业大省，县域经济的发展以及“三农”问题是河南省全面建设小康社会的重中之重。[③] 作为与经济和社会联系最为紧密的农村职业教育，河南立足省情，注重发展“县域职教”。

河南的“县域职教”既贴近经济发展，也贴近社会需求，它把农村职业教育办在了农民的心坎上。作为农业大省，河南全省剩余劳动力有 2800 万人，现在转移 1507 万人，是全国输出劳务最多的省份。同时，作为一个高等教育相对较弱的省份，河南省 15 岁

---

① 参见张德元《农村劳动力转移与农村职业教育》，《中国职业技术教育》2003 年第 20 期。

② 崔炳建：《继往开来　再谱新篇　调研是决策的基础》，河南大学出版社 2003 年版，第 126—131 页。

③ 参见《人民日报赴河南采访组：中原儿女砺壮志》，人民网：“http://www.people.com.cn”。

以上的农村劳动力中，具有中专以上文化程度的只占2.4%，每年受到技术培训的农村劳动力仅占7.96%。① 面对这样的省情、县情，河南职业教育任重而道远。基于此，它以发展中等职业教育为重点，保持中等职业教育与普通高中教育的办学规模大体相当，在有条件的地方职业教育所占比例应该更高一些。每个县（市）集中力量建好1到2所职前职后相沟通的职业教育培训中心，使其成为当地普及高中阶段教育的重要力量。到2007年，河南省就实现了县县有职业教育中心、县县有示范性乡镇成人学校的建设目标。

为了使建设目标真正得到落实，河南要求各县（市）用于举办职业学校和职业培训的财政性经费应当逐年增长；设立职业教育专项经费并逐年有所增加；将农村科学技术开发、技术推广经营的10%—20%用于农村职业教育；把扶贫资金的5%作为农村劳动力培训经费。② 同时规定省、市两级职业教育专项经费主要用于发展县域职业教育，并要求县（市）要把发展职业教育列入政府责任目标，建立职业教育联席会议制度，帮助职业学校和成人学校解决实际困难和问题。省政府教育督导团每年都要对县域职业教育的改革与发展情况进行督导检查。各县（市）则根据县域经济和教育的发展实际制定本地区的职业教育发展规划，重点解决对县域职教的领导和投入、高中阶段教育协调发展及农民接受职业教育和培训、建设县级骨干职教中心等问题。

如今，增强农村职教在促进河南省新农村建设中的服务能力

① 郭清根：《河南省劳动力就业水平对经济发展影响的实证分析及对策建议》，《河南师范大学学报（哲社版）》2008年第5期。

② 参见《职业教育发展需要新的思路和推进策略——对河南的考察与思考》，《教育发展研究》2006年第23期。

已成为目前及今后一个时期职业教育发展的重点。河南省教育厅为此颁发了《关于推进中等职业技术教育为建设社会主义新农村服务的意见》,要求从2006年起,全省中等职业学校每年招收农村初、高中毕业生的比例要达到70%、规模要达到40万人以上,完成初中后一年职业培训达到55万人以上,完成劳动力转移技能培训200万人次以上,完成农村实用性人才和技能型人才300万人次以上。① 要求省级职教集团的牵头学校和汽车维修技术、建筑技术、护理等技能型紧缺专业类的省属国家级重点中等职业学校作为"进城务工人员培训基地",积极开展进城务工人员培训工作。县级职教中学(或骨干中等职业学校)挂"农村劳动力转移培训基地"和"农村实用人才培训基地"牌子,进一步发挥其在农村劳动力转移培训和农村实用人才培训中的作用,为农村劳动力的转移铺就了一条"绿色通道"。比如河南新县常年在外务工人员有6万左右,他们大多没有技术,在外只能做些体力活,收入很低。针对他们"半年打工半年回"的特点,新县职业高中与县劳动部门合作,1997年以来,举办进城务工人员培训班54期,培训农民6900余人。这些农民进城后,有的进入企业,成为技术骨干;有的创立公司,当上了老板。他们由此脱了贫,致了富。当然,河南的"县域职教"除了注重为当地农民进行技能培训以外,还非常强调科技服务,意欲使职业学校成为农民发家致富的好帮手。如河南博爱县职业中专学校,他们在不断发展的历程中认为:农村职教是一片沃土,只有具备科学的定位和鲜明的特色,紧贴厚重的"三农"大地,才能在不断地创新耕耘中撒播理想、收获未来。2001年

① 杜平原:《论职业学校校长办学理念的实践与创新》,《河南水利与南水北调》2008年第1期。

博爱县职业中专学校开通了全省第一家“120”农业科技服务热线，专业课教师义务为农民提供种植、养殖等技术咨询和上门诊断服务，使职业学校切切实实成了农民科技致富的好帮手。张茹集乡农民崔力种了20多亩西瓜，眼见就要成熟，却开始凋零枯萎。崔力急得没法，于是求助于“120”农业科技服务热线，职校教师马上奔赴瓜田，手把手教他施药，帮他挽回了损失。据不完全统计，该校专业教师已接听咨询电话1493余个，义务上门诊断服务1237余次，科技指导点已遍布博爱县13个乡镇，举办立体种植、特种养殖、温室栽培、果树嫁接等各类实用技术培训班370多期，出科技板报460多期，散发科技资料5万多份，下乡服务1万多人次，为农民提供致富信息179条，推广新技术26项。① 学校因此被科技部、农业部认定为全国首批国家级星火计划农民科技培训学校。河南还启动了“职教强县”的创建活动，制定了集体评估指标体系，通过评估、认定来表彰奖励在活动中做得出色的县市级单位。继续组织实施“双百工程”，2006年重点建设35所县级职教中心和35所省级示范性乡(镇)成人学校。

(二)打造航母，建设“职教集团”

近年来，河南省按照“市场运作、龙头带动、城乡联姻、校企合作”的原则，推动职业学校资源整合，走规模化、集团化、连锁化办学路子。2004年，河南省教育厅以国家级重点中等职业学校和高职院校为龙头，以骨干、特色专业为纽带，组建了农业、公路交通、信息技术、财经、卫生、建筑、旅游、机电、工艺美术等9个省级职教集团，共吸纳289家职业学校、企业、行业协会和科研机构等成员单位，当年吸纳企业资金6000多万元；2005年实现“订单培养”

① 杨静：《河南职教为何生机勃勃》，《中国职业技术教育》2005年第11期。

1.65万人,安置毕业生8000余人。各集团在培养目标、教学计划等方面基本实现了统一,有效促进了校际之间、校企之间资源共享,互利双赢,成为全省职业教育的特色和亮点。2006年,经河南省教育厅审批,又组建了轻工、化工、信息咨询、艺术等4个省级职教集团,14个省级职教集团成员单位总数达到440家,其中职业院校248所、行业协会7个、企业181家、科研机构11个。①

也就是说,"职教集团"成员中既有重点中职学校又有高职院校,既有城市骨干学校又有农村职业学校,既有行业企业又有科研单位,以此来实现学校与学校、学校与企业之间的良性互动以及职教资源的集成和共享。职教集团的组建以平等自愿、互惠互利、共同发展为原则,以国家级重点中等职业学校或高职院校为龙头,以专业为依托,吸纳全省范围内开设相同专业的学校和相关企事业单位参与,并特别考虑与河南机械、建材、旅游等支柱产业和数控技术应用、汽车运用与维修、计算机应用与软件技术、电子技术应用、工业与民用建筑等紧缺专业相适应。如:公路交通职教集团是由河南交通学校牵头,主要依托省会郑州突出的交通地理优势和强劲的交通发展势头,依据市场需求,结合行业特色,形成了自己的特色专业,毕业生供不应求。特别是公路、汽车类专业毕业生,已经成为郑州地区乃至河南全省交通职业岗位的中坚力量,由此而确定了该校在交通行业中人才培养的摇篮地位。而旅游职教集团的牵头单位是郑州旅游学校,它借助于郑州重要支柱产业之一——旅游业的发展,开设了旅游管理、饭店服务与管理、旅游英语(日语)、风景区建设与管理、会展经济与管理、烹饪等16个旅

① 参见《职业教育发展需要新的思路和推进策略——对河南的考察与思考》,《教育发展研究》2006年第23期。

游类专业,为郑州旅游业培养了近万名专业人才。

当然,行业企业的参与更激发了职校的办学活力。农业职教集团成立后,河南农业职业学院开始了与河南源盛食品有限公司的合作,源盛食品有限公司每年向学院提供400多万元用于实习基地和实验室建设,同时学院也为源盛食品有限公司选育出了出口专用辣椒新品种6个;并组织300名教师为企业提供了3500万株优质辣椒种苗,并免费提供技术指导,给公司带来了很大的经济效益。成功的校企合作也激发了企业对学校的支持热情,河南农业职业教育集团组建后的一年多来,一个个喜讯接踵而至:郑州万和红枫有限公司投资1500万元引进国外优良红枫品种,与集团共同组建苗木基地;河南科美兽药有限公司分三期投资5000万元,建立兽药生产基地;河南中威高科技化工有限公司分两期投资5600万元新建生物制药厂作为实习基地,仅这个基地一年接纳各成员校近700名学生实习。①

在14大职教集团中,像这样的学校与学校之间成功合作、校企之间成功合作的实例还有很多。诸如河南省高速公路发展有限公司出资1000万元,支持省交通学校实训基地建设;中州国际集团以股份制形式出资1400万元,支持郑州旅游学校增建校舍,等等。据不完全统计,到目前为,14个职教集团共吸纳合作企业资金已近6000万元。② 行业与企业的介入,尤其是民间资本的进入,使职业学校在一定程度上也正在正面接近市场,有效地激发了学校的办学活力,使职业教育在新机制下获得新的发展。而且学

① 参见杨静《河南职教为何生机勃勃》,《中国职业技术教育》2005年第11期。

② 杨静:《河南职教为何生机勃勃》,《中国职业技术教育》2005年第11期。

校与企业的密切合作也实现了毕业生的优质就业。成员企业优先接受和安置成员学校的毕业生,财经职教集团一年来就为成员学校安置了800名毕业生就业;建筑职教集团与4个行业协会和9家建筑企业开展订单培养,为企业输送了1600多名毕业生。

职教集团要想得到良好的发展与运营,除有力整合和利用集团内部各种资源外,良好的发展环境也是不可或缺的。在此问题上,河南省各级教育行政部门积极鼓励、支持职教集团发展,努力营造,在政策、经费上给予扶持,同时扩大职教集团相应的统筹权和管理权。如允许职业教育集团自主制定集团内各层次教育的教学质量标准,自主设置专业,自主制订教学计划,自主选用教材,自主开发课程,即"五自主原则"。通过组建职教集团,城乡、校企、学校之间的全方位合作得到加强,促进了相关资源的集成和共享。

整合职教资源,成立职教集团,挂牌是形式,运转是实质。为此,河南职教集团的组建工作始终围绕河南省经济结构调整、产业优化升级的需要,创新专业设置,以应对、服务和引领地方主导产业,努力实现人才培养的适需对路。职教集团发挥的功能和作用是全方位的,不仅加强了校际合作,也带动了县级薄弱中职校的发展,促进了省、市、县三级合作办学,也强化了校企合作,初步实现了校企资源共享、优势互补。职教集团是河南省通过打造职业教育的"航空母舰"而找到的一把实现职业教育跨越式发展的金钥匙。

(三)适应市场,实施"就业拉动"

河南省教育厅提出,应从经济发展、社会稳定、教育现代化,以及贯彻国家"就业优先"战略的高度出发,把促进职业教育与劳动就业的紧密结合作为突破口,实施"就业拉动"战略,以推进中等职业教育的改革与发展。

加强领导,强化"就业拉动"。河南省教育厅成立了省级中等职业学校毕业生就业工作领导小组及省级职教成教就业服务中心,建立了河南省中等职业学校联合人才网站。目前已初步形成了省、市、学校三级就业服务网络。省教育厅还建立了中等职业学校毕业生就业率公示制度,指导和推动全省职业指导工作;坚持每年举办一次中等职业学校职业指导与就业服务骨干人员培训班。

为了打通"出口",省教育厅重点抓了四个环节:要求各类中等职业学校把职业指导与创业教育列入教学计划,作为必修课开设;提高职业指导与创业教育的针对性,要求各学校根据每一个学生的基本情况,特别是学生的爱好、特长、理想和就业愿望,有针对性地进行就业指导教育;强化学生就业技能的培养,多次举行技能大赛;与京、沪等地的火车站及就业办事处建成毕业生护送网络,为他们提供安全保障。

打通"出口",拓宽毕业生就业渠道。河南省职业教育坚持"立足当地、面向全国、瞄准国外"的就业原则,努力拓宽中等职业学校毕业生就业渠道。各级教育行政部门和学校通过举办供需见面会、人才洽谈会等形式,为毕业生与用人单位牵线搭桥;与行业、企业开展联合办学,实行集中培养、集中培训,建立长期稳定的人才供需合作关系;鼓励毕业生自主创业、自谋职业。同时努力开辟网上就业渠道、开辟省外、国(境)外就业渠道,重视做好农村职业学校毕业生劳务输出工作。

跟踪服务,提高毕业生就业质量。跟踪服务是促进学生就业的重要一环,跟踪服务的质量直接影响着毕业生的就业质量。针对中等职业学校毕业生年龄相对较小、适应社会的能力不强、自我约束和管理的能力相对较弱的特点,省教育厅要求各地、各学校做好全程跟踪,切实保证跟踪服务的时间在一年以上。为数不少的地方和学校通过在外地设立的就业服务站或办事处，帮助毕业生解决就业中的困难和问题，为毕业生二次和多次就业提供服务。还及时处理学生在企业的衣食住行、劳动保险、医疗保障、工资发放等方面出现的各种问题，保障了毕业生的合法权益。许多地方和学校还加强了信息化建设，与企业建立了互访机制，提高了跟踪服务的质量。

狠抓就业这个关键环节以来，取得了明的成效。“出口”的打通，带动了“入口”，有力地拉动了招生。加大了“订单培养”力度和规模，探索出一条“招生与招工相结合”的路子。如河南省财经学校与省内 200 多家企事业单位联合，近三年来安置了 3300 多名毕业生就业，约占毕业生总数的 94%。① 促进了特色专业的建设。有效地提高了教育教学质量。很多职业学校“以质量求生存、求发展”，狠抓学校管理，狠抓教学改革，提高了就业率和就业质量。2003 年，教育部首次在河南省召开了全国职业技术学校职业指导经验交流会，并对河南省的做法给予了充分肯定。推动了职业学校的基础建设，拓宽了职业学校毕业生的就业渠道，健全了省职业教育人才网站和人才市场，促进了河南省的经济建设。每年有几十万中等职业学校毕业生走上工作岗位，有力地支持了地方经济建设，有效地促进了高质量的劳务输出，为河南省的经济建设做出了积极贡献。

（四）整合资源，实行“以城带乡”

针对高中阶段教育的生源空间在农村，但资源优势在城市的现状，河南实施了“以城带乡”政策。

---

① 参见河南省教育厅《政府统筹服务就业——推动职业教育改革和发展》，职业教育网：“http://www.chinatvet.com”。

开展城市与农村职业学校联合招生、合作办学。城乡联合招生合作办学主要采取"1+1+1"、"1+2"、"2+1"、设分校等几种形式，促进双方在教育教学管理方面的交流、协作，实现合作双方在师资、设备等方面资源共享，优势互补。① 城乡学校联姻，从根本上打破了职业学校招生的区域限制以及各自为战、信息闭塞的缺陷，它的意义不仅仅是招生方法上的创新，更主要的是通过这种形式，推动了省、市、县三级合作办学，把招生的触角延伸到每一所初中学校，把就业"出口"延伸到县、市、省以外，充分发挥城市职业学校的区位、资源优势，有力地推动了职业教育地区间的均衡发展，拉动了河南省农村职业学校的改革与发展。

积极开展城市对农村职业教育的对口支援。河南把发展职业教育作为城市与农村对口支援的重要内容，要求各地区加强统筹协调，把这项工作与农村劳动力转移、教育扶贫、促进就业紧密结合起来。同时应充分利用城市优质职业教育资源和就业市场，进一步推进城乡之间、与东西部之间职业院校的联合招生、合作办学。要求提倡实行更加灵活的学制，有条件地方的职业学校可以采取分阶段、分地区的办学模式。还鼓励城市职业院校对农村贫困家庭的学生减免学费，并提供就业帮助。

统筹安排城乡教育资源，实现以城带乡。省教育厅通过制定相关政策，鼓励城市教育资源为农村服务。比如规定城市教师评审高一级专业技术职务必须有在农村职业学校两年以上的工作经历；组织城市优秀教师到农村开展巡回示范教学，对农村教师进行在岗培训；利用教育学院等培训基地对农村教师进行有计划有目

① 黄才华：《职业教育教学改革中行业企业发挥作用的现状与模式研究》，《中国成人教育》2008年第21期。

标的脱产培训;开展城乡学校“手拉手活动”,把选派城市教师对口支援农村教育作为一项制度规定下来;有计划地选派或引导师范院校毕业生到贫困地区任教,逐步提高农村职业教育师资水平等,通过多种措施实现“以城带乡”的发展目标。

第五章　四川省县域经济发展现状思考

县域经济是整个国民经济的重要组成部分，对于各个地方经济的增长和繁荣来说也是不可或缺的，对于建设西部经济强省来说更是最为重要的经济基础和动力源泉。

四川省地处中国西南边陲，作为一个人口大省，在发展县域经济方面，有其自身发展的优势和不足，在成绩取得的同时仍然有些未能突破之处。分析四川县域经济发展的条件、现状及制约因素，对于我们探索行之有效的发展新途径，促进四川县域经济的发展，推动西部乃至全国县域经济的发展，建设和谐社会均具有重要的推动作用和借鉴意义。

第一节　县域经济发展的环境条件分析

任何经济活动都是在一定环境资源的基础上进行的，因此在设计县域经济发展思路，切实抓好县域经济之时，自然环境对于经济发展的约束和限制作用不容忽视。任何企图超脱外在环境条件发展的做法都必然遭遇挫折或失败的命运。发展四川县域经济，我们只能在资源条件的基础上，发挥比较优势，形成地方特色经济。总体来说，可以对县域经济发展带来影响的环境因素有以下几点：

一、自然环境

一般来说,经济发展对外在自然环境都会存在着或多或少的依赖,但是这种依赖的强度会因经济类型而异。经济成分越是偏重于农业经济,经济发展对于外界自然环境的依赖也就越强。四川省内大部分地区总体偏重于农业经济,城市化水平不高,这样县域经济的发展必然对自然环境有着很强的依赖性。

(一)农业资源条件

四川农业人口占据总人口的大多数,丰富的农业生产资源为县域经济的发展提供了坚实基础。

数据显示,四川省农业人口是6628.3万,占全省总人口的76.7%。除了成都市的锦江区、青羊区、武侯区、金牛区、成华区之外,农业人口比重在70%以上的县、县级市和市辖区占据多数。[①]由此可见,四川全省各个市、州基本上工业发展相对落后,而农业是经济发展的重要支柱,这就使得四川必须在发展县域经济时主要以农业生产活动为主要类型。

四川各个不同市、州的农业发展条件又各不相同。这集中体现在不同的地区由于地势、土壤资源、气候等条件的差异及由此所带来的经济综合环境的差距上。

四川各个县区地势各有不同,可以分为平原县、丘陵县、盆周山地县、川西南山区县、川西北高原县。不同的地势区域具有不同的资源优势和不足,尤其是不同社会经济环境的拥有方面。2004年全省10强县中,位于成都平原的有6个。2003年,平原地区和丘陵地区国内生产总值分别为2313.1亿和2414.9亿元,约为川

---

① 参见2005年《四川统计年鉴》统计数据。

西高原县域的28倍左右。川西高原农民人均纯收入1229.5元，仅为平原区3341.3元的37%。全部国有及规模以上非国有工业总产值平原区为1560亿元，盆周山地和川西高原分别仅为179.3亿和19.5亿元。①

不同的地势下，区域的土壤类型也有很大差异。四川土壤类型丰富，垂直分布明显。平原、丘陵主要为水稻土、冲积土、紫色土等，是全省农作物主要产区。高原、山地的海拔高度不同，土壤类型分布也有所不同，其中多数土壤类型有利于多种作物的生长。四川大部分地方为紫色土，系侏罗纪、白垩纪紫色砂岩、泥岩风化而成，主要分布于四川盆地内海拔800米以下的低山和丘陵上。该土壤内富含钾、磷、钙、镁、铁、锰等元素，土质风化度低，土壤发育成熟，肥力高，面积约16万平方公里，是四川分布面积最广的土壤之一。除此之外，四川还有黄壤、红壤、黄红壤等土壤类型。这样就为四川发展多种农作物提供了有利的土壤资源。

地势、土壤等类型的多样性为四川经济发展提供了较强的包容性，而四川各市州气候条件各异又强化了经济发展环境的综合性。四川各个地方总体来说，全年无霜期、降雨量等气候指标各不相同，这样就为四川多种农作物的生长提供了类型多样的气候条件。

这些外在自然条件的多样化使得四川省内不同的市区有着各自不同的发展条件，县域经济发展呈现出异彩纷呈的局面。但是，农业生产在发展过程中受到外界限制较大，不得不紧密依靠外在资源条件，如要取得良性发展，必须认清自身拥有的优势条件，因地制宜地加以利用，而不能盲目照抄其他地方的经济发展经验而

① 参见四川县域经济网：http://xeconomy.newssc.org。

脱离本地实际，这必然造成资源的浪费以及经济发展的滞后。四川县域经济的发展必须紧密依赖于外在的客观条件，客观条件只能改造和有针对性地利用，而无法超越它对经济发展的限制作用。

世界上著名的农业强国荷兰，在奶牛业、花卉业及蔬菜业都获得了很好发展，主要就得力于其海洋性气候和温和多雨的天气特征。因此，偏重于农业经济发展的四川省，在发展县域经济时必须更加依托县域的自然资源，依托各种生物资源大力发展农业和农副产品的加工。如果四川省农业的发展试图超脱本地自然资源基础，不顾自己条件去发展一些流行产业，定是好高骛远，难以获得相应成效。20 世纪 80 年代的经验教训就说明了这个问题。80 年代初期四川省上马了众多钢铁厂、小水泥厂、小化肥厂、小造纸厂等，发展重工业的追求本来也无可非议，但是这种发展的思路忽视了四川本地工业资源不足，技术存在劣势的客观条件。因此，工业生产不仅效率低下，而且还给环境带来严重污染，致使这些项目不得不下马，停止生产，所引发的经济损失和其他不良后果实在让人心痛。面对以往的经验教训，四川省各市州可在农业自然资源条件的基础上，在发展县域经济时大可拓展、开放思维，因地制宜，充分发挥并挖掘本地可供利用的环境条件，加以具有科技含量的加工技术，依靠通过职业教育等多种形式培养出来的熟练技术工人，发展出适销对路的，体现自我特色，具有一定技术含量的产业经济。如，位于川西平原西南部的新津县是成都的近郊县，该县的新蓉新股份有限公司，依靠成都平原优越的蔬菜生产条件及四川传统的泡菜生产工艺，生产出“蓉新”泡菜等产品，取得了良好的经济效益。

（二）天然资源

四川有着大量极具旅游价值的旅游资源，包括丰富的自然景观、人文景观和其他旅游资源，其数量和品位均在全国名列前茅，是我国著名的旅游资源大省。在我国列入世界遗产名录的 29 处中，四川省就有 4 处，居全国第二位，其中世界自然遗产有 2 处（九寨沟、黄龙），世界自然和文化双重遗产 1 处（峨眉山—乐山大佛），世界文化遗产 1 处（青城山—都江堰）；被列入《人与生物圈保护网络》的自然保护区 4 处（九寨、卧龙、黄龙、稻城亚丁）；拥有国家级重点风景名胜区 15 处，居全国第一位，省级风景名胜区 75 处；有“中国旅游胜地 40 佳”5 处；有国家 4A 级旅游景区（点）14 处；有中国优秀旅游城市 11 座。此外，还有各级自然保护区 163 个，其中国家级 18 个、省级 67 个，以大熊猫为主要保护对象的自然保护区 35 个，占全国同类自然保护区总数的 87%。全省建有国家级森林公园 28 个，省级 52 个，县级 7 个；世界级地质公园 1 处，国家级地质公园 11 处；国家级历史文化名城 7 个，居全国首位，省级历史文化名城（镇）55 个；全国重点文物保护单位 62 处，省级重点文物保护单位 227 处。①

四川省能源资源丰富，以水能、煤炭和天然气为主，煤炭资源约占 23.5%，天然气及石油资源约占 1.5%，水能资源约占 75%。全省水能资源理论蕴藏量达 1.43 亿千瓦，占全国的 21.2%，仅次于西藏；水能资源技术可开发量 1.03 亿千瓦，占全国的 27.2%；经济可开发量 7611.2 万千瓦，占全国的 31.9%，均居全国首位。全省水能资源集中分布于川西南山地的大渡河、金沙江、雅砻江三大水系，约占全省蕴藏量的 2/3，也是全国最大的水电“富矿区”，其技术开发量占理论蕴藏量的 79.2% 以上，占全省技术开发量的 80%。雅砻江上的二滩水电站总装机容量达 330 万千瓦，是我国已建成的

---

① 参见四川省人民政府网站：http://www.sc.gov.cn。

最大水电工程。[①] 水能资源是四川未来经济发展的重要支柱。

全省煤炭资源保有储量97.33亿吨，探明储量约占全国总储量的0.9%。四川油、气资源以天然气为主。石油资源储量很小，四川盆地累计探明新增地质储量6796万吨。而四川盆地天然气资源十分丰富，是国内主要的含油气盆地之一，全省已发现天然气资源达7万多亿立方米。四川生物能源比较丰富，每年有可开发利用的人畜粪便量3148.53万吨，薪柴1189.03万吨，秸秆4212.24万吨，沼气约10亿立方米。煤炭资源初步查明储量约20亿吨。[②] 太阳能、风能、地热资源也较为丰富，有望很好的开发利用。

四川省地质条件复杂，矿产资源丰富且种类齐全。已发现各种金属、非金属矿产132种，探明一定储量的有94种，有32种矿产保有储量居全国前5位。其中：钛矿、钒矿、硫铁矿等7种矿产居全国第一位，钛储量占世界总储量的82%、钒储量占世界总储量的1/3；天然气、锂矿、芒硝等11种矿产居全国第二位；铂族金属、铁矿等5种居全国第三位；炼镁用白云岩、轻稀土矿等8种矿产居全国第四位；磷矿居全国第五位。[③]

四川丰富的天然资源，在农业资源丰富的基础上更加丰富了县域经济的发展的物质资源，扩大了四川县域经济发展的空间，更为四川县域经济的发展又注入了新鲜的发展动力。

二、社会经济环境

农业经济发展到一定程度时，对外在自然资源的依赖会逐渐

① 参见四川省人民政府网站：http://www.sc.gov.cn。

② 同上。

③ 同上。

转向于社会经济环境,经济环境潜在自然资源的开发和利用的约束条件,不好的社会经济环境使得自然环境的优势无从发掘,而良好的社会经济环境则能大幅度促进县域经济的发展。对社会经济环境优劣的讨论可从以下构成要素方面进行分析:

一是物质技术基础。包括县域内拥有的固定资产与流动资本量,工农业生产能力,县域内的经济网络及与中心城市间的经济网络,包括交通运输系统、信息系统、金融系统、商业系统等的完备程度。县域现存产业结构的发展水平及其与县内外经济协作与联系的完备程度。目前在四川县域的138个县区中,超过70%的县远离大中城市和交通干线,交通运输系统的劣势成为这些县经济发展的瓶颈。① 其典型代表是位于宝成线和达成线之间的巴中、南充地区的一些自然条件较差的县和三州境内的高原县。

二是县域市场条件。县内生产资料与生活资料的需求状况、购买力水平、消费结构、县域市场容量、县域商品的输入与输出情况。县域市场为县域经济的发展提供了动力保障,其发展水平,如民众的购买力水平受县域经济发展水平的影响,同时也会在某种程度上制约着县域经济发展的规模、速度、质量。

三是县域区位条件。主要表现在距离中心城市的远近,中心城市对县域经济的辐射、影响能力,如技术,资金等方面的支持能力。另外,区位条件也决定了县域经济的产品乃至产业结构的选择,许多产品特别是农副产品及建材产品都需有一定的运输途径,区位条件的差异给这些产品的输入和输出带来重大影响。一般来说,自然资源极为丰富但是仍然处于贫困状态的地区,往往是对外

---

① 陈林生:《四川县域经济发展的思路、现状与对策》,《市场与发展》2000年第3期。

交通、输送途径方面的缺陷造成了经济发展的封闭、自给自足状态。

四是现成人力资源条件。与前面几个相比,这个是软性条件,是针对人力资源的构成质量而言的。这取决于县域人口中劳动力所占比重,县域劳动力的数量及其年龄结构、知识与科学技术结构、劳动力的身体素质与劳动态度、劳动效率与工资水平等。

以上四个条件在不同区域的分配各不相同,这就造就了县域经济发展的一个主要特征:极强的区域性,这包括经济网络的区域性,经济运行的区域性和经济优势的区域性。

根据这些条件造就的区域性,我们可以把四川省的县域经济粗略地分为四个类型:

1. 城郊平原型县域经济,四川全省的 18 个平原县,大多分布在成都、德阳、绵阳、乐山等大中城市附近。这些平原县距离中心城市近、交通运输便捷、信息灵通、地处中原地带、农产品丰富,而且人口众多,劳动力资源丰富。而且劳动力的工资水平,地租房租均低于城市,加之距离城市较近,发展农副产品加工有其自身独特优势。城郊平原型县域经济应以农副产品及其加工业为其主导产业。近些年,这些县主要经济指标明显高于全省县域经济的平均水平。1999 年平原县 GDP 平均增长 9.4%,人均 GDP 为 7826 元,三次产业(三次产业指的就是三种类型的产业,但是在说起结构时一般总是说三次产业的结构,而这里指的是三次产业的增加值之间的比例结构)的增加值结构为 19:47:34。①

2. 远郊丘陵型县域经济。丘陵县,四川共有 48 个丘陵县,突

① 参见漆先望,吴学刚《四川县域经济发展的现状及主要制约因素分析》,《四川省情》2003 年第 4 期。

出特征是人多地少,地下资源相对贫乏。而且,远郊县域经济区位优势略差于近郊县。在发展农副产品及其加工业上的区位优势略差于近郊县。这些县在1999年丘陵县的人均GDP为2769元,农民人均耕地为0.91亩,为全省最低。三次产业的增加值结构为40:32:28,非农民人口比重为11.1%,①工业化和城市化进程缓慢,财政十分困难。

3. 盆周山区型县域经济。全省共有26个盆周山地县,盆周山区型县的特点是耕地面积较少,交通条件较差,由于自然条件的限制,贫困人口比例较大,基础设施相对落后。但是,该类县域自然资源、矿产资源较为丰富。农业基础脆弱和工业进程滞后,导致盆周山地县经济增长缓慢,财政也是十分困难。近年的发展仅略高于丘陵县,1999年GDP平均增长速度为3.97%,人均GDP平均为2794元。② 因此,此类县应变丰富多样的自然资源优势为有市场竞争力的,技术含量较高的,经济效益好的产业优势,把握时机,努力在交通、通讯、基础设施等方面有重大突破,变总体的经济劣势为局部的经济优势,因势利导发展县属企业,乡镇企业,民营企业,加强小城镇建设,培植新的经济增长点。

4. 偏远山区型县域经济。偏远山区型县农业耕地少,交通不便,但是自然、矿产资源丰富。川西南山区县和川西北高原县就属于该类县域。全省的21个川西南山区县,地下地上资源较为丰富,基础设施建设有一定基础,工业发展较好。1999年GDP平均增长速度为8.0%,人均GDP为3513元,仅次于平原县,其中,二

① 参见陈林生《四川县域经济发展的思路、现状与对策》,《市场与发展》2000年第3期。

② 同上。

产业增长速度为 11.7%，在全省各区域中名列前茅。川西北高原县，全省的 31 个川西北高原县，是全国五大牧区之，自然资源丰富，但地理气候条件不佳。畜牧业有较好基础，旅游业发展较快，但交通、电力等基础设施普遍薄弱，整个经济发展缓慢，财政收支逆差较大。1999 年由于禁伐天然林等客观因素的影响，GDP 出现负增长，人均 GDP 为 3100 元。① 该类县域经济发展的重点应当放在加强基础设施，如交通运输的建设上。利用丰富资源，发展林业，特色农业等。

这几种经济发展类型在四川省范围内分布广泛，但是总的来说城郊平原型县域经济所占比例较小，大部分地域均存在这种或那种不利于经济发展的社会经济环境因素。

以上我们分别分析了自然和经济环境对于县域经济发展的影响，值得注意的是，自然环境和社会经济环境并非单独作用于县域经济的发展，往往是结合在一起对县域经济产生作用的，自然和地理区位的不同，所拥有的社会环境资源也是不同的，在县域经济的发展上也会有不同的限制。自然资源环境和社会经济环境为一个地区的经济发展作了条件限制，但是任何一个区域也不可能只有优势或劣势，在分析这些社会环境类型的各自发展优势和不足之时，我们应该在发展县域经济过程中有所侧重，有针对性地提出发展思路和策略。目前，在扬长避短的基础上，四川省的县域经济已经获得了一定的发展，但是仍然落后于全国各个经济发达省市，其中存在着的诸多问题值得我们思索。

---

① 参见陈林生《四川县域经济发展的思路、现状与对策》，《市场与发展》2000 年第 3 期。

第二节　四川县域经济发展现状和问题

四川省依靠自身资源，在县域经济发展上大做文章。现在，四川省县域经济已获得一定发展。根据四川省统计局的数据，2003年底，四川省列入县域经济统计范围的有138个行政单位，包括120个县，14个县级市，4个自治县，全部县域经济的国土面积为45.9万平方公里，占全省面积的93.5%；人口总数为6412万人，占全省总人口的75%；县域经济的国内生产总值约3225.5亿元，占全省国内生产总值的57.06%；农林牧渔业总产值1409亿元，占全省79.11%；地方财政收入88亿元，占全省财政收入的59%。县域经济占据了全省3/4的人口、1/2的经济总量、八成的农业产值和近六成的财政收入，县域经济已实实在在地成了四川省经济的基础。①

虽然县域经济已经成为四川经济的主要支柱，但是由于各种原因，其发展无论是从自身局部进行分析还是与其他省市对比，仍然存有不足之处。由于外在自然环境和社会经济环境的影响和制约作用，再加上地方政府和人民的自身努力，这些客观和主观原因的综合作用之下，四川县域经济的发展虽然有过长足发展之时，但是总的来看并不理想。

一、四川县域经济发展现状

（一）从全国各省市总体状况的横向比较看，四川县域经济整体缺乏相应的竞争实力

目前，中国县域经济的市场日益激烈，各个省市凭借自身独特

① 参见《四川统计年鉴》2003年卷。

的资源优势和发展策略，县域经济获得了飞速发展。中国县域经济百强县之首的江苏江阴，有着七千年历史，位于长三角对外经济开放区，改革开放以来县域经济成就辉煌，2002 年，江阴市完成国内生产总值 410 亿元，财政收入 45 亿元，江阴人在全国 1‰的土地上，以全国 1‰的人口，创造了超过中国 0.4% 的地区生产总值、0.33% 的财政收入，培育了中国 1% 的上市公司，尤其是中国社会主义新农村的典型代表华西村 2006 年的销售收入突破 400 亿元。① 在如此激烈的市场竞争中，四川的县域经济虽然有较大发展，但是与发达地区比较起来，四川县域经济的实力还不强，整体发展水平滞后。全国县域经济基本竞争力评价中心评出来的第二届全国县域经济基本竞争力百强县中，浙江有 24 个，山东有 20 个，江苏有 17 个，广东有 15 个，而四川只有 1 个。② 可见，四川县域经济的竞争力还是非常薄弱的。

20 世纪 80 年代初，由于实行家庭联产承包责任制，农业经济迅速发展起来。同时，乡镇企业也在短缺经济的发展缝隙中冒尖而出，并迅速发展起来。农业经济和乡镇企业的发展带动了四川县域经济的迅速腾飞。但是，进入 20 世纪 90 年代以后，经济发展的外部环境逐步趋于严峻。一方面，随着经济的逐渐繁荣，市场经济的逐渐发展，短缺经济形式转为剩余经济形式。在这种情况下，经济发展的竞争激烈，极需新型的富有生命活力与竞争实力的生产方式出现，也只有这样的经济形式才可以更好地适应经济发展的需求，并在激烈竞争中站稳脚跟。但是，由于农业小生产方式自身的局限性，其与大市场的矛盾日益突出，严重影响了农业经济效

① 参见中国经济网：http://bkdy.ce.cn/jhbz/jhsd/t20031208_240527.shtml。

② 参见吴祥云等《四川县域经济研究》，《软科学》2004 年第 4 期。

益和农民收入的提高。另一方面，在市场竞争加剧的时代背景下，县属国有中、小企业和乡镇企业在经营机制和经济技术实力方面的缺陷日益突出，企业亏损额和亏损面迅速扩大。

（二）从发展速度看，四川县域经济明显减缓

1. 反映经济总量的国内生产总值（GDP）方面。四川超过100亿元的县（市、区）只有2个，而浙江有16个，江苏有12个，山东有12个，广东有10个；从地方财政收入来看，超过2亿元的四川有7个，而山东有30个，浙江有27个，江苏有27个，广东有10个；再从农民人均纯收入看，四川最高水平的温江区为3417元，不到广东最高水平（7292元）的一半，为浙江最高水平（6152元）的55.5%；四川最低水平的雅江县只有624元，比湖北最低水平县的1243元少619元。① 而根据《中国县域经济年鉴2004年卷》数据分析，在全国2109个县中，1999年GDP超过100亿元的共有59个，四川只有1个；GDP超过50亿元的县共有270个，四川仅有8个。东部沿海省市有71%的县GDP超过20亿元，中部地区有50%，而四川省仅有31%。其中，广东南海市GDP达到306亿元，江苏江阴市达到300亿元，而四川GDP最高的县也仅为86亿元，差距甚大。从人均GDP来看，1999年东部是四川的两倍左右。从财政收入来看，1999年全国过亿元的县达631个，其中广东顺德、南海、番禺的财政收入已超过10亿元，而四川的财政亿元县仅有31个。②

2004年，全国县域GDP平均规模为32.04亿元，四川县域GDP平均规模为27.96亿元，为全国的87.3%；全国县域地方财

① 参见吴祥云等《四川县域经济研究》，《软科学》2004年第4期。

② 参见《中国县域经济年鉴》（2004年卷）。

政收入平均规模为 1.21 亿元，四川县域财政收入平均规模为 0.69 亿元，为全国的 57%。①

2005 年，根据《中国县域经济年鉴 2005 年卷》数据分析，全国县域 GDP 平均规模为 38.44 亿元，四川县域 GDP 平均规模为 29.21 亿元，为全国的 75.98%。全国县域地方财政收入平均规模为 1.32 亿元，四川县域财政收入平均规模为 0.79 亿元，为全国的 59.8%。②

这些数字表明四川省经济虽然获得了一定的发展，但是与全国其他省市相比较仍有较大差距，这为四川经济发展提出警醒。

2. 在经济发展的衡量标准方面。"地方财政收入"是反映一个地区综合经济实力特别是综合财政实力的重要指标之一。而县域经济又是国民经济的重要组成部分，是一个省市经济发展水平的集中体现。因此，对于四川省地方财政收入的整体情况进行分析，可以明显看出四川县域经济发展的状况：四川大部分县区县域经济虽然获得了一定的发展，但是总的来说，各个县区的经济发展状况呈现出较大差异，水平很不均衡。而且与全国各个省市相比，四川省整体经济发展水平较为落后。1980 年—1990 年，由于家庭联产承包责任制的实行和乡镇企业的飞速发展，四川省的县域经济得到了长足发展，进入 90 年代以后，由于各个方面的原因，四川县域经济的发展呈现出以下趋势：增长总体趋于缓慢，发展很不均衡，并且大大落后于其他省市的县域经济的发展水平。四川县域财政收入发展具有以下特点：

（1）县财政收入的增幅与所占省财政收入的比重，与其幅员

---

① 参见《中国县域经济年鉴》(2004 年卷)。

② 参见《中国县域经济年鉴》(2005 年卷)。

面积、人口数量以及 GDP 产值在全省所占比例很不相称。2005 年,四川全省中的 138 个县的幅员面积占全省 94.7%,人口占全省总人口的 74.2%,GDP 占全省 GDP 的 54.59%。但是,与之相对应的财政一般预算收入数额和比例却显得过少。县一般预算收入为 108.86 亿元,只占到全省财政预算收入的 22.69%。① 与县域幅员面积、人口和 GDP 在全省所占的比重相比,这一比例明显失衡。这说明了由于各个方面的原因,占四川绝大多数的县区县域经济的发展水平仍然没有达到与面积、人口等外在条件相匹配的程度,仍需较大努力。

(2)县财政收入增长幅度小于全省幅度,在全省财政收入所占的比重下降。2004 年,全省财政收入为 385.8 亿元,138 个县的财政总收入为 95.1 亿元,占全省财政收入的 24.7%。2005 年,全省财政收入为 479.66 亿元,138 个县的财政总收入为 108.86 亿元,占全省财政收入的 22.7%。数据对比表明,在一年内,全省财政收入增长 24.3%,县财政收入仅增长 14.5%,后者的增幅与全省相比,少了将近 10 个百分点,所占县财政收入所占比重下降了 2 个百分点。② 县财政收入增幅与比重的下降说明四川县财政收入发展的不良倾向,这将会进一步影响到四川省范围内的综合财政收入,甚至会为四川省经济的可持续发展带来不良影响。

(3)四川省 138 个县全部都是财政赤字县,有近 1/4 的县财政收入绝对数较上年减少。从 138 个县的财政收支看,2005 年,无论是高收入县(即人均 GDP 与全省人均 GDP 比较,比值在 1.5 以上的县)、中等收入县(人均 GDP 与全省人均 GDP 比较,比值在

---

① 吴学刚:《从财政收入看四川县域经济》,《四川省情》2006 年第 10 期。

② 同上。

0.75—1.5之间的县)还是低收入县(人均GDP与全省人均GDP比较,比值在0.75以下的县),均属财政赤字县。而从地势标准而分的平原县、丘陵县、高原县或山区县,也毫不例外地是本级财政赤字县。财政赤字普遍的同时,赤字的严重程度也是不容忽视的。有的县财政支出甚至要远远大于财政收入,有的可达几十倍之高。财政赤字的普遍与严重,说明了四川全省主要的县区一般预算收入都小于一般预算支出,均属于入不敷出之列。在如此惨淡情景的同时,138个县中有33个县财政收入绝对数较上年减少,占全部县的23.9%。① 这说明了四川全省的财政状况不容乐观。减少财政赤字,努力平衡财政收入与支出之间的关系是当下应有之举。

(4)四川省内不同县际之间财政收入差距很大。在四川整体财政收入不佳的宏观背景下,省内不同县之间也存在较大差距,发展极不均衡。2005年,全省财政收入最高的县达到75994万元,为全省县域财政平均收入水平的962%。同年,财政收入最少的县仅有165万元,为全省县域财政平均收入水平的2.1%。当然,四川不同县之间差距的拉大,有客观和主观等多种原因。如,不同的地域条件是造就财政收入差异明显的主要条件。四川全省地势形态多样,不同县域主要地势不同,具体可分为平原县、丘陵县等。从全省不同地域的县际之间财政收入来看,平原县平均规模达到2.15亿元,为全省县域平均水平的272%;丘陵县平均规模达到0.85亿元,为全省县域平均水平的108%;川西南山区县平均规模达到0.82亿元,为全省县域平均水平的104%;盆周山区县平均规模达到0.56亿元,为全省县域平均水平的70.9%;川西北高原

① 吴学刚:《从财政收入看四川县域经济》,《四川省情》2006年第10期。

县平均规模达到0.17亿元,为全省县域平均水平的21.5%。[①] 由此可见,平原和丘陵县的财政状况较好,川西南山区次之,盆周山区县又次之,川西北高原县最差。这些不同地势的县域经济发展水平的差异显示了外在自然环境和社会经济发展环境对于经济发展的约束和限制作用。

二、四川县域经济发展存在的问题

从以上对比分析,尤其是县域财政收入这一作为衡量县域综合经济实力和财政实力的重要指标的特点分析,我们可以看出四川县域经济发展状况并不乐观,这将使全省县域经济的发展面临着困境:

(一)县级财政收入的局限将会给县域经济协调发展带来困难

1. 县级财政收入的增幅和所占比重的下降,将影响县域经济的可持续发展。现行体制下,县级财政收入仍然是保障和维持县域经济发展的重要条件之一。与省、市财政收入比较,县级财政收入在增幅和所占比重上出现相悖的走势,这对保障县域经济的稳定和可持续发展是不利的。针对于此,我们必须提高财政收入的增幅及所占比重,增强县域经济发展的持久动力。

2. 县及县以下政府财政收支矛盾日益突出,这将影响基层政权的正常运转。从四川县域的状况来看,总体上是收不抵支。目前,县级财政的收入部分主要来源于县域内的工商营业税、增值税和各种所得税等,中央和省一级下拨的财政转移支付一般都是专款专用,而支出部分除需要维持政府职员工资和其他各项开支外,

① 吴学刚:《从财政收入看四川县域经济》,《四川省情》2006年第10期。

还包括各类专项支出，如教师工资、各类教育支出、各类欠款、扶贫资金、农业投入及公共事业投入等。

在四川总体政府收支不平衡的环境下，乡镇一级财政面临着更大困境，尤其是过去作为乡镇重要财源的农业税（含附加及农业特产税）减免后，乡镇一级财政收入大幅减少，但支出并没有同比例减少，乡镇负债运作的现象十分普遍。

在国家和省一级财政状况总体好转的背景下，县及县以下政府财政收支矛盾却日益突出，这种状况持续下去，不仅影响到基层政权的正常运转，而且将严重影响政府在人民群众心中的形象。而且，县及县以下政府收支极不平衡，政府对财力的可支配能力大大削弱，这将影响农村公共事业和基础设施建设。由于相当一部分县特别是无增收手段的贫困县乡可支配财力"捉襟见肘"，县乡两级政府为民服务的能力正在逐渐减弱，事关本地经济社会长远发展的各项投入大幅减少，在"保吃饭""保稳定"和"保建设"的刚性权衡下，只能通过挤占农村建设资金，从而使县乡基础设施建设和农村公共事业处于"边缘化"的状态。此外，随着农村义务工的取消，本来就"缺血"的农村基础设施建设严重受阻，这不仅影响到当地建设和农村发展，同时也影响农民对农村公共事业的关心程度。财政危机可能向农民转嫁，将影响农村社会的稳定与和谐。县及县以下政府为满足各项开支需要，有可能通过各种渠道或其他途径向农民征收，结果变相加重农民负担，从而引起农民强烈不满。例如，有的地方不从当地实际出发，为完成村村通的任务，从农民的退耕还林款中扣钱集资。还有的地方由于开支困难，长期拖欠农民的吃喝款，造成干群关系紧张。

3. 县际之间财政收入差距很大，这将影响到四川整体的协调发展规划。财政收入差距的增加使得经济发展的"马太效应"日益明显，这也将会影响区域各个不同县域经济的可持续发展能力，最终影响整体经济的协调发展。从四川县域发展实际看，在县域之间的经济竞争中，平原和丘陵地区的一些经济较发达县已经具有相当规模的产业基础和相当程度的市场竞争力，在产业、县域经济、积聚和极化效应的作用下，基础设施、投资环境、市场拓展、发展潜力日趋良性化，其经济总量、吸引外资、财政收入、产品的市场占有率快速增长，从而进一步拉大了与不发达县的差距。反之，一些边远、贫困县的财政收入用于保障吃饭和稳定都困难，更谈不上建设基础设施、创造投资环境、培育产业支撑和拓展产品市场了。这种状况持续下去，发达县将发展更快，而不发达县的经济社会将相对边缘化甚至绝对边缘化。这对保持县域之间相对协调发展是极其不利的。县域经济密切关系“三农”问题和社会主义新农村建设，作为拥有100多个县的大省，县域经济的持续稳定发展更是事关全省经济社会发展的重中之重。因此，为提高县域经济的综合实力，培育县域特别是不发达县的长效“造血机制”，必须在构建财政体制、完善转移支付、规范财务审计、严格控制财政供养人员、吸引民间资金、培育产业支撑等方面加大改革和创新的力度。如，继续加大对不发达县的扶持力度，努力培育不发达县的经济增长点和利润增长点，“省直管县财政”，“乡财政县管乡用”，大力促使民营经济成为县域经济的发展主体等。

（二）农民收入增长减缓，收入差距拉大

农民经济增长与县域经济的发展最为密切。县域经济处于社会的基层，从本质上就是“民本经济”。[①] 所谓民，是指劳动人民的集体或个人。所谓本就是指劳动人民是经济发展和经济管理的基

① 参见县域经济论坛网：“http://www.xyjjlt.net/bbs”。

本主体、基本动力，民有、民资、民劳、民管是经济发展和经济管理的基本途径、基本形式；民需、民用、民富、民强是经济发展和经济管理的基本目的、基本宗旨。政府可以为老百姓着想，可以为经济服务，但却代替不了所有的经济主体，特别是私有资本。民间经济主体是最完全、最富活力的市场经济元素。民本经济是一种在市场经济条件下，主要以激发广大劳动人民自我创业、自我发展、自我约束、平等竞争为基本出发点的经济；是一种以民间积累、民间投资、民间经营为主要经营方式，产权清晰、责权明确、政企分开、制度适当、机制灵活的经济；是一种以社会主义国家的宏观调整、监督引导、主动服务为强大后盾和基本保障的经济；是以效率优先、兼顾公平为基本准则，以按劳分配与按要素分配相结合为主要分配方式，以依法经营、勤劳致富为基本要求，以富民强县、共同富裕为基本目的经济，是县域经济发展的主体。

可以说，县域经济发展给农民创业提供了良好条件和较为宽阔而自由的舞台，如果农民由于主客观条件的限制无法很好地利用和激活这一舞台，就会影响农村经济和社会的发展。因此，县域经济发展水平对于农民的收入水平影响较大，与农民的就业问题也是息息相关。

（三）县域经济发展水平的高低最为直接地影响着农民的经济收入

在四川县域经济的发展中，农民收入增长缓慢，而且不同县区的农民收入差距较大。以中江县为例，1978 年到 1998 年，农民人均纯收入年平均增长速度为 15.52%，“六五”到“九五”期间，各阶段农民人均纯收入平均增长速度分别为 23.52%、14.66%、18.95%、12.54%。可见，“九五”期间农民纯收入的增长速度明显下降，比最高的“六五”期间减少 10.98 个百分点，甚至比农业投入较少的“七五”期间还要低2.12个百分点。1996年到1999年农民纯收入分别比上年增加280元、253元、202元、150元，农民收入增加量明显呈递减趋势，年平均递减速率达23.13%。农民收入增长的分布也不平衡。以1997年为例，农民人均纯收入最高的乡镇达2025元，而最低的乡镇仅1408元，其差距达到617元。全县平均为1676元，纯收入最高的乡镇高出全县平均水平349元，而纯收入最低的乡镇比全县平均水平要低268元。全县47个乡镇中，农民人均纯收入高于平均水平的乡镇18个，占38.3%，低于平均水平的乡镇29个，占61.7%。①

县域经济中人口以农村人口为主体，户籍制度及在计划经济体制下“优先发展重工业”的指导思想，造成了城乡收入的不断拉大，也阻碍了农村劳动力向城市转移，造成了城市化水平低下，县域经济管理中就业压力大的问题。1995年，世界城市化水平已达到45%，1997年，我国的城市化水平为29.9%，四川省为15.7%，比全国平均低14.2个百分点。② 县域经济中工业主要由县属国有企业和乡镇企业构成。改革开放30年来，乡镇企业的蓬勃发展吸收了大量的农村剩余劳动力，大大缓解了农村就业压力。县属国有企业也是解决县域城镇人口就业的重要渠道。但是随着我国社会主义市场经济体制改革的进一步深化，市场竞争日趋激烈，但是县属企业和乡镇企业的规模小，资金少，技术水平低等弊端日益显现出来，大大降低了吸纳剩余劳动力的能力，导致四川劳动力供求相对失衡。

---

① 参见陈林生《四川县域经济发展的思路、现状与对策》，《市场与发展》2000年第3期。

② 参见邱爽《提高城市化水平是促进西部发展的重要途径》，《四川师范学院学报》（社科版）2002年第2期。

（四）剩余劳动力多，就业压力大

从农业就业率来看，农业人口就业率的提升必将拉动县域经济的发展，但是县域经济发展的水平又会反过来制约着农民的就业水平。

四川的就业矛盾主要表现在两个方面：一是人口负担。历史遗留的人口重负难以做到劳动力充分就业。改革开放前，由于人口无序生产，几次生育高峰出生的人口过多，形成四川省目前数量庞大的人口和劳动力规模。2005 年末，全省总人口达 8750 万人，占全国的 6.7%，居全国第三位，常住人口 8212 万人，占全国的 6.3%，劳动力资源为 6058 万人，占全国的 5.9%，就业人员 4702 万人，占全国的 6.2%。“十五”时期，四川省劳动力参与率高达 80% 以上，比全国高 3 个百分点，失业人口规模也有所缩小，但仍有近 100 万的劳动力人口不能就业。二是生产力发展水平较低。生产力发展水平较低难以提供足够的就业岗位。“十五”时期我省经济平均每年增长速度高达 11.2%，比全国快两个百分点，但就业人员平均增长速度只有 0.19%，就业弹性系数比“九五”下降，每增加百万 GDP 所创造的就业岗位只有 0.8 万个，比“九五”时期少 0.5 万个。在就业弹性系数趋于下降的态势下，要增加就业人员，就只有不断加快经济增长。从经济发展对财政收入的影响看，2005 年，四川每创造 1 亿元 GDP 能带来 705 万元的财政收入，而全国同口径是 828 万元，比四川多出 123 万元。① 四川经济运行质量不仅低于全国平均水平和东部沿海发达地区，在西部也处于中下水平。可见，生产力发展水平低，不能提供足够的就业岗位满足庞大劳动力的就业需求，是四川就业矛盾突出的症

① 参见熊祖辕等《四川劳动就业问题研究》，《四川省情》2007 年第 5 期。

结所在。

实际上,县域经济能否取得发展从结果上看是对农民的收益带来一定的影响,但是从动力上来讲,除了政府的政策支持和资金投入外,最根本的可依靠力量是农民自己的创业和积极进取。从唯物辩证法的发展动因观点来看,任何事物的发展所依赖的外因和内因因素之中,内因是事物变化的最根本动因,而外因必须通过内因才能起作用,才可以最终导致事物的发展。因此,县域经济的发展除了依靠政府的扶持这一外因作用,必须通过农村这一发展主体在经济发展方面的积极主动性。以政府为主导,促进农村的职业技术教育,培养出来的职业人才,必然成为四川县域经济发展的重要推动力。

三台县作为丘陵地区人口大县,有132万农业人口,农村剩余劳动力达35万人,农民增收压力较大。他们把劳务开发作为增加农民收入的切入点,专门制定印发了《关于加强劳务开发,做强劳务产业的意见》,在培训、输出、维权、回引(即把输出的劳动力往回引进)等关键环节上狠抓落实,使劳务创收成为农村经济强势产业和农民增收的重要途径。三台县有针对性地加强农民工培训,积极探索"校企合作"、"远程教育"等培训模式,他们综合运用财政扶持政策,以托管后的县内四所职业中专学校和23所民办职业学校为培训平台,以每年回乡的2万余名初、高中毕业生和农村剩余劳动力为重点,从培训入手,提高农民工的文化技能素质。在四川棉麻集团绵阳纺织公司、水晶电子、恒昌制衣等县内企业建立了培训基地,围绕县纺织、食品、机械、电子、服装加工等重点产业和省内外急需用工行业,广泛开展"农村劳动力转移培训阳光工程"、"劳务扶贫培训工程"、"获证培训"等多种培训,实施定点、定向培训,实现了劳动力数量输出到技能输出的转变。该县重点打造“梓州机电”、“中山服装”、“川妹子”、“川建工”等富有三台特色的品牌,已成为三台劳务开发的名片。该县对回乡创业人员从土地、资金、项目等方面加大扶持力度,县财政每年投入3000万元进行基础设施建设,定期或不定期派人到外出务工人员较多的企业开展慰问活动,宣传回乡创业政策和项目,积极支持、引导外出务工的成功人士返乡创业,鼓励他们创办经济实体。目前,全县已有以固定实业公司为代表的回乡创业企业400余户,回乡创业种植、养殖、加工大户达2400多户。2007年全县共转移劳动力35.7万人,组织化输出达到11.32万人,实现劳务创收28.5亿元,劳务创收超过农民人均收入的40%①。

南充市嘉陵区通过以下措施,扎实推进劳务开发:一是整合资金,打造品牌。该区整合劳务扶贫、劳动就业、财政补助等培训资金400余万元用于农民工培训,集中打造“川妹子”、“川厨师”、“川缝纫”三大劳务品牌。二是强化培训,提高技能。大力实施“百万农民工技能培训工程”和“劳务品牌培训工程”。全年共培训劳务工4万人次,其中职业技能培训14128人、品牌培训7928人、引导性培训2万人;累计培育“嘉陵技工”1.21万人。三是“送培下乡”,推荐就业。该区在大通、金凤等28个乡镇开班设点,不定期举办缝纫、厨师、家政、计算机等行业和工种的技能培训班;培训合格后,推荐到广东、浙江等地的知名企业务工,就业率达90%以上。2007年全区实现转移和输出农村劳动力19万人次,劳务

① 参见《绵阳三台县劳务经济挑起农民增收大梁》,四川省人民政府网站:http://www.sc.gov.cn;《三台县2007年劳务创收达28.5亿元》,三台政务网:http://www.my.gov.cn/santai。

收入达 12 亿元,人均劳务增收 134 元。①

内江市中区依托“内江市劳务输出中心”、“内江市技工校”、“内江市城市建设职业学校”、“内江市八益职业技能培训学校”、“内江市保安培训中心”等 5 家培训机构,积极开办厨师、建工、保安、家政等培训班,大力打造“甜城厨师”、“甜城保安”等劳务品牌。建立维权服务平台。广泛开展“实现就业、稳定就业、我们真情相助”、“进城务工、帮你解难”、“春风行动”等专项惠民就业行动。引导和帮助农民工增强法律意识,畅通农民工利益诉求渠道。严肃查处扰乱劳动力市场秩序的违法行为,依法保障农民工职业安全。开拓回乡创业平台。实施外出务工人员“回引工程”,积极为外出务工人员返乡创业营造良好的政策和服务环境,鼓励和扶持外出务工人员返乡创业,回引了乐贤机械加工厂、龚家铸造厂等企业。2007 年,该区输出劳务 9.93 万人,实现劳务收入 4.17 亿元。②

县域经济的发展滞后,严重影响了农民的经济收入,就业压力增大又进一步加剧了社会的不稳定因素。因此,县域经济的发展不仅是经济问题,更是一个严肃的政治问题。为此,任重而道远,我们必须从长远角度考虑,提出合适的、针对性较强的发展措施,这就首先需要对四川县域经济发展的制约因素进行分析。

三、四川县域经济发展滞后的原因分析

从 GDP 数值本身进行分析,我们了解到四川县域经济发展的

① 参见《南充嘉陵区扎实推进劳务开发收入达 12 亿》,四川省人民政府网:http://www.sc.gov.cn。

② 参见《内江市市中区构筑劳务平台实现劳务增收 4.17 亿元》,四川劳动保障网:http://www.sc.lss.gov.cn。

现状及问题。任何经济问题的出现都必然是在一定的社会背景之下产生的，因此，经济问题的分析和解决也只有还原到宏观社会背景中去，才可以更好地对其原因及制约因素进行剖析，以便提出针对性较强的改进策略。从社会环境进行分析可知，造成四川县域经济发展出现种种不容乐观倾向的原因是多方面的。

（一）县域经济发展的外在动力条件不佳。这主要涉及县域经济赖以发展的自然、经济和社会环境资源条件等问题

1. 自然资源的限制。四川县域经济落后有其客观原因，即自然条件、地理区位、经济基础的差异制约了某些县域的经济发展。自然条件、地理区位、交通通讯的制约，对县域经济的发展制约很大，如 31 个盆周山地县由于自然条件的限制，基础设施相对落后，贫困人口比重大，第一产业比例最高达 32.2%，个别县高达 66.4%，人均 GDP 仅仅为 3207 元，不到平原县的三分之一；而 66 个丘陵县人多地少，地下资源相对贫乏，人均财政收入只有 90 元，仅为平原县的 26.7%，非农业人口比重仅为 15.1%；31 个川西北高原县基础设施普遍薄弱，经济单一，农业很不发达，农民人均收入只有 991 元，仅为平原县的三分之一。①

自然、地理、经济等条件使得四川县域经济的发展很难吸引外来人才、资金、技术等资源。在 2006 年由位列中国县域经济百强县之首的江苏江阴承办的中国东西合作暨县域经济发展研讨会上，中国区域经济学会副会长、中国社会科学院西部发展研究中心名誉主任陈栋生教授曾指出②，中国地大物博，经济发展东强西弱。其中一个比较重要的原因就是近六年来长三角、珠三角地区

① 参见吴祥云等《四川县域经济研究》，《软科学》2004 年第 4 期。

② 参见中国新闻网："http://www.chinanews.com.cn/cj/gncj/news"。

经济发展处于“高梯度”层面，有着资金、技术、人才和经营管理的优势，而处于“低梯度”的西部地区有着广阔的天赋资源、廉价的劳动力和潜在的大市场。如何开发潜在市场，让四川县域经济动起来？陈栋生认为，“水不平则流”，中国要打破行政区划的局限，在市场体制下实现生产要素在区域间自由流动，引导东部产业向西部转移，实现“互利双赢”，变起步时的“输血”为“造血”功能，共同做大分享“经济蛋糕”。同时，县域经济在新时期的竞争将日益激烈，“江阴现象”值得研究和探索。西部地区要实现全面小康，最大的难点在县域，随着东西合作的深层次协调互动，中西部地区具有资源和区位优势的强县将迅速崛起，改变县域经济百强县的格局。这样，四川县域经济的发展必须在借鉴其他地方经济发展经验的基础上，明确认识，充分利用强县资源，挖掘发展潜力，以个别地市的资源和区位优势获得自身发展，并进而扩展、带动其他各个县市的县域经济发展。在利用自我的比较优势基础上创造而出的特色经济必然具有强力而持久的发展潜力。

2. 资金投入严重不足。长期以来，国家投资主要往城市和工业倾斜。这种投资模式长此以往，对于农业经济的发展来说极为不利。农业和农村基础设施建设需要大量资金投入，但是国家投资方向的倾斜使得这些资金一般是依靠农民筹资投劳的方式进行融资。即使是在实行积极财政政策的大环境下，国债项目落实到县域的份额也不足1%。国家直接投资有限，导致农业经济长期以来缺少持久动因，动力极为不足。同时，县域的融资渠道也较狭窄，这又进一步恶化了农业经济发展的融资环境。在县域内，金融投资机构单一，仅限于部分国有商业银行和信用合作社，而有限的投资机构，其投资的主要业务也不能够给农业经济提供外来经济投资支持。其主要目的是为工矿企业提供流动资金和发放农业生产急需的短期贷款,而无力支持关系县域经济长远发展的重大项目建设。随着国有商业银行的布局调整,建行、工行、中行等已经或即将从部分县域退出。今后县域经济的融资渠道有可能进一步萎缩,这必将严重影响四川经济的资金积累、周转和利用。

3. 工业化进程滞后,城市化进程缓慢。四川县域的工业化进程明显滞后。目前,全省范围内县域经济中第二产业的比重仅为37%,比全国平均水平低12个百分点。① 其中,特别是农产品加工业发展滞后,缺乏能发挥带头作用的龙头产业,影响了农业的产业化进程,农业的商品率、劳动生产率和科技水平也因此不能迅速提高。工业化进程滞后还造成大多数县缺乏大宗税源,县级财政十分困难,也制约了农村剩余劳动力的转移,加剧了城镇就业困难,影响了城乡居民收入的提高。工业化进程滞后使得大量劳动力滞留农村,城市化进程滞后,城镇化水平低。

城镇化是农业人口向城镇转移的过程。小城镇能对县域经济的发展起到巨大的推动作用,主要体现为以下方面。第一,小城镇是城市化的推进剂。据世界银行估计,城市化水平每提高1个百分点,至少能带动GDP增长1.5个百分点。② 二是小城镇是农村剩余劳动力转移的蓄水池。实践证明,农村剩余劳动力的成功转移不仅可以增加农民收入,而且能促进农村的经济发展和稳定农村社会秩序。三是小城镇是城乡协调发展的平衡杆。2005年四川省县域城镇化率仅为33%,比全国水平低9个百分点,明显落

① 参见《加快四川县域经济发展的研究报告》(一),重庆经济信息网:http://www.cq.cei.gov.cn。

② 参见《聚焦新农村建设:城市化的本质是关爱农民》,中国农业网:http://www.zgny.com.cn。

后于全国平均水平①。2007年,全国城镇化率达到44.9%左右②。同时,四川城镇的规模普遍偏小、全省建制镇城区的平均人口为4000人左右,远低于全国6000人的平均水平。③ 这些数字表明,四川省县域城镇化水平较低,同时,四川的城镇分布很不平衡。四川的城市主要集中在成都平原县域,川西高原和川西南山地城市分布十分稀疏。

城市化进程滞后,延缓了城乡二元结构的改造,形成城乡消费断层;大量剩余劳动力滞留农村,导致人地关系高度紧张,阻碍农业生产力的变革和农业劳动生产率的提高;阻碍了第三产业的发展,使这些地区缺乏有效带动区域经济发展的增长因素,城乡差距日益扩大,给社会稳定与和谐带来不利因素。最为重要的是城市化进程缓慢的区域经济发展所需的资金、人才和技术较为匮乏,而又无法顺利引进。即使在引进一些工业发展项目的时候,也存在较多的短期行为,导致农村生态环境的破坏。

4. 对外开放滞后。四川的外贸依存度不仅远低于东部地区和全国平均水平,甚至低于西部地区的平均水平,外资利用度不到全国平均水平的一半。而能够吸引到的外商投资相对集中,主要集中在基础设施和自然条件较好的成都、德阳、绵阳、乐山等地区,而丘陵县、盆周山地县和川西北高原县还没有形成规模或基本上没有起步。四川对外贸易开放性的滞后不仅体现在对国外开放明显滞后,还表现为对于国内其他区域的开放也是很不理想的。经

① 参见四川省统计局:《四川人口与经济发展研究》,四川省人民政府网站:http://www.sc.gov.cn,2008年3月26日;《人民日报海外版》2005年5月12日。

② 参见新华社2008年11月4日电。

③ 经济研究参考课题组:《加快四川县域经济发展的研究报告(一)》,重庆经济信息网:http://www.cq.cei.gov.cn。

济发展的规律一再表明,如果经济发展处于相对封闭状况,必然会影响经济的持久发展。四川经济对外开放的滞后,不仅影响了四川省对资金、技术、人才等短缺资源的吸纳能力,也影响了资源配置效率的提高和企业经营机制的转换。

5. 干部存在短期行为。由于现行干部考核任用办法存在的缺陷,很多干部为快出政绩,急功近利的短期行为较为突出。特别是在贫困地区,为调动干部的积极性,县委书记的平均任期不到两年,进一步助长了干部的短期行为。加之政企不分的问题在县属企业中仍较突出,形成了"企业干部围着政府转,政府官员围着帽子转"的特有现象,严重制约了县域经济的健康发展。

6. 县级政府缺乏必要的调控手段。随着上级政府垂直管理部门的逐步增多,县级政府调控县域经济发展的手段相应减少,政策协调的难度不断加大。此外,四川省大多数县的县级财政都十分困难,在行政事业人员的工资难以兑现的情况下,县财政根本无力增加建设性投资和扶持当地企业的发展。

(二)县域经济发展的内在动力条件不佳

县域经济发展的内在动力条件不佳,这主要针对县域经济发展所依赖的主体条件等内在的发展因素而言。

1. 县域经济发展依赖的农业水平较低,国有、乡镇、集体企业素质不高,发展后劲与其他省份相比稍微显得不足。四川属于人口大省,而经济发展又较为偏重农业经济,因此,农业的经营方式及发展质量对于县域经济的发展至关重要。然而,四川省内县域经济较为依赖的传统农业效率低下,给县域经济的发展带来较大阻力。当前,四川省大多数县域为农业县,农业生产方式依然以传统农业为主,生产效率和经济效益偏低。2003 年,县域经济中,第一产业的国内生产总值在三类产业中比重为 31%,高于同期全省平均值11个百分点①。传统农业效率低下主要表现在以下几个方面:一是农业生产方式落后,技术进步缓慢;二是片面追求农产品产量和数量增长,对市场需求结构变动,以及随之相关的农产品质量与产业结构调整的关注不够;三是农业产业化步伐缓慢,农业产业链条短,农产品深加工程度低,市场竞争力较弱;四是生产分散,规模效益低;五是农村劳动力文化素质低。以上状况导致县域经济基础薄弱,农民增收困难,对经济的发展形成严重制约。

农业发展的相对滞后已对四川县域经济的发展形成较强的束缚,而四川国有、乡镇、集体企业素质不高,也无法对县域经济的发展带来新鲜活力。自从我国实行改革开放政策以来,企业的发展摆脱了计划经济制度的约束,开始自由而有序地发展,但是自由的同时也意味着外在可依赖力量的弱化。这种情况下,如果企业不能改变以往心态,不能创建出灵活多样的经营机制,提高和完善自负盈亏的能力,那么企业在目前竞争极为激烈的市场现状及发展前景下,很难获得发展。企业只有自主调整产业和产品结构,更新技术装备,提升企业管理水平,才可以提高在市场上的竞争力。县域经济的发展包含着多种经济成分,而在四川范围内,乡镇企业和县属国有、集体企业是我省县域经济的两大重要支柱。但是这些企业却没有形成强有力的竞争实力,却因技术、管理等问题使县域经济的发展面临着前所未有的市场竞争力。就乡镇企业而言,四川省的乡镇企业同样是在20世纪80年代初中期,短缺经济和体制夹缝中成长起来的,因此,也不可避免地出现因低层次过度竞争带来的小而散、小而低的产业产品结构趋同现象,产品结构的雷同

① 漆先望、吴学刚:《四川县域经济发展的现状及主要制约因素分析》,《四川省情》2003年第4期。

使得这些企业在四川省内彼此之间相互竞争，超高的竞争强度，低质量的竞争环境，很难形成精致的品牌产品，在对外经济合作与竞争中缺乏实力，造成县域经济的被动发展局面。

与此同时，大部分乡镇企业素质较低，技术装备落后，管理水平低，职工素质不高，产品质量较差，经济效益也比较差。随着短缺经济的结束，国有企业改革的深化，在产品普遍供大于求的情况下，市场竞争成为品牌和质量竞争，这样乡镇企业机制灵活的优势正在逐渐丧失，难以再有蓬勃发展的局面，其增长速度已从“八五”期的50%下降到1997年的25%。① 而许多县属国有和集体企业则因为包袱沉重，历史积累的矛盾众多，更显得难以为继。在如此激烈的竞争环境之中，四川省由于主要企业仍然不具备较强的竞争实力，这就造成了四川县域经济实力仍然落后于其他省市的现状。

除此之外，四川县域经济发展遭遇到的不足之处还体现在中小工商业的发展不足上。② 县域中工商业是支撑县域经济发展的重要力量。但是，四川省县域中工商业的发展远远不足，尤其在盆周山区和川西高原工业发展严重滞后，使县域经济产业结构层次不高，人均财政收入低，居民收入水平和储蓄余额与全省平均水平相比差距很大。其中原因最主要体现在两个方面：一是工业在县域经济中的比重过低；由于工业比重过低，导致县级财力十分薄弱。二是支撑县域经济的乡镇企业由于市场环境变化和竞争强度的加深，普遍表现出市场的不适应性，加之规模小、产品档次低、管

① 漆先望、吴学刚：《四川县域经济发展的现状及主要制约因素分析》，《四川省情》2003年第4期。

② 张婷、徐少华：《四川县域经济发展新思路》，《农村经济》2005年第8期。

理水平低，产品缺乏竞争力，导致乡镇企业效益普遍滑坡，陷入生存困境。上述两方面的影响导致财政收入拮据，2003 年全省县域经济地方财政缺口高达 218 亿元。

2. 四川县域经济的发展很多地方缺少科学的战略规划。四川的县、区、市大多数都没有制定切实可行的战略发展规划。有的县虽然有了规划，但是过于简单，缺少科学性与可操作性。有的县发展战略缺少与市、省发展战略规划的衔接与配套。不少县的发展战略规划产业雷同，个性不突出，特色不明显。战略规划的缺乏较为典型的体现在四川县域产业结构不合理上。我国第一产业的比重在 1995 年下降到 20% 以下，标志着工业化进入了中期第二阶段，也就是说我国三类产业的结构所反映的工业化水平，已经达到了工业化的中后期阶段。而四川省工业化进程比全国慢了一拍，三次产业结构为 22. 2∶39. 7∶38. 1，县域的工业化进程更慢。①

3. 技术和人才严重短缺。在所有的能够促进生产力发展的因素当中，人是最为活跃的也是最根本的因素，即使有优裕的经济发展环境作为支撑，缺少人才经济发展仍然无法持久。在所有的劳动要素之中，劳动者是其中最为活跃，最具有积极性的因素，劳动者自身所具有的主观能动性，可以有效地克服外在资源限制等种种困难，实现物质资源的合理配置和改造。基于人才因素对县域经济发展的重要性，我们把它单独列为一节内容阐述。

从以上我们对于四川县域经济发展的内外因素进行的分析来看，四川县域经济面对着种种发展局限，致使四川县域经济仍然在全国处于相对弱势地位。不过，从世界各国经济发展历史以及我

---

① 参见张婷、徐少华《四川县域经济发展新思路》，《农村经济》2005 年第 8 期。

国其他各个省份的经济发展经验来看,人才特别是职业教育培育而出的熟练职业技术工人的数量和质量将可为经济发展注入一股新鲜而强劲的发展活力,人力资源的开发必然能够为县域经济发展雪中送炭,进而实现人力资源与县域经济发展双赢的局面。

第三节 四川人力资源开发与县域经济发展

在所有的能够促进经济发展的因素之中,人才是最为关键的因素,而在所有能够影响县域经济发展的因素之中,人才起着至关重要的作用。目前,统观四川县域经济发展的人才素质条件,人才素质不能满足县域经济发展,不能为其发展提供更强动力,是县域经济发展中的莫大缺憾。

一、人力资源对县域经济发展的支柱作用

人才对经济发展作用极其关键。马克思曾经指出,在所有的生产要素之中,劳动力是社会财富创造中最积极,最活跃和具有决定性的因素。劳动力是具有主观能动性的个体,对外在物质环境可以有效地进行利用和改造,这种改造的合理性程度最终取决于劳动者的素质水平。邓小平曾说:“我们国家,国力的强弱,经济发展后劲的大小,越来越取决于劳动者的素质。”①对此观点,美国经济学家,诺贝尔奖获得者舒尔茨从理论上进行了论证,经过统计分析,他指出,美国在所有能够增加国民收入的因素中,1967 年的教育投资所作出的贡献可以占到 32%。在 20 世纪 60 年代提出一个重要论断:人的知识、能力、健康等人力资本的提高对经济增

① 《邓小平文选》第 3 卷,人民出版社 1993 年版,第 120 页。

长的贡献,远比物质资本、劳动力数量的增加更为重要。① 可以说,人力投资的增长无疑已经明显地提高了人们的工作质量,这些质量上的改进也已成为经济增长的一个重要的源泉。因此,他主张大力进行人力投资,提高劳动者素质。

劳动者素质主要指劳动者的文化素养、科技知识、专业水平、职业技能、创新能力、职业发展潜力,以及与此相联系的职业道德、职业态度等。从广义上讲,还包括劳动者的身体素质、心理素质、智力素质。其中,智力素质的作用越来越突出。职业技能集中体现着劳动者对知识与技术掌握和应用的程度,也是劳动者素质的重要外在体现,是现代经济发展中最基础的、最根本的因素。

二、我国劳动力素质较低,人才状况堪忧

人才问题解决的重要性和迫切性可从几组数据对比中看出:②

其一,据统计,自1990年以来的10年中,OECD(经济合作组织)主要成员国的科技成果转化率为50%,国民收入增长中60%~70%是以技术与知识为基础的;美国生产率总要素中,技术与知识的增长因素占80%。而我国科技成果的转化率仅为15%,科技进步对经济增长的贡献仅为29%。因此,在权威机构对世界部分国家国际竞争力的评价中,虽然中国国内的经济实力排名第2,但科学技术仅排名第28,国民素质排名第35。

其二,联合国教科文组织的研究成果显示:劳动生产率与劳动

① 转引自蓝颉《正确把握人力资源管理与人力资本储备的关系》,新浪网:http://finance.sina.com,2005年8月23日。

② 张小建:《劳动技能亟待提高(专论)》,《人民日报》2001年12月27日。

者文化程度呈高度正相关。与文盲相比,小学毕业可提高生产率43%,初中毕业可提高108%,大学毕业可提高300%。欧美发达国家的文盲率一般为总人口的5%以下,而我国文盲半文盲率为12%;青年受高等教育比例,发达国家在30%以上,美国高达70%,而我国仅为3%。

其三,联合国教科文组织还将国民的科技文化素质作为衡量经济现代化的重要标准之一。根据中美公民科学素养调查资料,具备理解科学知识水平的:美国35.7%,中国30.1%;具备理解科学过程水平的:美国13.3%,中国2.6%;具备理解科学影响水平的:美国26.4%,中国1.9%;具备科学素养的:美国6.9%,中国0.3%。

其四,国际劳工组织的研究成果显示:劳动者的技能水平对经济发展具有决定性作用。发达国家的技术工人构成,高级技工占35%以上,中级技工占50%,初级技工占15%。在我国,高级技工仅为4%,中级技工为36%,初级技工为60%。

20世纪90年代,我国火箭发射几次失败,主要原因不是出在显示高科技水平的发射和设计等方面,而是出在诸如焊接等技能性问题上。这再次说明应重视对基层技术技能人才的培养和使用。

美国将其新经济的发展归功于高科技的应用和管理科学的成熟两个因素;日本将先进的生产技术与先进的管理视为经济发展的两个车轮。20世纪90年代以来,大量新兴的技术、知识型产业的发展,使人们更感到,管理人才和科技人才确实是各国经济发展和国力竞争的战略高地。

虽然,目前我们已经认识到人才对经济发展的重要作用,但是在我国,劳动者的整体素质与现代经济发展的要求相比,已出现相当大的差距。在现实经济生活中,技术技能人才的匮乏,技术工人的后继无人，劳动者整体素质的不高，已成为制约我国经济发展的重大瓶颈。

从总体上看，我国工业水平、技术含量以及产品质量与发达国家的差距，集约农业和现代服务业与发达国家的差距，都集中反映在劳动力的素质上。我国劳动生产率只相当于发达国家的几十分之一；单位国民生产总值能源消耗，相当于日本的5倍，美国的2.6倍，德国的3.6倍。① 在制造和组装业方面，我国引进国外先进的生产线，购置全套零配件，而汽车和电器质量却远不如进口原装产品，原因就在于生产环节操作人员的技术技能水平存在问题。在经济结构调整中，许多企业老技工流失，又没有培养新技工，导致生产陷入被动。最典型的就是重工业城市沈阳，在经济重新起飞的过程中由于技术工人青黄不接，导致虽有生产订单，却难以组织生产。更加迫在眉睫的是，我国加入WTO后，要参与国际竞争，如果没有高素质的技能劳动者，产品质量就难以提高，民族工业就难以生存。

党的十五大报告指出，“培养同现代化要求相适应的数以亿计高素质的劳动者和数以千万计的专门人才，发挥我国巨大人力资源的优势，关系二十一世纪社会主义事业的全局。”联系人才对经济发展重要性的认识，我们必须要看到，技术技能人才与科技人才、管理人才是国家宝贵的人才资源。从我国经济发展的现实需要出发，为了增强21世纪我国经济发展的后劲、实现我国经济发展第三步战略，我们必须加大培养技术技能人才的力度，全面提高数以亿计的劳动者的整体素质。这是经济发展的核心竞争力。

---

① 参见张小健《劳动技能亟待提高（专论）》，《人民日报》2001年12月27日。

三、四川县域经济的发展亟须提高人才质量

从县域经济发展本身来说,劳动者素质制约着经济的发展,同样也是至关重要的。在这方面,苏南县市的经验值得思考。苏南除农业外,其他自然资源相当匮乏,然而在人才资源上,苏南却得天独厚,他们采取的办法是运用培养、引进和起用并举的人才资源开发手段,以达到大力促进经济发展的目的。苏南是我国民族工业的主要发祥地之一,在长期的经济发展中培养了一代又一代属于自己的技术和管理人才,他们更会利用和引进各类人才,包括能工巧匠。他们充分发挥依托上海、南京、苏州、无锡、常州等大中城市的优势,与其大专院校、科研单位及国有企业建立广泛的横向联系,像海绵吸水一样吸取自己所需要的人才、技术、资金、设备等,来推动经济发展。无锡县每年从大中城市聘请长期使用的技术人才、离退休工人多达两千人,沙洲县 69 个乡办骨干企业,就有 60 个同 120 多个国营大厂、大专院校、科研单位建立了定向的科技、人才横向联合。1988 年,沙洲县的工农业总产值高达五十亿元。① 苏南不但会引进人才,还会利用人才,充分发挥他们的聪明才智,苏南的人才留得住,用得活,不会发生人才浪费现象。苏南还历来重视教育、培训,劳动者的文化技术水平普遍较高。他们能用人工之巧,人才之智,补充矿产资源、原材料和能源之不足,这一切可充分说明苏南的经济发展得利于人才,得利于人才的培养、引进和使用。与此相比,四川县域经济发展缺少相应的人才资源。这主要体现在以下几个方面:

① 参见李廷东《借鉴苏南经验,加快县域经济发展》,《广西经济》2004 年第 10 期。

(一)县域教育水平低,劳动力的文化素质普遍不高

1. 四川目前九年制义务教育完成率为60%,余下的40%主要分布在县域的农村。2005年1%人口抽样调查资料显示,全省常住人口中,有大学文化程度(指大专及以上)的人口为279万人,占人口总数的3.4%;高中文化程度的767万人,占9.3%;初中文化程度的2720万人,占33.1%;小学文化程度的3314万人,占40.4%。与2000年相比,大学文化程度的人口增长37.6%,高中增长23.2%,初中增长12.9%,小学下降6%。"十五"时期,具有大学和高中文化程度的人口虽然增长较快,但四川省常住人口中,87.3%的人口都是初中及以下文化程度,而全国大学文化程度的人口占5.2%,高中占11.5%,初中及以下占83.3%,全国大学、高中文化程度的人口比重分别比四川高1.8和2.2个百分点,初中及以下人口比重低于四川4个百分点。过早就业失去了接受进一步受教育的机会,教育滞后的长期积累,从而导致全省人口整体素质偏低。从另一方面看,四川省大学文化程度的人口仅占全国的1.8%,与占全国6.3%的常住人口、5.9%的劳动力资源、6.2%的就业人员和4.1%的经济总量极不相称,形成强烈的反差,也说明了四川省人口素质与就业要求和全国水平相比还存在较大差距;同时,四川省90多万城镇失业大军中,80%左右都是初中以下文化程度。① 劳动力素质受人口素质的制约,人口素质低直接反映到劳动力素质上,随着科学技术发展的提速,劳动生产率大幅度提高,工作岗位会减少,劳动岗位竞争将更加激烈,将会有一部分就业者和失业人员不适应现代产业发展和市场变化的要求,在竞

---

① 参见《加快四川县域经济发展的研究报告(一)》,重庆经济信息网:http://www.cq.cei.gov.cn。

争中处于不利地位，出现“有事无人干”和“有人无事干”的“人”“岗”错位现象，从而加剧就业的结构性矛盾。

2. 四川主要人口集中在农村。全省农村人口占总人口的79.7%。农村人口文盲和半文盲较多，劳动力素质尤其让人担忧。以南充市为例，南充市现有总人口726万人，其中农村人口577万人，贫困劳动力43万人，剩余贫困劳动力15万人，剩余贫困劳动力转移培训的任务十分艰巨。我市农村贫困劳动力中，文盲或半文盲占5.9%，小学文化占35%，初中文化占46%，高中文化程度占13.1%，参加过职业培训的仅占8%。① 农业人口素质的低下给农业经济的发展造成很大阻碍，最为明显的体现就是中国农业劳动生产率低下。② 过多地滞留在农业中的劳动力人口、农业的集约化程度不高，决定了中国农业劳动生产率低下。中国平均每个农业劳动力生产的谷物，1994年为766公斤，只相当于世界平均水平（1515公斤）的50.6%，美国（101125公斤）的0.75%，日本（4106公斤）的18.6%。平均每个农业劳动力生产的肉类为91公斤，只相当于世界平均水平（155公斤）的58.7%，美国（9294公斤）的0.98%，日本（857公斤）的10.6%。中国农业劳动力的平均产值，按美元（1979～1981年价）计算，1991年仅为422美元，相当于世界平均水平（1080美元）的39%，日本（4547美元）的9.3%，美国（51561美元）的0.8%。同时农村劳动力素质低，也制约着农业的产业升级。中国的农村劳动力素质同发达国家相比差距悬殊。1997年每百万农业人口中有科研人员数为77人；相

① 南充市扶贫开发领导小组文件，南市开发〔2005〕18号。

② 刘颖、陈春燕：《论加大农村剩余劳动力转移的力度》，《当代经济研究》2002年第12期。

当于世界平均水平(137人)的56%,发达国家平均人数(2458人)的3.1%。美国的农场主大多数是各州立大学农学院的毕业生,西欧国家的农民除文化水平外,还要经过专业培训并考试合格领到“绿色证书”后,才能正式成为农民。而我国具有中专文化程度以上的劳动力仅占农村劳动人口的2.5%,①这种现状对于未来在农业发展过程中新科技成果和现代化生产工具的推广使用、农业产业结构的调整等方面都构成巨大障碍。

(二)县域的科研基础薄弱,缺少人才培养和科研开发的必要条件

以四川省资中县为例,该县至今没有形成汇集高等院校、科研院所人才智力资源广泛参与经济建设,与国内知名的高等院校紧密合作,推进产学研结合的机制体制,不能有效提升资中县发展的科技进步与创新能力。据内江市的《发展环境调查》资料显示,虽然资中的发展环境在全市排名第二,但在100总分中,得分也只有70多分,发展环境还急需优化。科研环境相对较差,科研基础的薄弱导致四川自身科研人才的缺乏。

(三)投资环境和生活条件较差,难以吸引和留住县外的技术和人才

农村劳动力素质的低下,制约着县域经济的发展,而县域经济发展的落后又反过来影响对于外来人才的吸引,甚至曾被吸引过来的人才由于各种原因而纷纷离去,很难留住。可以说,人才流失是整个西部地区都面临的严峻挑战。

四川大学和四川科技促进发展研究中心曾针对四川人才的流

---

① 参见刘颖、陈春燕《论加大农村剩余劳动力转移的力度》,《当代经济研究》2002年第12期。

失情况做了一份调查报告,名为《四川省青年高级人力资源现状及开发管理对策》,这项调研报告曾被推荐为四川省第十次哲学社会科学优秀成果二等奖。调研报告指出,四川长期以来一直承担着人力资本的投资,国内外发达地区却获取人力资本投资收益,仅电子科技大学毕业生就有700人流向美国硅谷。西南财大与英国保众公司联合培养的第一届保险会计研究生,国内保险机构没有留下一人,该校培养的第一届工商管理(MBA)硕士研究生西部地区没有留下一人,全部到了沿海城市或出国;而四川省青年科技基金完成资助的61名优秀青年科技人才,已先后有13人出国或调动出省。①

调研报告的主持人四川大学教授徐玖平认为,四川青年高级人才外流现象严重的原因是在非均衡经济增长条件下,一些主导产业和部门集中于某些区域大城市以较快速度优先得到发展所造成的;另一方面,由于发达地区与其他地区在投资收益上存在差异,导致高素质劳动力、资金、技术等生产要素由后进地区向先进地区流动。

人力资源开发与县域经济发展是相辅相成,相互牵制而又相互促进的。人力资源的开发能够大幅度提高经济发展水平,而经济发展水平又将提升本地吸引优秀人力资源的力度。这样,人力资源与经济发展之间就可实现良性互动。但是,在两者都存在弱势的前提下,两者同样会形成恶性循环。四川以农业人口为主,落后的经济状况使文化发展也相对滞后,人才基础薄弱,在缺少相应的培养机制的情况下,又由于四川地理区域环境较差,难以吸引并留住人才。四川人力资源的缺乏使得原本发展不佳的县域经济更

① 参见《科大700精英流进硅谷》,《天府早报》2003年2月15日。

加动力不足。

第四节 四川县域经济发展的基本对策

以上我们对四川县域经济发展的众多影响因素做了粗浅分析,针对这些原因,我们提出发展四川县域经济的相关对策。

一、优化县域经济发展的外部条件

(一)加大对县域经济发展的扶持力度

1. 增加财政转移支付。结合农村税费改革,在争取中央财政支持的同时,省市(州)两级财政都要适当增加对县一级财政转移支付的力度,逐步减轻县级财政在义务教育方面的负担,大幅增加对国定贫困县、省定贫困县和财政困难县的教育经费补助。

2. 增加基础设施建设投入。(1)交通。加快国定贫困县连接国道的快速通道建设,尽早安排省定贫困县连接国道的快速通道项目。到2005年全省基本实现乡乡通公路,同时加快建设通村公路。(2)通讯。加强通讯设施和信息网络建设,积极发展电子政务和电子商务,加快政府上网、企业上网和农业合作组织上网的步伐。(3)电力。到2005年基本完成农村电网改造,积极推动国家电网与地方电网的资产融合,加快实现城乡用电同网同价。(4)水利。继续实施"治水兴蜀"战略,在重点抓好大型骨干水利工程建设的同时,省、市(州)两级要分别增加对中型和小型水库建设的投入,加强渠系配套,大力推广节水灌溉技术。(5)市政设施。在继续改善县城供水条件的同时,重点提高建制镇的供水能力。加快县城气化的步伐,努力提高城镇垃圾无害化处理的能力。

3. 拓宽融资渠道。(1)合理配置金融资源,在国有银行布局调整中,县一级的农业银行和工商银行原则上都应保留,建设银行和中国银行也应在业务量较大的县保留分支机构。(2)凡达到金融安全区条件的县,上级国有商业银行都应赋予县级支行一定的贷款权。(3)鼓励其他所有制银行和金融组织在县一级建立分支机构,在民间资本相对雄厚的县,鼓励民营资本按规定条件进入金融市场。(4)鼓励农村信用社增资扩股,支持有条件的信用社扩大服务领域,引导信用社调整贷款结构,满足农户和农产品加工企业的生产需求。(5)对县域内长期保持良好信誉的企业,银行应积极提供商业票据贴现服务。(6)积极建立中小企业信用担保体系,改善中小企业融资条件。(7)以生态环境建设、扶贫开发为重点,积极争取国际金融组织贷款和政府间的优惠贷款。

(二)完善县域经济的投资环境

县域经济在四川省国民经济中占有十分重要的地位和作用,据有关资料分析,2000 年四川省乡镇企业、个体私营经济和农业这三项主要属于县域经济的增加值约为2034 亿元,约占全省 GDP 总量的 51%,加快县域经济发展是四川省实现追赶型跨越式发展的重要途径。发展县域经济离不开金融信贷的支撑,但据有关资料,2000 年末四川省乡镇企业、个体私营经济和农业这三项主要属于县域经济的贷款余额约为 973 亿元,仅占全省全部贷款余额的约 24%,①四川省县域经济金融信贷的薄弱,已成为制约县级经济发展的重大障碍。分析近年来四川省县域经济金融信贷严重削弱的原因,主要有以下几点:

---

① 参见四川省经济发展研究院《当前四川省县域经济金融信贷严重削弱的原因与对策》,中华人民共和国国家发展和改革委员会网站:http://www.sdpc.gov.cn。

1. 清理整顿农村合作基金会,使县域经济金融信贷釜底抽薪。产生于20世纪80年代的农村合作基金会,曾经对四川省县域经济的发展发挥过重要的促进作用,但由于体制和机制方面的原因,其最终走向了反面,成为影响金融安全和社会稳定的重大隐患。因此,中央决定清理整顿农村合作基金会是十分正确和必要的。但因此也产生一些较为严重的负面效应,最为突出的就是造成乡镇及农村金融信贷严重削弱,有的地方基层几乎形成金融信贷的真空,其对县域经济发展的影响不容忽视。

2. 金融机构信贷业务权限上收,使县域经济金融信贷明显萎缩。近年来,国家大力推进国有商业银行的企业化改革,银行对经营的风险和盈亏意识大大增强。为了降低不良贷款比例,减少信贷风险,银行的信贷业务权限不断上收,而且至今仍在继续强化,同时,各级信贷人员为了规避风险、规避责任,宁可少放贷或不放贷。由此造成一个突出的负面效应,就是县域经济金融信贷的程序更加复杂化,县域经济金融信贷的业务量明显萎缩。

3. 国有商业银行传统的所有制观念不适应县属企业产权制度改革的进程。自1993年推广宜宾县经验以来,目前四川省县属企业产权制度改革已基本完成,百分之九十以上的原县属国有、集体企业改为了以民营为主的企业,从而不仅在很大程度上减少了县域财政的负担,而且有力促进了生产力的解放和发展。但由于国有商业银行传统的所有制观念至今并未彻底打破,对非国有企业的信贷不仅担心经济风险还担心政治风险。致使相当部分改制企业原有信贷渠道出现阻塞,制约了其进一步发展。

4. 县域经济金融信贷风险较大,中小企业信用等级较低。近年来,各商业银行均加大了信贷结构调整的力度,除增量资金主要投向高信用等级企业外,存量资金对低信用等级企业原则上也只收不贷,使资金由低信用等级企业向高信用等级企业转移,出现了信贷向少数行业和少数企业集中的趋势。而县域经济中以中小企业为主,其信用等级普遍较低,新的贷款拿不到,原有的贷款也还不起,由此形成恶性循环。

5. 中小企业贷款担保基金运作不力,未能发挥应有的作用。近年来,为了解决中小企业贷款难的问题,四川省及部分市相继建立了中小企业贷款担保基金。但由于体制、机制原因和规模小、收费高等原因,其对降低银行贷款风险、解决中小企业贷款难的作用十分有限,政府、企业、银行均反应较大,不仅企业取得担保的成本很高,而且取得担保占申请担保的比例很低。

当前四川省县域经济金融信贷严重削弱的状况,不仅造成当前县域经济运行的困难,而且将严重影响县域经济发展的后劲。为此,我们提出以下对策建议:

一是国有商业银行要彻底转变观念,淡化所有制意识,对民营企业要一视同仁。目前四川省县域经济大多以民营经济为主体,这种格局今后还将继续强化。有关资料分析,今后十年内,除了关系国计民生的重点行业外,大多数区域和行业都将逐步形成以民营经济为主体的格局。为此,国有商业银行必须彻底抛弃有意无意残留的所有制歧视,将金融信贷的重点逐步转向民营企业。

二是国有商业银行要适应加入 WTO 的要求,将贷款投放偏重大中型企业转向大中小企业并重。加入 WTO 后,我国的金融市场将逐步放开,而首先受到冲击的必然是城市金融市场和大额信贷客户。相对而言,量多面广的中小企业金融信贷市场是我们的优势所在。因此,从银行自身信贷市场的份额考虑,也应该加强以中小企业为主的县域经济金融信贷业务。

三是在保障金融安全的前提下,扩大农村信用合作社的业务,鼓励民间资本进入金融业。随着加入WTO和我国金融市场对外资开放,目前国家已经采取措施,多家以民间资本为主的商业银行相继成立,民间的有关基金也日益显化。为此,我们必须认清大局,力争先行,积极引导民间资本进入金融业,扩大农村信用合作社的业务范围,为县域经济金融信贷开辟更广的渠道。

四是开放式地发展中小企业贷款担保基金,使之按照市场机制运行,发挥出应有的作用。目前的中小企业贷款担保基金基本上靠财政拨款设立,由于财政实力有限,基金规模很小。而且由于基本上是财政拨款,因而运作上难免多采用行政手段。为此,应该在继续增加财政拨款的基础上,将现有中小企业贷款担保基金从政府职能中分离出来,实行公司制管理,同时吸收民间资本进入,壮大其资本实力,按市场机制运作。

五是县级政府要努力做好监督和服务,切实降低银行对县域经济金融信贷的风险。县级政府要坚决克服那种只管贷款不管还款的陋习,不仅要替县域经济着想,也要替金融机构着想,转变观念,采取措施,督导有关中小企业努力做到按时还款。同时,银行对按时还款的企业应予优待。有借有还,再借不难,以逐步形成信贷投放和经济发展的良性循环。

(三)加快农村剩余劳动力的转移

农村剩余劳动力滞留农村影响着农村现代化进程,对县域经济的发展带来阻碍。因此,我们要加快农村剩余劳动力的转移力度。

1. 有组织地扩大劳务输出。(1)加快培育和完善劳务市场,在各县普遍建立连通省内外的信息网络,及时提供劳动力供求信息。(2)加强职业技术培训,依托现有教育资源,重点加强对青壮劳力非农技能的培训,通过提高劳动力素质增加就业机会。(3)

加强对劳务输出的组织管理，在输出劳务较多的地方建立驻外劳务机构，完善劳务管理和跟踪服务，维护雇佣双方的合法权益。

2. 建立土地使用权与社保基金的置换机制。(1)推进土地使用权的证券化，继续试行转包、租赁、返租倒包、作价入股、互换、拍卖和抵押等各种行之有效的土地流转办法，在有条件的县积极组织土地使用权证有偿转让的试点。(2)在各县普遍建立公开的土地交易市场，按照“公开、平等、自愿”的原则，规范土地交易行为。(3)加强政府对土地交易的宏观调控，包括限定土地用途，确定最低保护价等。(4)限定土地经营权出让收益的用途，将相当一部分出让收益作为出让者的社会保障资金，直接划转给社保机构，使进城农民获得与城市居民同样的社会保障。

(四)加快城镇化步伐

1. 提高城镇化水平。我们应充分重视城市的辐射和带动作用，重点发展一批经济强县，提升一批经济发展中等县，帮扶发展一批穷困县，逐渐形成若干大城市——中小城市——县城——城镇——乡村的网络辐射经济圈。成都平原的市、县应扩大辐射范围，有效发挥经济增长极的带动作用。城市分布稀疏的地区应重视县城和城镇对广大乡村的辐射和带动作用。为了充分发挥城市的辐射作用，我们应以县城为中心规划城镇建设。(1)集中力量抓好县城的基础设施建设，有条件的地方，县城原则上都应按能容纳10万居民以上的规模统一规划，逐步实施。(2)抓好各县经济开发区的建设，引导非农产业依托县城镇集中布局。(3)系统规划建制镇的发展方向，同步规划连接县城镇与建制镇的快速通道，在县城与其他建制镇之间形成功能互补的组团式布局。(4)防止非建制镇盲目发展，减少土地占用，提高资源配置效率。

2. 加快小城镇建设。小城镇是指建制镇、乡政府所在地、人口集聚的集镇，它是县域经济的重要单元，是县域内第二产业、第三产业的集聚地和非农业人口的集聚地。加快小城镇的建设与发展，对于调整县域经济结构，促进第二、第三产业发展，增加就业机会，加快农村富余劳动力转移步伐，促进科技进步和信息交流，提高居民素质和精神文明程度，推动社会进步具有重要意义。加快农村居民向城镇迁徙。(1)鼓励农民进城定居，加大户籍制度改革的步伐，凡有稳定收入和固定住所的农村居民都应允许其到县城镇或建制镇落户。(2)抓好移民式扶贫。结合扶贫攻坚，鼓励贫困农户从不利于生产和生活的地区，迁到自然和交通条件较好的地区集中居住。有条件的应鼓励其直接到城镇落户。(3)不断增加城镇的就业机会和改善城镇居民的生活条件，吸引更多的农村居民进入城镇。

加快小城镇建设要做到与基础设施建设相结合，与二、三产业发展相结合，与农业产业化、现代化相结合，与市场建设相结合，与户籍制度改革相结合。加快小城镇建设与发展要做好规划，搞好试点，目前，试点镇达935个，占建制镇的52.2%，显然太多了，不仅起不到示范效应，反而会乱铺摊子，无法集聚人气、商气。

在加快小城镇建设之时，我们应该坚持规划先行，请专家作规划，规划要考虑近期和长远发展的关系；应该合理开发和利用土地资源，按不同发展模式确定用地标准，对不同类型的小城镇的用地需求区别对待，实现土地资源地最佳配置。对小城镇加强规范管理，提高城镇的管理水平。要彻底摒弃“重建设、轻管理”的思想；高度重视城镇的生态环境问题，切实提高城镇美化、绿化水平，注入人文精神，丰富城镇的文化内涵。

(五)全方位扩大对外开放

在继续加强基础设施建设的同时，采取多种措施扩大县域经济对国内外的全方位开放。

1. 积极改善投资软环境。(1)健全信用体系。尽快建立覆盖县域所有企业的征信体系,及时征集、查询和公布企业的信用状况。把包括商家信誉度在内的无形资产占注册资本的比例,由目前的20%提高到30%。在严格信用评估的基础上,允许企业以无形资产抵押贷款。对信用等级良好的企业,应扩大授信额度,并实行优惠利率。通过加强信用约束和变现信用价值,加快金融安全区建设。(2)规范市场秩序。继续完善经济执法部门管理的组织措施,加大打击假冒伪劣商品的执法力度,拆除阻碍商品交流的各种行政壁垒。(3)减轻企业负担。各级物价部门要严格控制行政事业性收费的价格标准,广泛推行价格听证会制度。加强对收费渠道的管理,有收费权的单位必须在政府指定地点公开、合法地向企业收取相关费用。(4)规范政府行为。政企严格分开,禁止企业负责人在党政机关兼职。避免干部短期行为,县一级党政主管原则上都应任满一届。坚持选贤任能,积极在党政干部任用中引入竞争机制。

2. 把资产重组作为招商引资的主要形式。在继续搞好项目招商的同时,更加积极地利用现有企业招商。除鼓励本县优势企业扩张外,要鼓励本县之外有实力的内资或外贸企业,通过兼并、收购、联合等各种方式对本县企业实施资产重组。各级政府和金融机构,要在职工安置、债务处理和税收减免等方面落实相关优惠政策。

二、大力推进农业、民营企业和乡镇企业等的发展

(一)调整产业和农业区域结构,实现农业的产业化、现代化、规模化经营

1. 调整产业结构

调整产业结构包括调整国民经济产业结构、农业产业结构和种植业内部产业结构。目前,四川国民经济的产业结构极不合理,第一产业比重过高,第二、三产业比重过低,2000年为23.6:42.4:34,而全国为15.9:50.9:33.2,与全国相比有较大的差距。① 县域的国民经济产业结构问题更加突出。第一产业比重更是偏高。

一般来说,县域经济的发展,要经历三个阶段。第一阶段是农业经济阶段,即GDP和财政收入的60%来自农业;第二阶段是工业经济阶段,即GDP和财政收入的60%以上来自工业;第三阶段是产业经济阶段,即GDP和财政收入的60%以上来自于第三产业。② 县域经济三个阶段的依次发展,是一种带有规律性的必然趋势,是一般县域经济发展的必经阶段和必然过程。因此,仍然处在农业经济阶段的县要振兴经济,必须尽快走过农业经济阶段,加速向工业经济、第三产业经济阶段转变。

当前,四川省大多数县处在农业经济阶段,准确地说应是不发达的农业经济阶段,其主导产业仍为传统的农业,工业甚至农产品加工业比重很小,经济效益差。对我省绝大多数县而言,工业化的任务远没有完成,发展工业仍然是这些县的主题。即使是较发达地区的县域经济也还只是处在工业化初期,必须把工业作为经济的主体来重点发展。如果只是一味地就农业抓农业,原地踏步,就永远走不出农业经济阶段。因此,四川省县域经济调整产业结构,除个别以旅游为主业的县外,应加大第二产业特别是工业的发展力度。

---

① 吴祥云:《发展县域经济的几个对策思考》,《决策咨询通讯》2003年第4期。

② 参见《推进宜昌"工业强市"战略的思路及对策研究》,湖北省发展和改革委员会网站:http://www.hbjw.gov.cn。

在第一产业内部也应加快结构调整步伐。当前,四川省农业发展已进入一个新的阶段,农产品供给由长期短缺变为基本平稳,丰年有余。在保证粮食安全的前提下,那些食品加工业不发达、粮食价格太低、出现了卖粮难的县份,应加快农林牧渔产业结构的调整,通过大力发展林、牧、渔业壮大农业经济,增加农民收入。那些宜耕地少,丘陵、高山、高原地带的坡地应加快退耕还林步伐。在种植业内部,在完成国家的粮食作物种植计划后,应扩大经济作物和其他作物的种植面积。

2. 推进农业产业化,调整农业区域结构

以家庭为单位的单家独户的农业生产方式严重影响了农业现代化进程。现代农业的显著标志是集约化、组织化和科学化的生产方式。因此,农业产业化正是推动农业组织化、集约化和科学化的基本形式之一。所谓农业产业化是指以国内外市场为导向,以提高经济效益为中心,对当地农业的支柱产业和主导产品实行区域化布局、专业化生产、一体化经营、社会化服务、企业化管理,把产供销、贸工农、科技紧密结合起来,形成一条龙的经营机制。农业产业化的基本特征包括市场化、集约化、社会化三个方面。它的经营模式主要有龙头企业带动型、中介组织带动型、批发市场带动型、特色产业带动型、农业园区带动型等。

(1)发挥优势,突出特色,实现一体化经营。可以说,农业产业化发展为农业结构调整提供了一种新的机制,我们可以通过利益纽带,把生产、加工、销售连接起来实行一体化经营,使农业生产结构、农村产业结构的调整与市场消费结构的变化有机结合,三者相辅相成,互为促进,顺应、满足农业结构调整的需要,促进农业生产的进一步发展。总体来看,四川省各个区域自然资源条件、社会经济技术资源条件和历史上长期形成的生产基础这些方面的条件存在较大差异，在农业结构调整中，应该坚持发挥优势，突出特色的原则，发展最适宜各地的农业生产，因地制宜地在一定区域内形成有特色的专业生产带。

(2)着重优先培养龙头企业，以其带动农业产业化的实现。在县域内，农业人口占了70%以上，在县域经济中，农业增加值占GDP的比重偏高。工业不发达，农业产业化程度太低是制约县域经济实力快速增强的主要原因。

农业产业化经营开辟了在小规模家庭经营基础上提高农业整体效益的新途径，通过农产品生产、加工、销售的有机结合，把一家一户的分散生产与国内外大市场连接起来，扩大农户经营外部规模，也有利于采用先进技术和物质装备，是适合中国国情的一种规模经营形式，是推进农业现代化的正确选择。目前，我国产业化经营组织有3万多个，带动农户3900万户，占全国农户的15%，显示了多方面的效益。① 但就四川省而言，农业产业化的推进并不理想。一个原因是不少县的领导对农业产业化的意义、作用认识不充分，甚至认为某种农产品种植面积达到了相当规模就算产业化了，只满足于下指标，而缺少全盘规划、政策支持、组织指导、具体实施。

实行产销合同制，通过签订产销合同，明确双方的权益和责任，规范各自的行为，遵循市场经济规律，加强规划和引导，这是农业产业化经营健康发展的根本保证。作为一级政府，要充分尊重农民的意愿，保护好企业的生产经营自主权，使企业和农户真正成为农业产业化经营的主体。

---

①　参见《我国已有9.4万个新型农业产业化组织》，文成农网：http://www.wcnw.gov.cn，2004年1月29日。

另一个原因是缺少龙头企业的带动。在当前情况下,实践证明,龙头企业带动是实现农业产业化的最有效的途径。龙头企业可以是农产品生产加工企业,也可以是商贸流通企业,也可以是中介组织。龙头企业肩负着带动农户、开拓市场、科技创新和促进区域经济发展的重任,龙头企业的成败直接关系到农业增效、农民增收和农村稳定。

龙头企业带动本地区的农业产业化在全国已出现了不少成功的典型。河南省的莲花集团建厂18年来,吸收和带动了3万农民就业。由莲花集团带动,在当地已形成了优质小麦—味精—饲料肥料—黄牛—肉奶—皮革制品的生态大循环和产业链。带动周边地区建立了150万头的黄牛基地,可使30万户100万农民从种植业转向畜牧业,并使农民年均增收300元。①

四川绵阳的光友薯业公司,到2000年,已在绵阳6个县市建立高淀粉红薯商品基地乡镇36个,基地面积达6万亩。2001年基地面积又扩大到14.5万亩。近5年来,公司为薯区农户新增产值3亿多元,创利税8000多万元,带动60多万农民走上了种薯增收致富之路。欧阳晓玲打造的四川华蓥山黄花梨有限公司一举将南充市郊的凤垭山2500亩荒山包租,以每亩600—800斤粮食向农户支付土地租金,同时又以每天10—20元的价格请农民打工。农民每亩土地收入约1500元。② 但总的来讲,四川能带动农业产业化发展的龙头企业一是数量太少,二是规模不大,三是产业链太短。所以培植龙头企业是当前推动农业产业化的当务之急。

---

① 参见国家统计局河南调查总队《河南农业产业化加速推进农产品品牌优势显现》,国家统计局网站:http://www.stats.gov.cn,2008年7月1日。

② 参见《光友薯业公司的“双哑铃”模式》,成都糖酒快讯网:http://www.tjkx.com。

3. 极力推动农业的产业化经营

这对巩固农业基础和加快县域经济的工业化进程都具有重大意义。今后,除继续贯彻省委省政府《关于人力扶持龙头企业发展加速推进农业产业化经营的意见》外,我们应根据形势的变化,进一步采取以下措施:

(1)促进产业互动。这主要从以下几个方面着手。第一,瞄准国内外两个市场。以我国加入 WTO 为契机,根据国内、国际两个市场的需要,加快农产品的结构调整和布局调整。适当减少四川省不具比较优势的粮食、棉花等土地密集型农产品的生产,积极增加具有比较优势的蔬菜、水果、生猪、蚕茧等劳动密集型农产品的生产。以全面扩大与省外和国外的农产品贸易为契机,在促进商贸、运输、金融等服务业自身发展的同时,增加对工业和农业的有效需求。第二,积极发展农产品加工。在加快工业自身发展的同时,通过增值减重扩大农产品的销售半径,带动农业结构调整和农民增收。第三,实施名牌战略。各县都要从实际出发,在"十五"期间争创 2—3 个在国内外市场享有盛誉的名牌产品。并围绕名牌战略的实施,加强优质农产品基地建设,努力提高加工企业的产品质量,不断改进服务水平,实现一、二、三产业之间的良性互动。

(2)建设绿色通道,从绿色农业产品的生产和销售着手。第一,可建立质量检测和认证体系。积极适应和达到 WTO 对农产品质量的绿色标准,建立覆盖农产品生产与加工全过程的质量检测和认证体系,规范使用绿色食品标志,提高消费者的鉴别能力。第二,建立绿色原料基地。实施"无公害行动计划",加快四川省无规定动物疫病区的建设,尽快在全省形成一批粮、油、蔬菜和茶叶的绿色食品生产基地。第三,实行无公害加工和清洁生产,通过严格禁止有害添加剂的使用,减少和禁止污染排放,彻底实现农产品的无公害加工和清洁生产。第四,积极发展现代物流业,大力发展农产品的集中配送和连锁经营,构建从田间到饭桌的农产品绿色通道。

4. 积极推动农业现代化发展

培养和建设系列产品产业,形成农业产品的规模经营,并逐渐提高农产品科技含量。

当前,我国农业正处于传统农业向现代农业转型的时期。但是,农产品的科技含量低的现状影响着农业的现代化转型。从农产品科技创新来看,现有农产品企业的产品基本上停留在粗加工上,精深加工产品、二次增值产品少,高科技产品更少,农产品品牌科技含量低。为此,我们首先要大力发展农产品加工工业。在县域内发展农产品加工工业具有许多优势:一是靠近原料基地,收购运输成本低;二是与电子、机械、化工等技术含量高的行业相比,技术容易掌握、设备相对简单;三是所需投资少,筹资容易实现;四是产品有市场;五是可以大量吸纳农村富余劳动力,劳动力成本低。在县域内发展农产品加工工业可以加快县域内农产品的转化,提高其附加值;可以拉长农产品的产业链,推动农村工业的全面升级;可以促进县域经济结构调整;可以加快农业富余劳动力的转移,加快农民致富的步伐。

(1)扩大知名品牌生产规模,向系列产品发展。四川农产品加工的产品少、规模小、产业链短、形成系列产品更少。川菜很有名,全中国都知道,全世界都知道川菜最大的特色就是以麻辣著称。四川有很好的辣椒、花椒。郫县豆瓣、汉源花椒闻名遐迩。可它们并没有发展成系列产品和大产业。而贵州省贵阳南明老干妈风味食品有限公司1996年才从一个家庭作坊冲出来,仅仅三年就迅速形成了日产16万瓶辣椒制品的生产体系，产品以生产风味豆豉、风味油辣椒、鲜牛肉末辣椒、风味腐乳为主，共20余种，是贵州最大的辣椒制品生产及销售的龙头企业。产品遍布全国，并进入了美国、澳大利亚等国家的调味品市场。年销售收入2.5亿元。[①]四川也有郫县豆瓣，但没有向系列产品发展，也出现过新繁泡菜、田大妈"蓉新泡菜"，但达到一定规模后，再难有大的发展。因此，政府和其他社会部门可以协助和统一规划，为产品的系列化和规模化提供支持。各生产单位也应该积极努力，有计划地联合、扩展产品生产和经营。

(2)在推进农业现代化发展之时，我们迫切需要进一步提高农产品的科技含量。要使科技在农业中得以推广与应用，主要在于农民职业技能水平的提高和农业科技推广服务体系的完善。加强农村劳动力职业技能培训。培训方式可采取定期进行集中培训，由政府聘请科研人员，以一个乡镇或几个人口较多的村为一个教学单位，有针对性地讲授适合本地区发展和生产的农业技术。农业科技推广的重点是节本增效技术、动植物品质改良技术、农业环境保护技术等方面。要进一步完善农业科技推广服务体系，首先应稳定农业科技推广队伍；其次建立农业科研机构，高等院校、各类技术服务机构和涉农企业在内的农业科技推广服务网络；再次，因地制宜选择科技推广模式，可采用"政府+农户"模式，"协会+农户"模式，或者"政府+协会+农户"组合模式，以及"公司+农户"模式。

---

① 参见《南明老干妈风味食品有限责任公司》，贵州省人民政府网站：http://www.gzgov.gov.cn。

（二）因地制宜，优先发展特色产业

提高县域经济的市场竞争能力，既要坚持市场导向，努力适应和创造市场需求；也要依托资源条件，因地制宜，扬长避短，大力发展特色经济，做到“以特取胜”。而发展特色产业这一举措辐射作用很强，除了宏观地促进县域经济之外，它不仅能够有效促进农村经济结构调整和农业结构优化，还可以有效地带动农民进入市场，安置农村剩余劳动力，从而带动县域经济结构调整和发展；另外，它还是实现经济不发达县域脱贫致富选择的最佳途径，它可以有效地带动小城镇建设，缩小区域经济差距、实现城乡一体化进而缩小城乡差别的富民强县之渠道。

1. 平原县。平原县农业生产无论在自然条件、交通、资金、人才、技术、信息等方面均具有比较优势，在今后的发展中应注重以下几点：(1)发展城郊型农业。充分利用优良的灌溉及便利的交通条件，主要瞄准城市市场，以水稻、蔬菜、水果、小家禽和水产品为重点，积极发展优质农产品和绿色农产品。在发展这一农业类型之时，平原县的农业发展还要充分重视农产品流通，加强农产品市场化程度。建立农产品专业市场，积极开拓省外大中城市销售市场，扩大知名度。同时大力培养农民经纪人，鼓励农民从事运销业，积极发展个体私营经济。(2)大力发展农产品深加工。要确保农业增产、农民增收，除了靠初级产品增产、降低投入和成本，更要发展农副产品深加工，使农民分享到加工带来的增值利益。平原县可建立蔬菜、水果的保鲜、脱水、腌制和速冻等系列加工企业。(3)发展配套工业。抓住城市工业布局调整的机遇，积极发展与大中城市的配套协作，就近吸引大中城市的资金、技术和人才等要素资源，促进大中城市的劳动密集型工业向县域的城镇转移。(4)发展休闲旅游和服务业。利用地理区位的优势，重点发展以满足附近城市居民休闲为特色的旅游业。同时,努力发展劳动密集的生产和生活服务业,适应城市市场的需要。

2. 丘陵县。丘陵区人口众多,人地矛盾突出,应继续开拓农村劳动力输出的有效途径,发展和规范劳动力中介组织,完善服务体系,加强职业培训。区内应重点抓好粮食、棉花、生猪、蚕茧等农副产品为原料的轻纺工业,以及第三产业的发展。(1)巩固农产品基地。根据市场需求和地形条件,以退耕还林、退耕还草为契机,加大农业结构调整的力度。稳定粮食生产,积极发展经济作物,抓好以生猪、草食动物和蚕茧为重点的养殖业,以水果为重点的林果业,保持作为全省主要农产品基地的地位。(2)发展农产品加工。抓住加入 WTO 的市场机遇,利用丰富的农业原料和廉价的劳动力资源,大力发展农产品加工业,提高在国内外市场的占有率。(3)扩大劳务输出。根据丘陵县人多耕地少和就业机会短缺的突出特点,把有组织地向县外和省外输出劳务,作为促进农村剩余劳动力转移的主要途径之一。

3. 盆周山区县。盆周山区县独特的山区气候为农特土产品的生长提供了良好的自然基础,拥有茶叶、中药材、畜产品(肉牛、乳产品)、林竹、干果(核桃)等山区优势农产品,开发潜力巨大。该区应加强山区农业资源的综合开发,进一步提高农业综合生产能力。同时努力改善投资环境,提高对外开放水平。(1)发展特色农业。根据市场需求的变化和山区的自然条件,重点发展节水型的旱地作物和小杂粮,积极发展草食牲畜,结合退耕还林,大力发展干果。中药材和食用菌等特色农产品。(2)发展资源和劳动密集型工业。充分利用独特的地下、地上资源,发展资源和劳动密集型的食品、建材等加工工业,提高市场占有率。(3)发展风光旅游。抓住长假和休假提供的市场机遇,大力发展面向省内外游客的风光旅游。

4. 川西南山区县。川西南地区地下地上资源较为丰富,基础设施建设有一定基础,工业发展较好。在发展县域经济时可以采取以下措施:(1)发展特色和反季节农产品。充分利用优良的地理气候条件,抓好农业综合开发和特色生物资源开发,重点发展烟草、蚕茧、花卉、中药材等特色农产品,扩大反季节水果和蔬菜的生产规模。(2)发展特色农产品加工。利用丰富的自然资源,巩固制糖业和丝绸业的传统优势,促进生物制药、果蔬制品和绿色保健品的开发。利用特有的少数民族文化,发展民族风情旅游。

5. 川西北高原县。川西高原拥有九寨沟和康定跑马山等众多享誉海内外的旅游资源,今后的发展应加大旅游资源的进一步开发和保护,提高服务质量。以旅游业为主导产业带动区内商业、交通运输、餐饮、通讯、娱乐等相关产业的发展,逐步带动全局经济的发展。川西南山地矿藏、水能、光热等资源丰富,应大力加强以交通为重点的基础设施建设,努力改善投资环境。(1)发展生态农业。根据生态保护的要求,坚定不移地抓好退耕还林还草工程和天然林保护工程。加强草场建设,发展家庭牧场,稳定畜牧业生产。充分发挥亚热带光热和生物资源的独特优势,重点抓好安宁河流域的农业综合开发,逐步把该区建设成全省重要的粮食、糖料、烤烟、蚕茧、早熟蔬菜和亚热带水果生产基地。发展风光旅游和探险旅游。根据市场需求的变化和特有的自然资源,积极发展满足旅客好奇心的风光旅游和探险旅游。(2)发展特色工业。重点抓好畜产品加工,积极发展民族用品和旅游工艺品的生产,加强水电和矿藏开发,有条件地发展高耗能工业。发展水能和矿藏优势,建成全省水电基地、钒钛钢铁基地、有色金属工业基地。

(三)加大力度发展民营经济

加快县域工业经济的发展,在民营企业获得发展的同时,建立起以民营企业为主体的县域经济发展的基本框架。

从我国目前县域经济发展态势可以看出,县域经济中民营经济成分的多少、发展好坏直接影响县域经济的总体经济实力和发展活力。资金是四川省县域经济发展所需的重要条件,如何有效利用民间资金对县域经济的发展至关重要。首先,地方政府应加大对民间资本的认识和支持程度,营造鼓励和吸引民间投资的制度环境,树立良好的信誉,鼓励民间资本向民间投资的转化。其次,扩大对外开放的力度。加大招商引资范围,不仅对国内招商,而且对国外招商。再次,招商项目选择要发挥自身优势,因地制宜地选择适合本地发展的产业。四川省在发展旅游、娱乐、食品工业加工等方面具有独特的优势,可以重点在这些领域推出招商引资项目。县域经济的发展同时要注重与社会、自然资源以及生态环境的协调发展。经济稳定增长的同时,注重自然资源合理利用与保护以及生态环境不断改善,坚持走县域经济可持续发展道路。

企业是一、二、三产业互动的主体,也是城乡经济相融的主体。民营企业获得一定程度的发展之后,应积极构建以民营企业为主体的县域经济发展的基本框架,这不仅有利于加快建立“产权明晰、政企分开、权责分明、管理科学”的现代企业制度,而且还有利于县域经济竞争能力的迅速提高。

1. 国有经济全面退出竞争性行业。采用出卖、租赁和股份制改造等多种形式,使国有经济在2005年前全面退出县域内的竞争性行业。对民营经济暂时缺乏购买能力的国有企业,可以通过国有股份减持或改为优先股的办法,使民间资本迅速掌握控股权。在加快产权改造的同时,通过支付必要的改革成本,使企业职工国有固定工身份全部实现转变。

2. 鼓励民营企业进入非竞争性领域。在加强价格监督和行业管理的前提下,鼓励民营企业积极进入基础产业、公益事业等非竞争性领域。

3. 努力为民营企业的发展创造配套条件。按照国民待遇,对民营企业在税收、投融资等方面与国有企业一视同仁。鼓励个体经济和民营小企业发展股份联合,加快资本积累和集中,迅速提高市场竞争能力。根据“三个代表”的要求,提高民营企业家的政治社会地位,增加其在人大和政协的代表名额,积极发展具备条件的民营企业家入党。

(四)努力促进乡镇企业的再次腾飞,实现乡镇企业的第二次创业

乡镇企业在国民经济特别是农村经济中具有极其重要的地位。改革开放以来,乡镇企业以年平均20%以上的速度增长。到1999年底,全国农村社会增加值的64%、国内生产总值的30%、工业增加值的49%、出口交货值的38%和农民收入的34%都来自乡镇企业。到2000年,乡镇企业工业增加值已达18950亿元,占全国工业增加值近50%;出口交货值8783亿元,占全国出口交货值的近40%。再看看四川,2000年乡镇企业完成增加值844亿元,占全省国内生产总值的21%。其中工业增加值447.3亿元,占全省工业增加值的31.8%;交纳税金60.8亿元,占全省地方财政收入的26%。① 与全国,特别是沿海地区相比,四川乡镇企业的发展还有很大的差距,但其在国民经济,特别是农村经济中的地位

① 参见吴祥云《发展县域经济的几个对策思考》,《决策咨询通讯》2003年第4期。

和作用是毋庸置疑的。经历了20多年的改革开放，多数的县域经济已经脱离了仅仅依靠农业来推动经济增长的发展模式。随着乡镇企业的崛起，非农产业的发展已日益成为县域经济发展的主体。无论是富余劳动力的转移、县域的地方财政收入及乡村居民的收入增长都日益依赖于以乡镇企业为主体的非农产业的发展。乡镇企业已成为县域经济发展的根基。

随着市场经济的不断发育、完善，原来乡镇企业存在的产品质量差、科技含量低、设备陈旧、生产规模小、员工素质差、企业管理不规范、资金短缺、市场反应迟钝、缺少核心竞争力等缺陷、问题、矛盾暴露得越来越明显。因此，在激烈的市场竞争面前，为了生存，为了发展，乡镇企业重新定位，实现第二次创业也就愈显得急迫了。

乡镇企业实现第二次创业，就是要充分利用和发挥原来已有的基础和优势，选好定位、重新整合，作好市场调查，提高产品质量，进行技术改造和设备更新，提高产品科技含量，按现代企业制度要求，强化企业管理，引进人才和加强员工培训，努力提高企业竞争力，把企业逐步做大做强。实现乡镇企业第二次创业，县域各级领导要提高认识，把它作为一个战略重点与小城镇建设、农业产业化、招商引资、产业结构调整、发展特色块状经济等工作统筹安排。各级政府要加大扶持力度，搞好配套服务。

三、从县域经济发展的内部着手，扩展县域经济发展规模，提高发展水平

（一）增强县域经济发展战略规划的科学性①

由于县域经济发展缺乏战略规划，很多企业盲目上马导致了

① 吴祥云：《发展县域经济的几个对策思考》，《决策咨询通讯》2003年第4期。

县域经济发展的重大损失。我们要不断增强县域经济发展规划的科学性。由于各个县市区的地理环境、历史传统、人文条件、经济基础不尽相同。因此,发展县域经济不可能有一个统一的模式。但有一点是共同的,那就是各县市区都应该对县域经济发展不够快的原因进行反思,积极吸收外地好的经验,博采众长,联系本地实际制定出一个好的县域经济发展战略和发展规划。那么,在制定县域经济发展战略时应注意什么问题呢?

1. 要搞清楚情况。我们处在一种市场竞争环境中,就必须对影响县域经济发展的国内外市场有很详细的了解,要对影响县域经济的最核心相关因素分析研究,同时还要研究经济发展的竞争对手。

2. 要准确定位。在制定整个经济发展战略时,一定要对本县经济在整个地区国民经济发展中给予一个准确的定位,确定自己和全局的关系。过去仅从本地资源出发定位,现在看来是很不够的。如有个县原来的定位是农业大县变成农业强县,现在这个县重新定位为东部产业转移的基地、大城市绿色食品的供应基地、劳动力输出的基地、周边城市居民休闲旅游的后花园。这告诉我们,县域经济的定位一定要和整个经济发展全局结合起来,跳出县域,从别人的眼光、从市场的眼光来看定位,而不能像过去一样只从本县情况自我定位。

3. 要注意发挥优势。要在动态的市场中,在多方竞争中抓住重点,选准强项,发挥优势。不要看别人搞什么也跟风搞什么;不要认为高的、新的、精尖的、外向的就一定是好的,就适合在本地发展。县里应该重视民间自发产生的东西,它是由市场综合性因素形成的。实践告诉我们,抓住这些苗头性的东西加以培养,往往都是一些新的增长点;另外一些已处于主导地位,显示出竞争力的产业，也应该加以重视。

4. 要有战略发展规划和配套措施。仅有发展战略口号和思路是不够的，还必须制定与此相呼应的，有可操作性的战略规划和实施措施。这个规划应该包括战略发展目标、战略发展步骤、产业结构调整规划、战略发展重点、区域布局、政策措施、基础设施建设、薄弱环节弥补等。这样战略才能落到实处。

5. 县域经济发展战略应该是动态的。在如今农产品供过于求、产品更新快、购买者越来越挑剔，尤其是在加入 WTO 的情况下，过去那种一张蓝图绘到底的战略制定和实施的思维定式，显然是不行了，因为现在是面对着一个更为复杂多变的，难以把握的外部环境。所以县域经济发展战略的制定和实施一定要是动态的，要有弹性，要能够有灵活调整的机制和措施。战略规划的制定，近期可细一些，远期要粗一些，在实践和发展中逐步细化，调整和完善，使规划更符合实际，更便于操作。在这种指导思想之下，我们应该因地制宜采取合适的发展模式。

如发展区域块状经济这一经济发展模式，就是浙江省的发明。浙江省通过发展区域块状经济的举措不断推进县域经济实力。温州市就有柳市镇电器、桥头镇纽扣、永中镇阀门、塘下镇汽摩配件、萧江镇塑编、龙港镇印刷及市区的服装、打火机、灯具、皮革等在全国都有名的生产和市场相结合的块状经济支柱产业。20 世纪 90 年代以来，浙江省把小城镇与专业市场、乡镇工业园区建设有机结合起来，形成专业化分工、社会化协作的企业群和特色产业集聚区，有效地促进了县域产业从多样化转为特色化。

浙江省的做法是一种县域经济发展模式，对四川省有很好的参考价值。事实上，在全国各地也都形成了不少类似的特色区域块状经济。四川省虽也有一些区域性的特色经济，如邛崃白酒、郫县豆瓣、夹江墙地瓷砖、青神的竹编、武侯区皮鞋等。但一是总体规模不够高;二是全国知名度不够大;三是多以县区为主体,一个县形成以乡镇为主体多个特色块状经济的不多。四是生产和市场结合在一起的不多,因此对县域经济发展的带动作用并不明显。

要把发展区域特色块状经济作为一种战略来考虑,就要明确指导思想,作好调查研究、科学规划、正确引导和重点扶持。确立块状特色经济以主导产品、骨干企业、大型市场为龙头,以众多的家庭工业、中小企业配套协作为基础,以特色工业园区为载体,走专业化生产、社会化协作的路子,形成"小企业、大群体"、"小商品、大市场"和"小产品、大产业"发展格局的指导思想。

(二)培育良好的人才成长环境

以上提出的相关策略,最终都需要人才作为支撑。农业产业结构调整需要有不同技能的人从事产业生产和经营。乡镇企业的发展必须要有人才。乡镇企业在边远地区走入低谷,一个重要的原因是乡镇企业的人员素质普遍较低,既缺乏专业技术人员,也缺乏管理、经营人才。县域经济的产业结构调整,首先是对人才需求结构的调整,其次才是产业互动。但是能否顺利完成产业结构调整,先要有相关的人才贮备。农村劳动力的转移,需要掌握一技之长。农村的稳定,农业是否增效,农民是否增收,很大程度受富余劳动力能否转移所决定。因此,我们可以说,用人问题是决定县域经济发展的关键所在。目前,县和县之间在商品经济条件下的竞争日益激烈。而竞争的内容归根结底是人才的竞争,包括对人才的拥有量,对人才的起用量,对人才的培养量。因此,积极寻找人才与经济发展的最佳结合点已成为我们重要的战略任务。而人才成长的影响因素中,环境是其生存发展的土壤,能否营造一个拴心留人、创业创新的环境,对于聚拢人才、使用人才至关重要。县市要重视人才环境的创新，像优化经济环境那样抓好人才环境的优化，努力营造广纳人才、人尽其才的良好环境。

1. 发展职业教育。发展县域经济、建设社会主义新农村，必须走依靠科技进步和提高劳动者素质的路子，必须培养掌握现代农业技术、具有开拓精神和市场意识的新一代农民。为此，职业教育作为经济社会发展的基础性工程，是各级领导必须高度重视的战略性问题，也是必须始终抓在手上的紧迫任务。为加快发展职业教育，充分发挥职业学校在农村劳动力转移培训中的主力军作用，四川省确立了“围绕转移抓职教，抓好职教促转移”的工作思路，省政府将中职招生任务纳入对市州政府的目标管理，并要求各地落实到县、到校；从省到市均成立了招生工作领导小组，改革招生体制和办法，统筹管理普通高中和中职招生，加强宏观调控，加大招生宣传和督查工作力度。省级财政每年安排 1000 万元，专项用于资助贫困中职学生完成学业，帮助家庭经济困难的学生接受职业教育。实施“千万农民工培训工程”，用两年的时间培训农民工 1000 万人次，使外出务工人员培训率每年增加 3—5 个百分点。同时大力发展民办职业教育。这些趋势都表明我们已经认识到职业教育对于县域经济发展的重要作用，以职业教育为推动县域经济的发展提供人才基础。如，四川德阳近年来积极探索民办助学模式，以促进教育事业的蓬勃发展①。致力于人才培养、人才培训和人力资源开发的德阳现代教育集团，拥有德阳市职业技术学校、中江县职业中专学校、德阳市旅游职业学校、成都市创业人力资源交流服务中心、德阳外国语学校、中江县继光实验小学等 12 个教

① 参见四川省教育厅 http://www.scedu.net，德阳市职业教育蓬勃发展，2007 年 11 月 1 日。

育机构,现有学生3万多人,教职员工2千多人,总资产达6亿元。2006年2月,德阳现代教育集团和中江县委、县政府合作,在中江工业集中开发区征地200亩,重组中江职业中专学校,投资7000多万元,修建校舍近6万平方米,添置了大批教育教学设备;9月,学校就实现招生2867人,并一举进入四川省首批中职示范学校行列。学校重视专业和师资队伍建设,开办了电子电器、计算机应用技术、数控技术应用等实用性专业,如今,该校学生人数达到5361人,同时,年均还培训2500多人次其他学员。2007年9月26日,中江职业中专学校创建国家级重点中等职业学校正式通过专家组的评估验收。从"省重"到"省示范"、再从到"国重",短短一年半时间连升两级。目前,德阳正在努力打造中国职业教育高地。相信以德阳为首的职业教育基地将会为四川县域经济发展培养大批合格的职业人才。不过,目前,总的来看,四川职业教育总体情况并不十分理想,还存在着一些问题,我们将在下文具体阐述分析,为四川县域经济发展和人才培养实现良性互动提供策略。

2. 制定优惠的人才政策。一个地区对人才是否有吸引力,人才政策是重要因素。县市往往侧重于出台项目引进、税费减免等优惠政策,而对人才引进、开发的优惠政策重视不足,容易产生外地人才引不进、本地人才流失严重的困境。县市要通过建立紧缺人才引进机制、高层次人才补贴机制等,形成局部范围内政策机制的优势,增强人才的区域吸引力和用人主体的市场竞争力。

优惠的人才政策应体现新时期人才工作的导向,实现了四个方面的转变。一是由偏重公有制人才管理,转变为着眼于整体人才队伍建设。突破传统的人才观,将不同部门、行业特别是非公经济组织的人才纳入工作领域,一视同仁地组织培训、提供服务和安排奖励。二是由偏重高中级专业人才的开发,转变为整体性人才资源的开发。把农业农村人才、技能型人才、文化文艺人才等各类人才的培养使用,同样纳入发展目标和工作计划,从"人人都可以成才"的出发点抓好人才资源开发。三是由偏重于"用"转变为"引、用、培"多个环节一起抓。新政策涵盖了人才的引进、培养、使用、奖励和社会保障等方面。特别是在人才引进上定出专项政策,对紧缺人才给予本人及配偶、子女免费入户、择校读书、办理社保等多方面的优惠。四是由"刚性"向"刚柔相济"转变。新政策体现了相当的灵活性,重于讲求实效。总之,人才成长环境的建设可以为县域经济的发展提供强大动力。对此,我们应该足够重视。

四川县域经济的发展与其他省市相比,较为落后。而四川省内部不同县际之间差异也是很大,这有很多的限制因素和发展缺陷。为此,我们必须大力优化县域经济发展的外部环境,打造县域经济发展的龙头和支柱产业,并从县域经济发展的规划、人才成长等方面对内部进行改善。这样,县域经济的发展才会有新的活力。

第六章　四川省职业教育发展的问题透视

《中国教育改革和发展纲要》明确地把职业教育列为我国当前发展的重点,通过大力发展职业教育来促进经济发展,已经成为我国今天大多数人的共识。目前,职业教育已经成为我国经济社会发展的重要基础和教育工作的战略重点。随着社会发展进程的不断加快,特别是西部大开发的深入开展,一个地区的发展速度越来越取决于这个地区的科技水平和运用科技开发市场的能力。

21 世纪初,四川省在中央大力发展职业教育精神的指导下,出台了大力发展职业教育的重大举措。经过艰苦努力,全省职业教育步入了发展改革的快车道,取得了可喜的成绩。首先,办学规模达到新水平。全省有 707 所中等职业学校,2007 年,中职招生 50.27 万人,在校生首次突破 100 万人,达到 110 万人。提前 3 年达到中职(中等职业教育)与普高招生大体相当的目标。其次,基础能力建设取得新成绩。2002 年以来,国家和省政府投入 2.8 亿元,重点建设 68 个县级职教中心、32 所骨干中职学校和 42 个实训基地,培训骨干教师 6000 多人次。再次,建立新的资助政策体系。2007 年,国家、省政府投入 6.6 亿元,资助高职贫困生 7.3 万人,占在校生总数的 35%,中职贫困生 62.2 万人,一、二年级农村学生和城市家庭经济困难的学生全部得到资助。最后,为经济社会发展作出新贡献。2002 年至 2007 年,中职毕业生 125 万人,就业率在95%以上,高职毕业生35万人,就业率在83%以上。2007年,全省农村劳动力转移培训210万人,劳务收入860亿元,农民人均劳务收入1303元,农民实用技术培训达到298万人次。①

四川省从推进新型工业化、新型城镇化和农业现代化的发展战略出发,作出了加快组织实施职业教育攻坚的重大决策。职业教育攻坚,是从四川作为人口大省、农业大省的基本省情出发,实现四川经济社会发展战略目标,建设西部经济发展高地的必然选择。四川职业教育攻坚的目标:2008年,两类高中招生要完成100万人的目标,力争中职招生比例超过普通高中。加快和改善职业学校办学条件,建设一批中等职业教育实训基地和县级职教中心,大力开展农村劳动力转移培训和实用技术培训。

目前,四川省职业教育具有以下阶段性特征②:一是发展迅猛、规模较大。2002年至2007年的5年时间,中职每年招生由21万多人增加到50万人左右,中职在校生由2002年的47万多人,增加到2007年的110万人,连续5年在校生净增超过10万人以上,在校生总规模居全国第4位。二是民办中等职业教育成为一支重要力量。2007年,有民办中职235所,占全省中职33%,在校生34万人,占总数30%。三是涌现出一批发挥骨干作用的重点和示范学校。全省国家级、省级重点中职136所,占学校总数的19.5%,在校生44万人,占学生总数的40%。46所高职高专院校中,四川工程职业技术学院、成都航空职业技术学院等已被确定为国家级示范高职院校。四是中等职业学校家庭经济困难学生资助

① 参见《四川省教育厅厅长:攻坚职教,建设西部经济发展高地》,《中国教育报》2008年2月27日。

② 同上。

政策体系已基本形成，调动了广大初中毕业生读中职的积极性，为加快发展职业教育增添了新动力。五是各级党委、政府对职业教育高度重视，为加快发展提供了强有力的公共服务和良好的发展环境。

四川职业教育虽然取得了长足发展，但是客观审视职业教育的发展，我们仍然可以发现诸多问题，为了更好提高职业教育质量，促进经济的发展，我们必须透彻分析职业教育发展的问题所在。

第一节 四川省职业教育存在的外部问题透视

职业教育是我国现代教育体系的重要组成部分，担负着培养数以亿计高素质劳动者的重要任务，是我国经济社会发展的重要基础。特别是新时期面临着世界产业结构调整趋势和我国转变经济增长方式走新型产业化道路的战略选择，要提高经济增长的质量和效益，从制造大国走向制造强国，都离不开高素质的劳动者。四川本身经济发展相对落后于其他省份，四川经济的腾飞，产业结构的调整等工作都需要具有较多职业素养的人才，但时至今日，职业教育仍是四川教育事业的薄弱环节，传统观念还在阻碍着人们对于职业教育的选择，教育体制当中也存在着诸多问题影响着职业教育的发展，社会地位还很低，地方政府重视不够，财政投入不能及时到位，办学条件比较差，招生规模比较小，人才培养的规模、结构、质量还不能适应经济社会发展的需要，学生就业难等问题，使职业教育成为影响四川省经济进一步发展的“瘸腿”。

一、社会上流行观念的误区[①]

思想是行动的先导，思想上的误区往往是阻碍职业发展的最深层次的原因。

(一)职业教育地位观

职业教育的地位长期被贬低，被看成是"二流教育"，"收破烂"的教育。成绩差，表现不好，升入普通高中或高等大学没有希望的学生才会读职业学校，就业时遭受歧视，这与我国传统文化中的"万般皆下品，唯有读书高"，"学而优则仕"等陈腐观念有着密切的联系。实际上，不同的儿童和青少年对于读书方向的选择有着不同兴趣，有的倾向于就读于普通教育，学习科学文化知识，但是有些人更愿意去学习一些操作性较强的技术性知识。同时，在我国对于人才的需要是多方面的，四川也是如此，四川省地域差异很大，这些地方对于人才的层次和类型的需求是多方面的。我国传统文化中的那些陈腐观念脱离了儿童和青少年的不同兴趣，而且也不符合地方具体情况对于人才的需求。

尽管我国高校有了很大发展，但是不可能人人都入大学接受高等教育。目前，社会上广为存在的追求高学历的倾向导致教育中在人才的培养方面片面强调书本知识和学习成绩，忽视学生个性发展和全面素质的提高。对于社会的发展也存在着不利因素，经济社会发展对于人才类型要求是多方面的、多规格的、多层次的，丰富多彩的。因此，高学历的过分追求也会给经济社会发展带来不利影响。《中华人民共和国职业分类大典》曾经把我国的职

---

① 刘永康等：《制约四川职业教育发展的若干因素》，《四川师范大学学报(社会科学版)》2002年第9期。

业分为8大类、60中类、413小类、1838细类，这些不同类型的职业活动是我国经济社会发展中相互关联、相互服务、不可缺少的社会活动。我国现代化建设需要各种高精尖人才，而且需要数以亿计的初、中层次的专门人才。教育的价值不仅是培养少数精英，而在于能否为各种不同潜能的人提供平等的、能最大限度开发自己才能的机会和途径，给每个人的成长和成才铺就道路。但是现实教育实践中，存在着大量的忽视或轻视职业教育的现象。这主要表现为以下一些方面：

地方教育部门轻视职教发展，职教发展目标定位执行不够准确。有的地方对职业教育的重要性缺乏足够的认识，仍然存在着忽视职业教育的倾向，国家大力发展职业教育的方针在实际工作中没有得到切实的落实，政策支持和工作力度都还没有完全到位。尽管职业教育已在法律上被确认为“国家教育事业的重要组成部分”，但“雷声大、雨点小”的现象仍然存在。在一些地方领导看来，义务教育有法律约束，不抓不行；高考升学率是响当当的政绩，不重视会落后；在高考“升学”的思路中，职业教育往往被认为是学生进不了大学的一种替代选择，更是处于边缘地带。领导们一般会认为，职业教育只是普通教育的补充，松点紧点没关系，因而在招生政策、经费投入、师资配备等方面都没给予足够的支持。

（二）求学观与就业观

职业教育在人们心目中地位的低微，影响着学子们的求学观和就业观。长期以来，我们的求学观和就业观都认为职业教育是非正规教育，接受教育就要接受正规教育，只有正规教育才可以满足我们“学而优则仕”的需求。这种思维模式认定职业教育只是正规学校教育的一个特定阶段，它只是职业教育和技术培训的狭隘的教育，人们“学而优则仕”的求学观以及对职业教育的错误认识是制约民族地区职业教育发展的重要原因。

春秋战国时期的孔子是我国乃至世界上著名的教育家，孔子提出的“学而优则仕”的思想在中国漫长的古代社会，尤其是实行科举取士之后的时间里，一直是读书人奉为最高的主导价值追求，以至于古代读书人大多甘心情愿在书房里皓首穷经，“书中自有黄金屋，书中自有颜如玉”，一旦科举成功，一朝考取天下知，所有梦寐以求的权力、财富等都唾手可得。这样，日常劳动或生产中的技术工作就被贬低到无可复加的程度。孔子就曾经批评向其问“稼”和“圃”的樊迟，认为只要统治者讲信、义、礼等，四面八方的百姓都会携老提幼来臣服于他的统治，这样就奠定了封建社会“劳心者治人，劳力者治于人”的基本就业格调，而且这一思想在漫长的封建社会一直浸润着人们的头脑。自秦汉时期董仲舒提出“罢黜百家，独尊儒术”之后，中国文化价值观的整体特点呈现出“中庸内敛”的儒雅风范。“万般皆下品，唯有读书高”的观念成为人们思想及行为判断的基本价值规范；科举教育体系束缚了整个民族两千多年，教育与生产劳动严重脱离，人们反对任何带有功利色彩的“奇技淫巧”实践活动，并将其归为三教九流之末流，因此个人思想技能发散张扬的一面被深深地扼杀了①。到了清朝，这一局面稍微有点扭转。在两次鸦片战争期间，清政府内部的一些大臣开始关注西方事物。特别是第二次鸦片战争后，在清朝朝廷内部逐渐出现了“洋务派”和“顽固派”两股政治力量。两次鸦片战争的失败，使一些人逐渐认识到中国正面临着几千年来的“大变局”，传统的一套已经不能应付新的形势，认为必须学习西方资

① 蔡宝来、岳珂：《中等职业教育发展现状、问题与对策》，《考试》2007 年第 17 期。

本主义国家的“长技”，才能挽救摇摇欲坠的封建统治。于是他们出面倡导和主持了以学习西方科学技术、引进机器生产为中心内容的“富强”运动。人们通常把这类活动称为洋务运动，把这些人称为洋务派。洋务派的出现可以说在某种程度上动摇了传统思想对于读书活动的过分崇拜，开始把注意的眼光分散到了职业技术方面，清朝已经开始有了职业教育。但是，洋务派仍然逃脱不了历史的限制，仍然主张“中学为体，西学为用”，强调西学的技术再精湛，也只能是作为中学的附庸，掌握西学的职业技术人才仍然处于较低地位。

由于上述因素的影响，多数人并不乐意报考职业学校，职业教育被视为低层教育，这种求学观与就业观根深蒂固，至今，仍支配着许多家长和学生对于学校和职业的选择。并且相当一部分人把在职业学校读书看成是没“出息”的，初中毕业生以升入高中为主要目标，高中生以升入大中专、本科院校为目的，如果不能实现相应的目标，这些学生少数人选择了继续复读，绝大多数直接进入社会。家长们特别是农民家庭虽然经济不宽裕，但是还是愿意倾其所有，供给孩子上大学，如果不能上大学，就会急功近利，让孩子出外打工，宁愿出苦力，打短工，挣现钱，也不愿意让孩子参加职业教育，学得一技之长。还有一些人对职业教育的教学质量和学生的就业与发展前景很不看好，认为职业学校是差的学校，差的老师，差的设备，招来的是差的学生，培养的是差的毕业生，将来出路肯定与普通教育相比逊色很多。因此，家长除非迫不得已，根本不愿意花钱把自己的子女送到职业学校中去。另外，还有一个虚荣心问题，普遍存在着这样一种错误认识，而且认为上职业学校没有面子，特别是上本地的职业学校更是没有面子，于是即使他们愿意选择上职业学校也会选择到外地去读。

如今,虽然计划经济时代已经终结,市场经济的诸多思想已经给人们的头脑带来巨大冲击,但是很多人的求学观仍在很大程度上还没有摆脱"道本器末、政本技末"以及"读书做官为荣,读书谋事为耻"的思想意识。许多人存在鄙薄职业教育的观念,认为"职业学校毕业生的社会地位低,收入低",认为"只有成绩差的人才去读职业学校",这就造成了百姓重学历轻技术,不愿子女成为"蓝领"的观念,而这给职业教育的发展带来严重的负面影响:职教报考率低,职校招生难;招生回扣、生源大战愈演愈烈,造成职教建设专业门类发展不平衡,重文理轻农工现象普遍,造成部分职教资源闲置浪费。而报考在读的职业技术学校的孩子往往觉得低人一等,他们抬不起头来,感到前程渺茫,对未来缺乏信心。

求学观念如此,在就业方面社会的现实以及人们的观念也阻碍着技工学校的招生。很多人特别不愿意上技工学校,原因很多,但主要原因就是觉得职业学校特别是技工学校出来的要当工人,经济待遇、政治待遇、社会地位比较低下。这就从根本上贬低了当前职业教育的价值,限制了社会、家庭乃至用人单位对职业教育价值的认同,也造成各种具体的劳动制度在实施中步履维艰。这和我们现在的劳动制度有关。我们现在的劳动用人制度还没有真正法制化。当前应该设计这样一种劳动制度,就是所有的工种、岗位的劳动,都能受到恰如其分的尊重,获得恰如其分的回报,得到恰如其分的保障。要在制度上承认普通技能性、技术性的劳动也是一种无可替代的具有重大价值的劳动。必须加大职业教育法、劳动法、安全生产法、清洁生产法、食品卫生法等有关生产和就业的法律的执行力度,包括落实职业资格证书制度在内的各种劳动制度。应该强制从业者履行接受职前教育或培训的义务,强制用工单位履行按照职业分类安排就业并培训职工的义务,保证职业教育和培训的质量和信用,维护劳动力市场的正常秩序,落实劳动保障制度,保障劳动者的各项合法权益。①

(三)用人格局观

由于传统用人观念的影响,重视所谓正规教育,强调理论水平,忽视实用型、技能型教育,不少地方不讲能力,只强调文凭。且不说公务员考试要求必须具备本科资历,就是劳动力市场对学历的要求也呈现出高扬趋势。在劳动力市场,学历越高,得到的理想工作的可能性就越大。于是,在改革开放中刚发展起来的职业教育,又面临"普高热"的强烈挑战。人们将普通高中视为通往高等教育的唯一桥梁。高等教育培养白领阶层和长期工,职业教育培养蓝领阶层和短期工,职业教育因此在实质上成了升大学无望者的"收容站"。众所周知,西部地区的建设尤其需要人才,即便如此,在人才匮乏的四川省普遍存在人才高消费现象。一方面西部大开发急需各类人才,而事实却是人才匮乏;另一方面相当一部分企事业拔高用人标准。在人才匮乏的同时又存在人才资源浪费的现象,不少单位在用人规格上尽量拔高,企业本身迫切需要的是技术应用型人才,却标明要"本科以上"毕业学生,从而把职业院校的毕业生排斥在外。这种人才的"高消费"实际上是人才资源的高浪费。

二、政府、社会外界对职业教育的经费投入不足,投入体制不合理,这导致职业教育发展资源有限

职业教育是培养应用型、技术型、复合型人才,实践教学所占

① 刘占山等:《职教:处在发展拐点还是十字路口》,《现代教育报》2005年11月4日。

时间达50%左右，较之普通教育，需要更多的设备和资金，但实际情况却完全相反。

四川职业教育发展的资源与国家对于职业教育发展的要求是不相吻合的。随着职业教育近年来的大发展，大多数职业学校由于起点低，后续投入不足等原因，现有资源已经呈现饱和甚至超负荷运转，其中土地资源已经严重不足，无地可用的情况极为普遍，特别是教育和教辅用房极为紧张。目前各级还没有制定专门的中等职业学校生均占地面积和生均校园面积标准，根据教育部颁布的《中等职业学校设置标准（试行）》规定：学校必须有与办学规模和专业设置相适应的校园、校舍。城市学校在校生必须达960人以上，校园占地面积不少于2万平方米，校舍建筑面积不少于1.5万平方米；农村学校在校生必须达600人以上，校园占地面积不少于3.3万平方米，校舍建筑面积不少于1万平方米。目前泸州市中等职业学校中58%的学校生均占地面积不达标，74%的学校生均建筑面积不达标。从教师情况看，目前该市中等职业学校有教职工2869人，师生比为1∶22。由于四川省尚未出台中等职业学校师生比标准，参照执行的是普通高中师生比标准即1∶14.9①，即便如此仍然还有很大差距。职业教育具有专业多、小班授课等特殊性，职业学校的师生比还应高于普通高中标准才能满足需要。

我国是一个发展中国家，穷国办大教育的现状使得财政对教育的支持力度很小；另外，我们的中等职业教育尚未纳入国民经济发展规划通盘考虑，使得中等职业教育处在“可办可不办”自生自灭的位置。与公办教育相比，民办职业教育在办学经费方面存在

① 参见《关于中等职业教育发展中若干问题的建议》，四川省人民政府网站，2007年6月11日。

较大困难,政府对民办职业教育的支持主要体现在政策上,而几乎没有经费的投入。民办职业教育靠社会捐助所获经费也寥寥无几,只能依赖社会投资和银行贷款,走的是一条极为艰难曲折的“以学养学”之路。结果相当一批民办职业教育院校负债累累,面临严重的生存危机。这里,政府投入不足是其办学经费不足的主要原因。

要真正发展县域经济,推动全面发展,必须高度重视人才和科技,加大对职业教育的投入。从四川各县的实际情况看,重视发展职业教育,培养经济发展所需要的专业技术人才和劳动者,是振兴四川县域经济的战略措施。但事实上,在具体工作中政府部门对这一问题的认识是不到位的,还存在重普教轻职教的倾向。财政预算内职业教育经费占整个财政预算内教育经费的份额呈下降趋势,没有落实利用银行贷款举办职业学校政策,没有建立专项经费或利用助学贷款资助职校学生。除此之外,四川整个职业教育的投资体制还很不完善。职业经费筹措的多种渠道尚未打通,各级财政投入严重不足,使四川职业教育的办学条件与其他省市的差距越来越大,许多中等职业学校与当地普通高中的差距也越来越大。目前,大多数职中校园校舍简陋,教学设备陈旧,育人环境较差。特别是地市州办高职省上不拨一分钱,全靠地方政府或办校企业投入。一旦地方财政出现困难,办校企业又不景气,地方高职便只能靠自己的力量搞建设。这种状况,势必严重制约四川省高职的发展。

第二节　四川省职业教育存在的内部问题分析

教育发展所依靠的因素可以分为基本因素和非基本因素,基本因素是指教育活动赖以进行的,不可或缺的因素,主要有教师、学生、教育内容、教学方法、教学目的等方面。除去基本教育因素之外,教育活动进行所要关联起来的因素都可以称为非基本因素。职业教育在基本因素和非基本因素两个方面都有些局限性,从而导致职业教育发展受限。

一、职业教育赖以发展的基本要素不完善

任何教育的进行都需要一些最基本、最起码的不可或缺的条件,这些条件就称为教育活动的基本要素。如,教师、学生、教学内容、教学反馈、教学方法等。目前,四川职业教育发展所依赖的这些要素在一定程度上存在着很大缺陷,仍需改善。

(一)教师方面

教师队伍结构不合理,素质有待提高。足够合格的师资队伍是一所学校建立的必要条件。而教师不仅是学校办学的关键,更是学校办学质量提高的关键。对职业技术学校来说,只有学校教师队伍的数量和质量有了根本保证,才可能使学生在学校学到更多的职业技术知识,在今后的工作中发挥巨大的作用,由此产生巨大的经济和社会效益。

但是,四川职业教育师资状况整体水平并不理想,存在着兼职过多,双师型教师缺乏,教师队伍稳定性不足,年龄偏大,队伍青黄不接等现状。这样,任课教师精力投入不足,教改、科研等工作跟不上,这也使民办职业教育的教学质量大打折扣。

第一,从教师数量不足,且兼职较多。专兼职构成看,有些院校没有或有极少数专职教师,且专职教师多为公办学校的离退休教师。如四川藏区职业教育,这里职业教育的师资十分薄弱,真正属于正规学校毕业的专业教师屈指可数,大多数是临时转行的,或

者就地聘请有一定实践经验的人担任,且数量还十分有限。普遍存在兼职教师比重过大的现象,带来的负面影响是多方面的。首先,学校对于兼职教师的管理相对松散,这样兼职教师的教学质量等难以保证。其次,学校兼职教师过多,兼职教师一般缺少学校归属感,只是负责形式上的教学工作,而难以强烈的责任心面对职业教育,研究职业教育的发展,使得职业教育可持续发展受到影响。

第二,双师型教师缺乏。职业教育是一种以职业实践技术的传授和学习为主的教育形式。因此,职业学校所需教师类型也不同于一般教育,它更需要一种融理论知识与实践技术为一体的双师型教师。"双师型"教师是高职教育对专业课教师的一种特殊要求,即要求专业课教师具备两方面的素质和能力:一要类似文化课教师那样,具有较高的文化和专业理论水平,有较强的教学、科研能力和素质;二要类似工程技术人员那样,有广博的专业基础知识,熟练的专业实践技能,一定的组织生产经营和科技推广能力,以及指导学生创业的能力和素质。

职业教育不能忽视其应有的普通教育功能。职业教育更不应该成为"学业失败者的收容所"。现在,义务教育越来越普及,受教育年限也越来越长,双轨制教育也越来越弱化。在提倡普通教育中渗透职业教育的同时,职业教育也要增加普通教育的成分。所以,如果我们对职业教育的认识仍然停留在把其理解为是使更多的人接受职业技能性的操作性培训和上岗前生产实习,那么这种观念也就过于陈旧,不合时代发展潮流。技能不应该简化为某种知识以及技术的结合,而是一种集首创精神和合作能力为一体的态度和素质,这里后面这些素养更是现代社会所需要的,对于经济发展的促进作用才是更长久的,持续的。因此,职业技术学校的教师应该具备一定的知识文化素质,不能仅仅注重培养学生的实际操作技能，而忽视学生综合素养的培养。

知识文化的学习是职业技术学校和一般的普通教育学校都要努力建设的项目之一，但是职业教育不同于一般的普通教育之处主要就体现在职业技术的培训方面，注重学生操作技能的养成和训练等。因此，从这两个角度来考虑，双师型教师是职业教育所必需的。

按照职业教育生存和发展的条件来说，这种“双师型”的教师应在职业学校占据相当的比重，作为四川职业教育主体的教师自身存在着一些问题，普遍存在着知识更新不足，教学手段少，教学方法单一，尤其是自身的动手能力欠缺，技能不高，难以很好地将那种言传身教、师傅带徒弟的优秀的、传统的教学方式发扬光大，也就是说，四川的职业教育教师中“双师型”教师极为缺乏。四川多数职业学校中，“双师型”教师为数极少，懂理论的缺乏技能，会技能的缺乏理论。这几年一些师资力量较强的职业学校升格为高职，减弱了中等职业教育教学研究和课程开发力量，教师对生产服务一线的经营管理、劳动组织、技术工艺了解不够，专业技能和实践教学能力不强，很难适应培养技能型人才的需要。这里，职业教育教师的培养模式是“双师型”教师缺乏的主要原因。这一重传承轻创新、重知识轻能力、重守业轻创业、重单干轻合作、重单一型轻复合型的传统培养模式尚未得到尽快的调整。因此，“双师型”教师的培养是提高职业教育教学目标实现水平，显现成效的关键要素。但现实中，很多学校的所谓“双师型”人才，只不过是多考取几个职业资格证书。一方面，对于长期从事教育的高校教师而言，应试能力突出，考试方面占有绝对的优势，理论基础好又有时间学习，考取几个资格证书简直是探囊取物。另一方面，具有实践经验的企业界人士，由于受到现有人事体制的制约难以在“企业”

和“事业单位”之间合理流动。在教师的激励方面，很多高职院校在评定职称、任职和调薪的工作中，没有很好地贯彻“能力重于学历”的精神，对人才评价标准，对生产、建设管理、服务第一线的专业人员的职称评定标准和考查办法，依然存在唯学历论。①

第三，教师的学历偏低。以甘孜州的中等职业学校为例，按国家规定中专学校教师应具备大学本科学历，而现有的417名专任教师中，大学本科毕业生仅为142人，只占专任教师总数的34%，专科毕业生207人，占教师总数的50%，中专生及其以下学历的68人占16%，普通文化课教的教师和专业课的教师比例失调。据统计，在417名专任教师中，从事基础文化课教学的144人，从事专业课教学的273人，其比例为35%和65%。② 许多教师从毕业任教到退休很少甚至没有参加过知识更新等方面的培训，大多是从理论到理论，实践知识欠缺。加上藏区经济落后，条件艰苦，部分教师人心思走，队伍不稳定。

第四，职业技术学校的教学改革、干部人事制度改革、分配制度改革、后勤社会化改革等滞后，不适应以市场为本位、办学服务于经济的目的，更不能适应加入WTO后，教育竞争日趋激烈的严峻形势。一些中、高级职业学校名义上合并，实质上是“联合国”，倘若不迅速改革调整，解决好原来的体制问题，迅速步入正轨，合并院校仍然增强不了职教办学的优势和吸引力。

（二）职业教育的发展与学生的水平等方面不太和谐

任何教育活动的进行必须在学习主体的积极参与的基础上，

① 孟凡超：《制约高等职业教育发展的长期因素简析》，《中国成人教育》2005年第8期。

② 参见程宽鑫《甘孜州中等职业学校发展面临的困难与对策思考》，《康定民族师范高等专科学校学报》2003年第1期。

并且教育必须尊重学习主体的个性特点。职业教育同样如此。

1. 招生和学习的质量影响着职业教育质量的提升

中等职业技术学校学生的年龄一般在十五六岁至十八九岁，正值青春期或青年初期，这一时期是人的心理变化最激烈的时期，也是产生心理困惑、心理冲突最多的时期。而从实际招生情况来看，随着普通高校热的升温，中等职业技术学校的社会地位日渐低下，中考后半段考分的学生进了职业学校，学习上的差生、品德上的差生和行为上的差生成为现阶段中等职业技术学校学生的主要成分。职校生中的大多数是基础教育中经常被忽视的弱势群体，这也决定了他们的心理问题多发易发而且日益复杂，是一个需要特别关注的特殊群体。高等职业学校招生也存在着类似的情况，一般来说都是分数较低，没有办法进入大学读书的学生无奈之下进入高职学校。招生学生的基础差，加之社会存在着重普通教育歧视职业教育的倾向，他们自身也会存在着莫大的自卑感，这样的学生本身已造就了职业教育的低起点问题。职业教育学校的学生由于自身或外在的种种原因，也在自身素质的提升方面存在问题。这主要表现在以下方面①：

职业学校学生缺乏应有的积极理想和追求。不少职校生在初中阶段学业成绩不理想，无奈之下，他们进入了职业学校，因为社会对职业教育的误解和歧视，很多人都忽视或看不起职校生，职业学校的学生其人格尊严得不到社会认同。他们成了世人眼中“不上进”的顽劣，是老师眼中“不可教”的孺子，是家长眼中“没希望”的一代，是亲友眼中“不学好”的典型，是现实社会中“多余人”的

① 贺文瑾：《中等职业技术学校学生心理问题分析》，《教育与职业》2003 年第 24 期。

代表。这样,家长、朋友、社会给他们贴的标签,逐渐内化为他们对自己的自我认同。于是,自我效能感的弱化使得“破罐子破摔”成为他们的典型特征。进入职业学校时就觉得自己是被淘汰的或者被遗弃的人,认为自己是将来没有出息、事业上难有作为、几乎没有什么希望的人,因而往往表现为精神萎靡不振,政治思想上不求进步,学习上不思进取,生活上自由散漫。一些职校生抱着混时度日的心态打发人生,甘愿沉沦,听天由命。由于学习毫无目标,对自己毫无期望,没有学习的近期、中期和远期目标,因而学习态度不够认真,只求能够过得去,甚至是得过且过。当一天和尚撞一天钟,做什么事都提不起精神,觉得前途很迷茫。

首先,在学习方面,职业学校学生一般来说,目标不够明确。由于在初中时期学习失败而引起的自我效能感低下状况,不少职校生对进入职业学校学习自信心不足,甚至没有学习的近期、中期和远期目标,因此总体来说他们在学习方面态度不够认真,只求能够过得去,甚至是得过且过。这极大地影响着职业教育学生的学习质量。其次,职业技术学校的学生学习动力不足。不少职校生对学习的认知内驱力不足,对学习根本提不起内在兴趣,只是为了追求某种外在的东西,如满足家长期望等,可以说,他们学习的实用化倾向十分明显,过分追求学习上的急功近利和“短平快”,对学习文化基础课和思想品德课很不情愿,觉得学了将来没有用等于在浪费时间,还不如不学。再次,学习态度不对,学习成绩不好,这使他们在进入职业学校之前对于学习方法问题都很困惑,而进入职业学校之后他们的学习方法也是不太恰当,也存在着学习习惯不良的现象。不少职校生在初中阶段就没有养成良好的学习习惯,不知道怎样学更科学、更有效,没有掌握基本的学习策略,因为不会学因而学不好,由学不好到不愿意学,最后发展到厌学、逃学。

还有，他们的认知能力水平较低。相当一部分职校生对学习过程、学习活动和自己的学习习惯缺少必要的反思自省意识，不懂得科学合理地安排学习时间，不懂得如何进行学习成败上的合理归因，往往会把自己学习的失败归因于自己脑子太笨，或者自己的学校教学质量不高等外在的或不可控制的原因，这使得他们学习的内在动力更加不足。最后，职业学校的学生学习焦虑现象比较普遍。虽然他们学习态度不端正，但是由于学校规章制度的束缚，他们还是不得不努力学习。与此相对应的实际情况却是不少职校生读不进书又不得不读书，在家中瞒着父母，在学校应付老师，对学习有着一种“剪不断、理还乱”，摆脱不掉的心理压力。对考试或某些学科、课程的学习存在比较严重的恐惧心理，有明显的厌学情绪和行为。

职业学校学生当中不良性格特征普遍存在。从当前职校生个性塑造的实际情况看，狭隘、妒忌、暴躁、敌对、依赖、孤僻、抑郁、神经质、偏执性、攻击性等不良的性格倾向已经成为相当一部分职校生的个性心理特征。一些职校学生可以随意地说谎、欺骗、敲诈或偷盗，“边缘性人格”、“双重人格”、“物化人格”等并不少见，反社会性、分裂性、戏剧性等人格障碍倾向在一些职校生言行举止中也有明显表现。这些不良性格使得职业教育质量的提升困难重重。

社会适应能力较弱。现在的职校生大部分是独生子女，由于受到来自长辈的过分关爱，依赖性强，生活自理能力差，难以顺利适应职业学校的集体生活。由于缺乏集体生活的磨炼，职校生社会生活经验比较少，社会认知方式不够合理，往往对社会现象缺乏理智的判断，分不清哪些是对的或错的，哪些事情对自己人生发展来讲是最重要的，而哪些在目前又是次要的。面对快速多变、纷繁复杂的社会，可以说职校生比同龄优势群体的学生显得更加困惑和无所适从。

而在社会性情感方面,职业学校的学生更多地表现出冷漠态度。

在初中阶段,由于学习成绩的不理想,自然在以学业好坏为标准的学校、社会里,职校生就是笨孩子、傻学生,座位是在教室的后排,上课没有被提问的机会,根本没有参加学习竞赛的可能,有些老师和同学都懒得与他们打交道,一些家长甚至不允许自己的孩子与职校生来往相处。进入职业学校后,一些职校生对正常的社会交往仍然心存疑虑,总是怕这怕那,尤其是担心别人会瞧不起自己,因而不愿意与过去熟悉的人打交道,不愿意暴露自己职校生的身份,有意回避正常的社会交往,甚至希望自己与世隔绝。就其实质而言,职校生的冷漠是多次遭遇严重挫折之后的一种习惯性的退缩反应。不少情感冷漠的职校生对他人怀有戒心或敌意,对人对事的态度冷淡,漠不关心,有时近乎“冷酷无情”,对集体活动冷眼旁观,置身事外,给人一种“看破红尘”的感觉。有人说职校生情感世界中的“冻土层”很厚,因为在初中阶段老师关爱的“阳光”照耀到他们的时间不仅短而且热量少。国外心理研究者指出:在现代社会中,不少青年在心理上处于“三无”状态,即无动于衷,谓之无情;缺乏活力,谓之无力;漠不关心,谓之无心。这在职校生中表现更为突出。职业学校学生的这一特点对于职业学校同学间的相互交往、学习期间与社会打交道,直至最后进入社会走上工作岗位等都会存在或多或少的人际不和谐。这最终影响职业教育质量及职业教育学生的就业水平。

任何教育形式都是为了学生的身心发展服务的,职业教育同样如此,职业教育专业的设置也同样应该考虑到学生身心发展的特点,提高学生的就业能力,同时也是为了顺应不同职业需求对于人才的要求,我们要科学而合理地平衡学校专业口径的宽窄。但是,目前很多职业学校在设置专业的时候很难平衡专业口径问题,造成了资源的浪费和所培养人才的就业困难。

2. 职业教育专业的设置忽视学生的身心发展特点和兴趣爱好等。成功的教育能促进学生身心的发展。职业教育是通过专业设置,实施专业教育,培养高素质的人才来为社会服务的,专业设置是职教与社会的接口。因此,职教的专业设置既要满足社会发展的需要,也要满足学生身心发展的需要。职校生的身心发展主要从两个方面影响职校的专业设置:一是教育内容的选择,应从学生已有的智能和知识水平出发,考虑其可接受性、可理解性,遵循其认识能力发展规律,促进其发展;二是教学方法的运用,如何结合专业特点和专业教材的难易程度,选择学生乐于接受、易于接受的方式进行教学,这关系到专业的教学效果。中等职校学生年龄一般在 16 ~ 18 岁,人的体能、智能以及对自然和社会的认识尽管都有了相当的发展,但远未达到成熟和完善。职教理论家萨珀认为:从人的心理发展过程看,其职业发展探索阶段分为三个时期,即:试验期(15 ~ 17 岁),过渡期(18 ~ 21 岁),尝试预备期(22 ~ 24 岁)。从萨珀的理论来看,高中阶段,尤其是高中前期,学生的个体身心发展还有很大的潜能和空间,职业心理尚未成熟,仍处于探索时期,难以对自己将来的职业做出抉择。所以,人们一般不主张学生过早进行狭窄的专业定向。在欧洲一些国家,高中阶段职校第一年开设职业教育基课,就是出于这种考虑。

如果说,在高中阶段教育普及率较低的情况下,能进入中等职业学校的学生在智能、知识背景等方面比较接近,对学生进行专业定向,还勉强可以的话,那么,当高中阶段教育普及率不断提高,入学人数大增,乃至发展到只要愿意上学的都能进职业学校时,学生之间的个别差异不断扩大,再对学生进行过细的专业定向,显然就不利于学生的身心发展,也不利于教育质量的提升。因此,中等职校的专业设置应更多地考虑到学生的个别差异,考虑到学生个性的全面发展。不宜在一进校时就进行过窄的专业定向,而应在加强必要的文化基础的前提下提供多种学习职业基础知识和技能的课程,供学生尝试、比较、选择,以使他们在毕业时能够有多种选择,或者就业,或者升学,或者走其他发展之路。

(三)职业教育的办学目的不合理

职业教育的办学目的不合理,这主要体现为职业教育发展普遍存在着错误的办学目的观,对人才的培养也过于急功近利。

1. 职业教育的举办理应为社会培养大批的全面发展的技术型实用人才,但是,四川职业教育只是为解决初中毕业生的升学矛盾。新中国成立以来职业教育的几次大发展,首要的诱发因素往往并不是生产力发展的要求,而是社会上许多未能升学的初、高中毕业生需要安顿。教育行政部门及办学单位没有以培养生产、服务、经营管理第一线的技术实用型人才为宗旨,没有将职业教育作为满足个性发展、自我发展的手段,而是仅仅把办职业教育看作为解决初中毕业生的升学矛盾并为他们提供谋生技能的途径。按这种办学目的培养出来的职教生不可能适应劳动力市场的需求。目前,世界各国都已经认识到只有全面发展的人才才能够满足日益激烈的市场竞争,满足科技含量日益增加,学科知识不断融合,企业生产所需知识跨度不断加大的现实需求。但是,我们还是简单地从从业需要的角度来确定职业教育原则,让接受职业教育者掌握一门技能,这种教育思想没有看到当今世界发展之迅速,技能人才不断提高自己的重要意义,从而忽视了培养全面发展型人才的迫切性。

2. 在不合理的办学目的之下,很多职业学校更是存在着急功近利的办学思想。1999年以来，中国高校开始逐年扩招，高等职业教育也相应受到重视。市场的人才需求和充足的生源刺激了职业教育去努力扩大热门专业。国际金融、国际贸易、工业外贸、新闻学、办公自动化、房地产经营管理、国际企业管理等专业，因其投入少、招生易、见效快，曾经被一致看好，一度在四川一哄而上，以至目前，四川每一所全日制大专院校和上一定规模的职业学院都开设有上述专业（或部分专业），以及相关专业。在这种情况下，难免出现重数量不重质量，以致学生因质量差而无法就业的情况。一些学校招收新生时"门庭若市"，就业安置时无能为力。因为培养了职业需求过剩的"滞销生"，从而使刚开始转变观念的人们对职业教育的效果产生了怀疑。由于职业学校的创办者急功近利的办学思想，职业教育出现了质量差就业难的局面。但是与此同时，这一急功近利思想也体现在职业教育学校的学费不断攀升方面。一些投资者存在短期行为，希望能在较短时间内收回投资，因此存在学生学费高且上涨幅度过快现象。也有些民办院校虽然学费不高，但却收取名目繁多的杂费，影响声誉，导致招生困难，难以形成发展规模。

3. 课程设置存在缺陷，这使职业教育发展的潜力受到限制。在教育系统之中，课程是教育目标和学生发展之间的媒介，是教育的核心领域。课程的设置最为鲜明地体现一个学校办学思想和发展路线。四川职业教育在人才培养方面的局限性最为明显地体现在课程方面。

（1）课程中学科结构设置不合理，学生人文素养较差。① 在目

① 蔡宝来、岳珂：《中等职业教育发展现状、问题与对策》，《考试》2007年第17期。

前的教育体制下,一般来说进入中等职业学校的学生大都是那些被认为学习成绩不好,整体素质较低的学生。由于他们的知识结构不合理,自我约束力不强,又对学习不感兴趣,另外"一切为专业技能课让路"的观念使得文化课教学毫无活力,老师也没有教学成就感,因此处于"可上可不上"的境地。

在一些学校,为了弥补学生知识结构欠缺的问题,又重复开设了以前的课程;另外,中等职业教育的主要培养目标是为学生以后融入社会服务,所以人文社会课程的开设显得比较重要。而事实上正是这些对学生成才起强大隐性作用的课程却没有引起校方的足够重视,相当一部分学校都没有开设这些课程,这样一来,不仅使学生在适应复杂多变的市场经济社会所需要的思考能力、创造能力、管理能力、表达能力、社交能力、自学能力以及心理承受能力等方面欠缺,而且他们的社会公德、法制观念、健全人格及健康心理等方面的素质也令人担忧。一些学生缺乏社会责任感,公共道德修养不高,不关心集体,不守纪律,不知谦让与互相帮助,心中只有自己。从企业反馈的对毕业学生的信息来看,不受企业欢迎的学生大多不是因为技能低下不适应生产需要,而是因为不会做人。

在课程设置上,课程内容首先表现为较为陈旧,缺乏与市场需要的对应性,一是教学内容较陈旧,未及时更新,反映新科学、新技术的内容不足,国际化的新理念、新知识也较少,很多教学内容还有待更新和完善。以四川旅游教育为例,由于行业与旅游教育信息流转不畅,导致国内最新动态不能反映,尤其是世界各地或旅游经济发达国家的相关信息获取途径太少和速度太慢,造成旅游职业教育近于闭门造车,这与加入世界贸易组织后直接参与国际竞争的状况是不相称的。这种不平等使得我们参与国际竞争起点低人一筹,旅游人才层次较低,必将限制四川旅游业的扩大和向纵深发展。

因此,我们要努力创建新型的课程体系。课程设置追踪最新科研成果,实现与市场需求的无缝对接,确保学生达到现代企业对高技术人才的专业要求,为学生将来高质量就业提供了切实的保障。

(2)职业教育课程存在着两种较为极端的发展走向。本来,理论与实践的关系应该是辩证统一的,理论是对实践经验的总结和升华,理论也应该回归到实践之中为具体的实践服务,从而进一步提高实践发展水平。但是,在具体的职业教育发展方面,往往会在理论与实践之间的两个端点各执一端。在课程内容中不是过分强调理论,就是过分强调实践。从课程的角度看,我国职业教育一直非常强调普通文化课程、专业基础课程等知识性课程,而这些课程的内容往往与职业岗位能力要求比较远。在实践中,大多数高职院校一般都过分突出实践,提出理论"必须够用",甚至提出基础理论"越少越好"。实质上,作为高等教育领域的高职教育的理论部分也应是其重要的教学部分,它是与实践教学内容相辅相成,相互渗透、相互促进的。如果过分强调高职实践教学,忽视了其理论教学内容,则培养的人才必然是短时性、缺乏后劲的,从而高职教育的高质量、高水平发展也就无从谈起。

(3)职业教育课程设置缺乏统一管理,过于随意,这样严重影响着职业教育发展的规划性和科学性。我国职业教育虽然体系庞大,但课程与教学的科学化程度并不高,缺乏国家统一编制的系统的职业标准,职业院校课程设置因缺乏依据而随意性比较大。为了使得职业院校的课程内容能更加灵活地适应企业技术变化,也为了职业院校能办出特色,教育行政部门已把专业、课程设置的大部分权力转移到了学校。学校的办学自主权大大加强。这一改革在实现上述目的的同时，也使得在许多职业院校出现了专业、课程设置不够规范的现象，随意性较大。①

（四）教学方法和手段过分单调和落后

随着科技的进一步发展，其发展成果已经日渐渗透到教学领域之中，使得现代社会的教学手段日渐信息化、科技化。教学手段的现代化对于提高教学效果、丰富教学内容等方面都有显著作用。这与传统的教学手段形成鲜明的对比。信息化对教学手段和方式的冲击，要求我们必须改变传统的教学方式，针对教学需要，根据教师素质、教学内容、教学方法和手段的优缺点等合理利用多媒体技术等先进的教学手段，以进一步丰富和提高教育效果。职业教育注重实践能力的培养，在一些具体的技术演示与训练时，运用多媒体可以更鲜明形象地把这些技术呈现给学生，让他们对这些用语言难以有效言传的技术理解更透，印象更深。但是，目前，由于大部分职业学校经费不足等问题，我们现有的职业技术学校尤其是那些高等职业技术院校，大多数由于办学条件的限制，还是沿袭传统的一块黑板、一支粉笔的教学方式；而部分条件较好的院校，虽然也有多媒体的教学手段，也一定程度上利用了网络信息技术，但是他们在实际的教学过程中，对新的教学手段和方式缺乏研究，不能有针对性地使用不同的方式、方法，而新的教学方式和手段并未发挥出应有的作用。这一切严重影响着职业教育质量的提高和人才的培养。

由于地方办学体制过于死板，缺乏灵活性。有些由各地市州办的中等职业技术学校，其最终的管理权力归属各地市州教育行政部门主管所有。而许多主管部门在职业教育面对强大的市场冲

① 徐国庆：《我国职业教育发展的关键问题》，《职教论坛》2006年第6期。

击力的情形之下，仍然没有改变以往传统的办学思想，仍然是沿用计划经济的体制来管理市场经济条件下的中等职业技术学校，这一管理模式使得职业学校的办学有着极为显著的特点，这就是职业技术学校被统得过死、管得过宽，明显地缺乏灵活性。比如都江堰职业中学是一所国家重点职业中学，按国家的有关政策精神，完全应该而且有条件实行灵活管理体制和弹性学分制，可是教育行政部门却要求他们像普通中学那样参加统考。文化科搞统考，专业科也搞统考，这给学校的教学改革和学生学习的个性发展造成过大的压力。职业学校重在培养学生专业技能，抓统考就会扼杀其特色。当地主管部门还规定，不参加统考的，不得参加补考，这就不利于国家规定的读一年后可以再次选择专业原则的实施。该校与当地武装部联办预备役班，这种办学旨在主动适应军队对人才的需求。学校招生是秋季，军队征兵是春季，为了满足专业特殊性，招生时间完全可以改秋季为春季，这样学生毕业刚好与军队征兵接轨。但由于学制为三年，又未能改秋季招生为春季招生，学生毕业后，还得在社会上待业半年，才能应征入伍。这都是办学体制不灵活造成的弊端。

二、职业教育发展的相关非基本要素存在问题

这些非基本要素虽然不及基本要素重要，但是如果出现问题也会给职业教育发展带来极为不良的影响。

（一）管理体制存在缺陷

1. 多头的管理体制造成资源浪费等缺陷。多头的管理体制主要表现在以下四个方面：一是部门分权，目前中等职业教育分属于教育部门、劳动部门、各行业部门多头领导；二是证书分管，教育部门发学历证书，劳动部门发职业资格证书或技术等级证，不同行

业又有执业证、专业技术等级证等，一所职业学校或一个职校生要面对多方证书考试；三是中职与高职分统，同是一类教育，同归教育行政部门管理，却按层次分割开来：中等职教归属职成教司（处），高等职教归属高教司（处）；四是职前与职后分离。职前教育主要是教育部门的事，职后的继续教育和终身教育多是劳动部门、人事部门、各行业、社会和个人的事。这种多头的、分散的管理模式，难免形成交叉、争权、推诿、扯皮、门户之见等弊端。四川藏区的职业教育在管理上存在着条块分割多头管理的问题。如：阿坝州中等专业学校归各自的上级主管部门管理，职业初中和职业高中归属教委管理，这种多头管理不利于统一规划和管理，不利于形成合力，造成了人财物的浪费，不利于职业教育健康的发展。

2. 多头管理体制之下，我国高等职业教育办学体制基本上是政府主导，各级部门参与。尽管有鼓励民营院校发展的政策，但民营院校在教学资源上先天缺乏，在社会认可方面还无法得到广泛认同。现有的大多数高职院校是体制内受到保护的事业单位，没有一个科学合理的退出机制。在旱涝保收，竞争不激烈的情况下，学校无危机感，缺乏发展的强劲动力。

3. 职业教育的举办者之中，由于多头管理体制以及彼此之间的利益关系，职业学校之间相互联系不紧密，采取单打独斗，不能相互合作，互通信息，优势互补，资源共享，互利共赢，甚至有相互拆台现象。这样也就造成了职业教育发展的势单力薄，缺乏规模和合作效应。技工学校、职业高中、中专学校、职业技术学院同属于职业教育范畴，但由于技工学校隶属于劳动系统管理，职业高中隶属于教育系统管理，中专学校又由所属各行业部门管理，职业技术学院由各省教委管理，造成各类学校既多头管理又单一、封闭的局面。目前，随着我国职业教育内部结构不断优化和提升，职业教育也纷纷由传统的中级技工教育向高级技工教育发展。高职中“工业职业技术学院”、“工贸职业技术学院”、“技师学院”、“高级职业技术学院”虽然都希望在职业技能训练和学历教育两个方面提升办学层次，但由于缺少有效的手段解决职业技能与就业导向的衔接问题和高级技能的实训问题，依然没有侧重，拉不开层次，走不出新路。①

（二）办学模式过于单调

一是办学功能单一，几乎所有的中等职业教育都办成了学历教育、正规教育，非学历教育和非正规教育只是一种补充形式。

二是办学体制单一，在北京现有的中等职业学校中，仅有不多的学校是民办教育形式，其余均为公办学校，与国家积极鼓励非义务教育阶段的学校采取社会力量办学的政策不相适应。

三是办学形式单一，从承担职业教育的学校来说，长期以来，我国的职业教育大多由技工学校来担任，前几年才出现由中学和中专校改制的职业技术学院和高职学院，而技工学校由于历史原因，国有企业办学和行业办学较多，尤其是企业办的技工学校大多面向自己的企业，面向一次就业。中国的职业教育实行全国统一学制标准，中级技工培训学制固定为3年，高级技工培训学制固定为5年，与日新月异的科学技术发展相比显得周期过长，欠灵活，尤其是高科技专业比如计算机专业，等几年学成之后知识已近淘汰。单一的办学模式和固定的学制已不能适应各地区多层次的就业需要。

另外，从学校自身办学模式来说，目前中等职业教育以“学校本位模式”为主，企业和行业参与的力度和广度不甚平衡，其中有

① 王翊：《我国职业教育问题反思》，《大学时代》2006年第5期。

认识问题、有政策问题、有企业的困难,但关键还是制度和机制问题,而以学校为主的办学模式带来的是资源和投入的客观需要与实际供给不足的矛盾比较突出。目前,较为流行的职业教育办学模式是产业结合,企业和教育合作,互通有无,以共同培养人才。这一模式可以有效地促进职业教育培养人才的针对性,也为企业的发展提供了更多合格人才支持。但是,在这一方面,四川乃至全国在产学结合时都存在方式单一和层次较浅的问题。[①] 随着产学合作是高职教育的必由之路观念的深入,学校开始积极走入企业,了解企业需求,寻求与企业合作的机会,但是,由于我国长期以来实行的计划经济,学校与企业之间缺乏了解和沟通:企业对学校培养人的过程缺乏参与意识,学校对企业的需求了解不深入,没有服务于企业的意识。大多数院校只停留在教学实习层面上的合作,忽略了在办学体制和机制上的合作,企业界和学校双方不能相互深度介入,未建立双方相互促进、互惠互利的"双赢"机制。过去我国政府管理过死,较多地介入企业和学校内部事务,而目前却又完全放任不管,从而使有些高职院校虽然意识到了产学合作的多维度、多层面性,却因为与企业之间缺乏天然联系,很难找到与企业合作的途径。另外,目前我国缺乏相应的激励机制,鼓励企业与学校合作,企业的积极性普遍不高。因此,在产学合作中,企业与学校的合作很难落到实处,很难深入、持续的进行下去,高职院校的生命力也难以得到保证。

(三)人才培养模式存在问题

人才培养模式的确立是一个学校办学理念的体现,人才的培

---

① 杨近:《对我国高职教育人才培养模式理论和实践的审视》,《岳阳职业技术学院学报》2007 年第 1 期。

养主要通过教学的实施进行。

1. 教学过程忽视学生技能培养。教育过程中教学性格决定了人才培养的趋向性。而四川的职业教育存在严重的教学忽视技能培养的倾向。

市场经济和科学技术的飞速发展，对职业教育的培养目标提出了新的挑战，"上岗能适应，上岗能顶用"是社会和企业对中职毕业生的基本要求。职业教育着重培养劳动者的实际劳动技能，他们实践能力的高低决定着职业教育质量，以及职业教育培养出来人才的受欢迎程度。但是，长期以来，在课程设置的次序方面，传统的社会价值观及学校的传统教育观念与高等职业教育相背离，导致了职业教育一直以来忽视技能的培训，而更为注重理论知识的学习。

长期以来，我国社会存在着一种根深蒂固的文化价值观念，即认为理论性工作要优越于实践性工作。这种视脑力劳动高于体力劳动的价值观念所导致的弊端是导致实用技术型的人才得不到社会的认可并获得应有的社会地位。尽管加强实践教学作为核心内容的教学改革课程体系和教学内容是实现培养目标和实施培养模式中的核心内容，但很多学校却依然对学科教学十分留恋，刻意追求学科体系的完整和知识结构的完整，造成高等职业教育培养的学生理论不是很高，实践又是很差，与普通高等教育的学生相比并无多大优势。传统教育观念在高职教育的一个突出表现就是很多高职院校拼命提高专升本升学率，并将升学率作为宣传学校的一大亮点，将高等职业教育异化成第二普通高等教育，为专升本服务。在实际生活中，人们将职业教育，包括高等职业教育视为"次等教育"，高中生升大学把高等职业学校视为"第二选择"。深入一步研究，这不只是一个舆论宣传问题，它有深刻的根源，这根源就是与高等职业教育发展相关的一系列政策不配套以及现实的利益格局在实际生活中产生的导向作用。普通高等院校毕业的学生进入体制内受保护行业的可能性远远大于高职院校,而且可以考取研究生,获取进入上层社会、参与上层角色的门票。高等职业教育的培养目标决定了毕业生的就业方向基本上是体制外不受保护的竞争性行业,无法吃到“皇粮”。在竞争性行业中高职毕业生也难以成为白领,其上升的通道狭窄。① 同时,高等职业教育自身办学模式不合理,质量不高也是其主要原因。我国的高等职业教育起步很晚,现在的高等职业技术院校大多数由原来的中专学校合并或由成人高校整合而成。高职教育经验不足,大多还是在沿用过去中专和成人院校的培养目标和要求。在学科设置、课程安排、教学手段、教学方法等方面还存在着诸多问题。办学思路方面,这些教育主管部门自觉或不自觉地沿用普通高校的管理办法来管理高职,如在教职工的职称评定等方面没有建立适合高职发展的管理体系。这些无一例外地影响着高等职业教育的质量提高,更影响着整体职业教育的发展。

2. 中高职的衔接沟通仍不够通畅。中等职业技术学校培养的人才往往深造无门,这反映了我们在职业技术制度设计上有缺陷。这里的原因是多方面的。

中高职招生学生的身份限制使得中高职衔接不顺。在职教发展初始阶段,由于将中等职教定位于就业准备教育、终结性教育,忽视了受教育者将来的技术应用水平提高和职业变化的发展需要。因此在推行对口单招时,只允许中等职业学校的应届毕业生

① 孟凡超:《制约高等职业教育发展的长期因素简析》,《中国成人教育》2005 年第 8 期。

对口报考，往届生中只有毕业后直接参加农业劳动或在乡镇企业工作两年以上的农村青年可报考为农村或乡镇企业培养人才的单独招生学校。这种人为的身份限制，使得绝大多数中等职业学校毕业生失去了继续深造提高的机会。

专业设置的口径限制也阻碍着中高职的衔接。实行专业“对口”单独招生是中高职衔接的必然要求。但由于当前高职开考的专业类别数量的限制，中等职校所设置的有些专业找不到对口甚至相近的专业报考，不少同学进入中等职校后由于有对口单招的升学愿望，则不得不重新调整所学专业。

对口单招的考试科目限制。1998年以前，对口单招文化课考试三科，即语文、数学以及按不同专业的实际需要指定的物理、化学、政治、历史中的一科，专业课考试科目为一门专业基础课和一门专业课，本科加试外语，并计入总分。1998年以后，文化课改为三科，即语文、数学、英语，英语取代了过去根据专业需要选考的科目，专业课基本不变。但这种考试科目的设置，使得不少学校大量减少专业课，只就开考科目实施教学，职业教育步入了应试教育的误区。2003年又重新调整了考试科目，这次调整虽然实现对过去错误做法的纠偏，但各专业所涉及的考试科目数量不等，且相近专业课的教学深度要求不等，对当前中等职校的教学组织带来了一定的难度。①

由于以上这些原因，在全国范围内普遍存在着中高职衔接不顺畅的问题，四川也不例外。中高职衔接不顺，使得人才成长的空间过分狭小，不利于人才素质的进一步提高。随着科技的发展，社会发展对于人才素质要求越来越高，仅仅有中等职业技术人才远

① 徐健：《中高职衔接：戴着镣铐跳舞》，《职业教育研究》2004年第8期。

远不能满足社会经济发展的需要，因此，我们要努力在中高职学校教育之间搭建一架桥梁，促进两者的顺利交接。

3. 不具备职业教育办学条件的普通高校大力举办职业教育，异化了职业教育本身，影响着职业人才培养的质量。职业人才本来应该由专门的职业技术学校进行培养，但是由于教育体制的不完善，四川的一些普通高校并不具备培养职教生的师资、设备、条件，政府主管部门却给他们下达招收职教生的指标，让他们进行招生。考生以高职生的名义被招进学校，然后按普通高校的规格进行培养。这种做法无疑是对职业教育的亵渎。职业教育必须以其优化的专业与课程结构、良好的人才质量才能在就业市场中赢得信誉，从而重新唤回公众对职业教育的信心。

4. 在学习其他职业教育先进模式之时，超越实践环境对这些模式自行裁减，盲目照抄照搬。职业教育人才培养模式不合理导致四川职业教育在群众中的声誉不高，培养出来的学生难以顺利就业等问题。这就需要我们合理学习其他省外的、国外的先进经验，但是在职业教育人才培养模式的对外学习方面，我们往往断章取义，忽视自身发展环境而盲目学习、照搬。在对国外模式的借鉴中人们往往只见树木、不见森林，只要认为某一模式有一定优势就会对其产生晕轮效应，根据自己研究需要，断章取义地借鉴，而不是全面地对国外模式存在的特定条件和环境进行分析，了解和掌握模式全貌的基础上再去借鉴。比如，在对德国“双元制”模式的借鉴中，很多研究者只关注了其教学模式的特点，完全忽略了该种模式实施的具体环境和德国职业教育体系中教育界与工业、企业界的关系，便照搬模式，盲目实践，从而导致这种教学模式因为没有适合其生存和发展的环境而最终丧失了优势。一把钥匙开一把锁，我们在学习他人经验的时候，要大胆做事，小心论证，学习其基本精神，根据自己的条件有限制地使用，只有对其他理论模式进行分析和改造，使其符合本地方实际的基础上才可以进一步拿来为我所用。

（四）职业教育助学制度不完善，这将使贫困家庭的子女难以接受职业教育，这与职业教育的宗旨不合

由于教育改革，中职和高职教育和普通高校一样，实行收费，事实上，农村家庭作为职业学校生源主体，人均收入目前偏低，高额的学费和生活费用，对很多学生和家庭来说是个不小的压力，为鼓励更多农村学生和城镇家庭困难学生进入职业学校，接受职业教育，必须建立并完善职业教育的助学制度。为此，四川设立了中等职业教育助学金专项资助贫困学生，补助标准为每生每学年1000 元。这是四川省扶持中等职业教育、加大对中等职业教育投入的措施之一。① 中等职业教育助学金用于中等职业学校贫困学生的生活补助。资助对象为全省中等职业学校（包括公办和民办的普通中专、成人中专、职业高中和技工学校）等全日制在校贫困学生。助学金的分配根据各地经济发展水平及中等职业教育、招收农村家庭学生及政府财力等因素计算确定，并向民族地区、革命老区和贫困地区倾斜。中等职业教育助学金根据学生家庭贫困程度予以资助，优先资助孤残学生、父母丧失劳动能力学生、少数民族贫困学生、烈士子女、单亲贫困家庭学生、农村绝对贫困或低收入家庭学生、享受城镇居民最低生活保障的家庭和因突发事件导致家庭经济困难的学生等。中等职业教育助学金资助名额的分配将向就业率高、办学质量好的中等职业学校倾斜，并适当向农林、

① 参见川阳《四川设立专项基金资助中职学校贫困生》，《职业与技术》2007年第9期。

地质、矿产等艰苦专业学生比例较高的学校倾斜。管理措施的出台为职业教育中的贫困学生接受救济提供了政策保证，但是实际执行过程中，政策往往变形，导致很多真正贫困的学生有些难以接受到救济，而且僧多粥少，贫困学生能够接受到的救济对于他们来说无济于事。于是，加大扶助力度，完善助学制度是我们应有之举。

第三节 四川省职业教育与县域经济发展的对接存在问题

职业教育与社会的对接问题是指职业教育与社会的互动问题，任何教育活动开展均是在一定的社会情境下进行的，职业教育必然要与社会保持和谐的互动关系才可以实现良性发展。

一、职业学校内部对于有限资金的利用不合理，且存在着的无序竞争导致资金少之又少

近两年四川高职院校剧增，有限的资金无法集中、优化地使用。四川省的高职院校基本上是中专的翻版，教育经费并无实质性的增加。此外，许多本科院校办有高职专业，势必造成无序竞争，造成资源浪费，弄得不好，很可能出现一哄而起、又一哄而下的局面。由于投入不足，职业技术学校在办学中步履维艰。大部分职业学校教育手段落后，还没有设施完善的教育实习、试验场所，教育实习实验得不到保证。

职业教育对于社会资金利用不高。虽然《职业教育法》第29条进一步规定："企业未按本法第20条的规定实施职业教育的，县级以上地方人民政府应当责令改正；拒不改正的，可以收取企业

应当承担的职业教育经费，用于本地区的职业教育”。但都未真正贯彻执行。国家虽然鼓励各种社会力量和个人捐资兴学、助学，但由于配套的政策法规迟迟未能出台，民办教育的发展尚未完全纳入正轨。1979 年以来，我国开始引进教育外资，但所接受的外资只占实际利用外资总额的极小一部分，与经济项目相比大为逊色。

经费利用效率低下也是影响四川职业教育经费不足的原因之一。大部分中职学校图书资料、实验实习仪器设备利用率很低，各学校都一味追求“大而全”、“大而详”，大搞低水平的重复建设，浪费了大量的宝贵资源，使得本来就少的教育经费更加拮据。

无序竞争是造成资金短缺的又一原因，近两年四川高职院校剧增，有限的资金无法集中、优化地使用。四川省的高职院校基本上是中专的翻版，教育经费并无实质性的增加。此外，许多本科院校办有高职专业，势必造成无序竞争，造成资源浪费，弄得不好，很可能出现一哄而起、又一哄而下的局面。为此，我们必须优化资源，形成不同职业学校之间的互通有无关系，提高资源的集中利用效果。

二、职业教育的数量和质量不能满足社会发展的需要

职业教育表现出较大的不适应性。最主要体现在与经济社会发展的要求不适应。按照树立科学发展观和构建和谐社会的要求，经济社会发展必须转到主要依靠科技进步和提高劳动者素质的轨道上来。分析四川省就业结构，在四川省就业人口中，小学及以下的占 56%，高中及以上的仅占 11%。① 四川省是地处西部的

① 张中伟：《在四川省职业教育改革与发展经验交流会上的讲话》，《中国职业技术教育》2005 年第 8 期。

人口大省，劳动力文化科技素质不高、缺乏专业技能，人力资源的比较优势没有得到有效开发，已严重影响经济社会发展。为了提高劳动者劳动素质，变人力资源的数量优势为资源优势，我们必须大力发展职业教育。但是，从目前情况来看，职业教育难以满足社会发展需要。

职业教育的发展本来是为经济服务的，其数量和质量都应着眼于社会需要的满足上。但是，实际上目前四川的职业教育无论是质量还是数量上都难以满足社会发展的需要。

（一）就数量而言，从全国范围来看，据劳动和社会保障部的统计数字，目前在我国2.7亿城镇从业人员中，获得国家职业资格证书以及具有相当水平的技能劳动者只有8720万人，包括高级技师、技师、高级技工在内的高技能人才只有1860万人，占技能劳动者的21%，而发达国家一般要占到30%。高级技师和技师分别只有60万人和300万人。不仅数量短缺，结构也不匹配，复合技能型和知识技能型技能人才严重不足，而且年龄偏高，技师、高级技师面临断档。高技能人才短缺，已成为制约经济社会持续发展和阻碍产业升级的“瓶颈”。高技能人才短缺的背后则是普教、职教发展比例的失衡。四川也同样存在这样的问题，以四川达州市中等职业教育为例，其招生数和在校生数仅占高中阶段教育的40.1%和38.5%。民办职业教育只占职教总量的13.6%。①

改革开放以来，四川职业教育大致经历了如下三个阶段：一是“文革”结束至1985年，全省中等职业技术学校发展到1012所，招生13.6万人，在校生28.8万人，输送毕业生4万人。1985年后，

① 参见郑煜《关于对职业教育现状的认识及发展的思考——以四川省达州市为例》，《教育科学论坛》2006年第9期。

贯彻《关于教育体制改革的决定》，四川职业教育发展更快，到1995年，全省有中等职业技术学校1307所，招生25.4万人，在校生62.8万，其招生数和在校生数分别占高中阶段学校招生和在校生总数的59.2%和58.8%，长期存在的中等教育结构单一的局面得到根本改变。二是从1999年开始，四川职业学校的招生数量连续三年递减。全省中等职业学校（含普通中等技术学校、中等师范学校、技工学校、职业中学）856所，在校中职学生较1995年减少了14.39万。三是从2001年开始，四川的职业教育有所回升。2001年，全省各类中等职业学校969所，在校生59万人。独立设置的高等职业技术学院9所，38所重点中等职业学校开展了“五年一贯制”高职教育的试点工作。政府对一批原中等职业技能培训学校进行了重组，建立了19所职业培训学院。全省21所普通高校举办了高等职业教育，在校生达8297人。截至2004年底，全省民办高职院校只有5所，仅占高等职业学校总数的15.6%，招生人数4267人，在校生数6979人，分别占高等职业学校招生数和在校生数的10.1%和9.0%，校均在校生仅有1396人，人数最少的学校只有23人，最多的也只有4214人；国家资产总值5.15亿元，也只占高等职业学校国家资产总值的15.3%；民办中等职业学校122所，占中等职业学校总数的18.5%，招生人数44272人，占中等职业学校招生总数的17.7%，在校学生数87717人，占中等职业学校在校学生总数的14.6%，校均在校生仅有719人，远低于全省中等职业学校在校学生909人的平均数，规模明显偏小。从四川庞大的人口基数，以及每年有近40%的初中毕业生和30%的高中毕业生不能升入上一级学校学习，转移和输出的农村劳动力中有2/3以上人员没有经过培训，大量非农业人口尚需接受就业和再就业培训的现状来看，四川民办职业教育的发展规模还很不充分，远远不能满足社会需求。[①] 即使是在四川的职业教育发展最好的1995年，仍不能满足社会日益增长的对实用型人才的需求。一方面，劳动力市场需求缺口巨大，职业技能培训的毕业生紧俏；另一方面，职业技能学校招生吃力，这在四川，特别是大中城市已形成一个怪圈。这一矛盾不仅导致四川劳动力后备资源结构的滞后，而且给普通高中带来更大的压力。因此，社会应对这一现象给予足够的关注。

（二）从职业教育的质量方面而言，职业教育因为不能紧跟市场需求，办学缺乏特色等原因，在质量上也是难以满足社会对职业教育的强大需要。目前，职业教育发展与就业形势不适应。当前，就业矛盾突出，好多人无事干，好多事无人干，这个问题的症结就是劳动力培训不够。广大农村劳动力多数没经过职业技能培训，下岗职工技术老化，技能单一，难以适应就业市场的需要。职业教育质量发展的问题主要表现在以下方面：

1. 职业教育与人才市场对接不到位，影响职教品牌的创建。职业教育的发展是与人才市场状况最直接关联起来的。只有关照、对应市场需求，职业教育才有持久生命力。但是，在目前，职业教育与市场、产业发展之间良性互动的有效机制尚未真正形成，就业市场对技能型人才的需求并没有转化为有效的职业教育需求。职业教育的办学机制、人才培养模式、运行机制与市场机制的衔接不够紧密，职业教育适应市场、服务经济的能力还比较薄弱。部分职校办学目标认识不清，游离市场需求，以就业为导向的办学观念不强，为当地经济发展培养人才意识不强。受实训基地和专业师

---

① 参见刘承康等《制约四川职业教育发展的因素及对策》，《四川师范大学学报》（社科版）2002年第5期。

资缺乏、人员的劳务输出培训质量不高、就业渠道不畅等因素的影响，办学日趋艰难。少数民办职校和办学机构忽视教育培养人的基本规律，学生进校一年半载甚至几个月，便以“带薪实习”名义送往生产一线，成为变相“低廉劳动力”，使学生缺少最基本专业知识培训，缺少就业岗位替代能力和深入提高发展的潜能。从长远讲，必将影响四川省职教整体教育质量和职教竞争力与职教品牌的创建。

2. 职业教育难以有效地为区域经济服务，职业教育的设置可以在很大程度上为经济发展培养大批人才，从而拉动经济，为经济的腾飞服务。虽然目前，这一观点已经得到了很多人的认同，但是在具体实践方面，由于传统习惯的惯性作用，仍然存在诸多不容忽视的问题。比如，高职教育与区域经济、社区关系的重要性已经形成共识，大多数院校也从专业设置、办学运行等方面在一定程度上注重了区域经济和社区的需求，但是，绝大多数院校由于受过去行业办学惯性的影响，在与社区的合作、服务中，是单线条的，呈条状结构而非块状结构。这样一来，在办学中就出现了一个无法解决的矛盾：即专业的建设发展难以适应职业结构频繁变动的矛盾。一方面，专业需要一个成熟期是教育的内在规律，由于只是条状的、线性的结构，院校为了适应经济发展就需要不断调整和开办新专业，这必然严重影响专业的发展水平，从而影响学校的办学水平。另一方面，如果学校侧重于专业的建设来保障办学水平，由于这种单线条的条状结构，学校必然难以适应区域经济和社区发展，最终影响院校的持续发展。①

① 杨近：《对我国高职教育人才培养模式理论和实践的审视》，《岳阳职业技术学院学报》2007 年第 1 期。

3. 办学特色不够鲜明,教学质量不高。一所职业学校的办学特色是这所学校长期以来经过历届领导和师生努力而形成的独特的办学风格、办学机制的体现,是学校杰出性的表现,是学校自身的一种突破与超越。从发展观点看,特色是学校今后发展的生长点。从竞争的观点看,它是学校优势的反映。任何有发展前景的职业学校都应采取有力措施,形成、保持和发展自己的特色,塑造自身的品牌形象,并借以增强学校的竞争力和持续发展能力。从发展的观点看,教育教学质量是职业教育的生命。没有质量的提高,就不会取信于受培训者和用人单位,就会丧失在日趋激烈的人才市场竞争中的优势地位。职教就会失去持续发展的生命力。因此和企业一样,职业教育也应视质量如生命一样重视教育教学质量的提高,树立"质量是职教的生命,信誉是职教的未来"的质量观,千方百计、坚持不懈地狠抓教育教学质量的提高。但是,目前为止,四川省职业教育办学特色鲜明的较为少见,教学质量不高的情况较为普遍。

一些学校以学科教育、学历教育为导向,用升学来吸引生源,技能教育和实践教育没有摆上应有的位置,实习实训设施不配套,专业特色不明显,职业学校毕业生质量不高,就业优势没有得到充分体现。而各类职业教育的办学机构层次良莠不齐,严重影响职教办学信誉。

一些新办的中等职业院校为了在激烈的市场竞争中求得生存,只好盲目地多增加专业,扩大学校办学规模,通过各种手段提高学校在社会和市场上的影响力。但是,事实上他们盲目增设的这些课程,往往是脱离学校实际情况随意而设,难以长期维持,在实践中要么师资跟不上,要么几乎就没有生存的空间,使得职业技术学校成为既不像职业学校又不像普通高中的不伦不类学校。这种盲目跟风偏离了职业技术学校的办学宗旨，不仅使得新设置的专业性不强，同时也使得原有的特色专业地位削弱。

在各类职教机构中，还存在一些办学实力缺乏，有牌子、有班子、无固定办学场地设施、无办学固定资金投入、无固定师资队伍的“几无”职业教育培训机构。这类办学机构通过不同渠道获取政府各类培训资金，却难以正常组织开展培训，保证培训质量，有时出现少培训、假培训、不培训，发放假培训合格证、劳动技能证书的现象，甚至出现拖欠、侵吞政府补贴学员学费的现象，严重影响职教培训市场健康发展，这与现存的机构设置多头审批、重复审批、轻管理的原因有较大关系。

从社会的角度看，我国有重视学历文凭教育的传统，不少人把省重点高中、考大学作为改变社会地位的阶梯，在一定程度上轻视职业技能人才的培养；丰富的劳动力资源和不够健全的劳动用工制度，使得企业有条件从社会直接获取劳力，重使用而轻培养。另外，职业教育长期投入不足，个人负担学费比例偏高，既不能与职业资格证书教育有效地衔接，也不能与普通教育、成人教育、高等教育有效沟通，在一定程度上限制了学生的未来发展。对不少学生来说职业教育是低等教育的代名词，上职业学校学习成了一种无奈的选择。

从职业教育自身看，供给不足，不适应社会需求，也是导致其社会需求萎缩的重要原因。职业教育因经济的需要而产生，与经济发展有着天然的联系。从历史上看，职业学校教育历来是随经济的发展而发展、随经济的调整而波动的。传统的职业学校教育着眼就业，强调职业定向性，培养技能型、技艺型人才；而现代社会要求兼顾就业和发展，强调职业适应性，注重通用职业能力和复合型人才培养。经济和社会的发展对职业教育学校教育不断提出新的要求，而这些要求又呈现出多样化的特征。它要求职业学校改变学校本位的办学模式，过于学历化的办学倾向，固定而不灵活的长学制，严重滞后的专业教学设施，以及呆板陈旧的课程体系、课程内容和教学方式，以优质的教育供给与服务，满足社会发展变化了的多样化职业教育需要。

4. 职业教育发展不平衡性日渐增强。结构问题突出，发展不平衡、四川民办职业教育资源较多地集中在大中城市，5 所民办高职院校有 4 所在成都市；122 所民办中等职业学校，阿坝、甘孜和凉山三州竟无一所；成都平原的成都、绵阳和川中腹地的遂宁、内江、南充和资阳集中了近 60% 的民办中职在校生，而民族自治三州为零。民办职业教育的这种区域结构虽然和经济社会发展水平不平衡密切相关，但却不利于未来区域统筹、城乡统筹目标的达成以及全省人力资本积累水平的有效提升。四川民办职业教育发展的不平衡表现在层次上。民办中等职业教育规模偏小，但民办高等职业教育的规模更小，全省民办高等职业学院只有 5 所，在校生也不到 7000 人，固定资产总值为 5 亿元左右，明显不能满足经济社会及教育发展本身的需要。各民办职业学校之间的发展也不均衡。目前，四川已涌现出一批办学思路清晰，教育质量较高，社会效益和社会声誉较好，办学规模较大，为当地教育和经济社会发展做出了突出贡献的民办职业技术院校。但也有很多民办职业技术院校面临校舍、经费、师资和生源短缺的困扰，规模小，办学条件差，办学无特色，教学质量难以保证。随着市场竞争的加剧，这些院校将面临严峻的生存危机。

三、许多学校专业设置与社会需要存在脱钩现象

职业教育的专业设置要考虑多个方面因素，综合地思考专业

的设置问题。

（一）职业教育专业设置与社会职业分工需要之间的相对错位

职业的出现是整个社会生产领域不断趋向分工的产物。随着社会生产力的不断发展，人们的劳动领域也逐渐扩展和丰富，而如此庞杂领域给人们技能的掌握带来难以计数的困难，特别是到了现代社会以后，要求每个人掌握所有人类知识的全部领域，是不可能的事情，也是得不偿失的事情。在这种情况下，为了提高人类劳动的工作效率，就必须把宽广的劳动领域分成各种不同的专业。社会劳动变得专业化，不仅整个社会被分为多种部门，各部门内单个组织也被分为多个职能部门，而不同的社会部门，组织职能机构都具有一定的相似性，如都有决策部门，现场管理指挥，现场操作及各类服务岗位。这样，尽管组织活动目标与内容千差万别，却都可以按它们的职能标准划分为各种专门职业，从而职业就成为社会组织的一个基本单位。由于庞杂的劳动领域划分为各种职业，那么各类职业对从业人员应具备的技能、学识、经历、态度等都有不同的明确要求。因而，按从业人员所从事工作的种类、性质，乃至职业活动所涉及的领域、使用的工具设备、采用技术方法以及提供产品和服务种类的同一性进行划分，并对职业进行分类，有利于劳动就业管理和教育培训。社会职业分类和发展对职业教育专业设置具有重要影响。①

社会职业分类和发展影响着职业教育的专业种类和专业结构。职业教育是根据社会需要培养各种应用型人才的，专业必须

① 朱新生：《中等职业学校专业设置制约因素分析》，《职业技术教育》2001年第2期。

根据社会职业的需求来设置,否则,职业教育就失去了存在的价值。虽然专业与社会职业不可能一一对应,但却要在总体上适应(一般一个专业设置覆盖若干个相邻的职业)是可以的。就一定区域来说,产业结构决定就业结构,就业结构又决定职业教育的专业结构,而区域内的支柱产业一般又是就业人员较为集中或生产技术水平较高的产业,因此,职业教育的专业设置应以区域内支柱产业为核心,同时兼顾其他产业。社会产业结构处于不断的调整之中,社会职业处于不断变化之中,职业教育的专业也处于不断的调整之中。

社会职业发展影响着职业教育的专业目标。随着科学技术的发展及其在社会生产中的广泛应用,社会职业内涵也不断发生变化,对从业人员的技能、知识及综合素质不断提出新的要求,这就要求职业教育调整培养目标和课程内容。如,随着计算机技术在机械生产中的应用,出现了数控技术,要求机械加工从业人员具备这方面的技术能力,这要求机械专业调整培养目标,在教学中增加数控技术内容。

社会职业的分类和发展是职教专业设置的基础和依据,而专业设置必须适应社会职业的发展,一旦有所变化,如职业要求改变,新职业出现,专业设置必须随之调整,动态适应。当然,专业设置并不总是被动地适应,合理设置专业可以对社会职业的分化和发展产生积极的影响,如适度的专业化教育,可促进农村社会职业分工,适度超前培养人才,可促进社会职业的发展,乃至促使新的职业的出现。

虽然根据社会需要设置职业学校的专业这一观点已经得到大家的共识,但是目前在设置专业时仍然存在着很多忽视市场需要的问题。关于职业教育的出发点问题,是职教发展中的一个根本问题。在理论上,我们似乎已经有了正确回答:为经济建设培养所需要的合格人才。但是实践中并没有这么简单。这里有两个要求:"所需"与"合格"。"所需"是职业教育的"市场目标","合格"是职业教育的"技术"目标。多少年来,在计划经济体制下,我们习惯于人才培养之后的国家分配方法。于是,只要能培养出技术指标合格的人才,便是成功的职业教育,高质量的职业教育,市场发展对人才规格的需要受到忽视。目前,我们在设置专业时很多人仍然坚持提高人才质量就可,市场需要无须过多关注的观念。虽然,现在这种观念在市场经济的强大冲击力下已经慢慢发生了很多变化,但是专业设置时的盲目上马却同样反映出了我国专业设置的不科学性,无法真正与社会需要相匹配。

(二)专业设置超越客观教育资源的现状,显得比较盲目

教育资源是专业设置的基础,影响着专业建设的水平和专业教育的质量。对具体的职业教育办学机构而言,支持其教育教学活动的资源包括系统内固有的教育资源和系统外输入的教育资源。系统内的教育资源又可分为教育物质资源(主要指校舍、场地、教学实习设施、设备等)、人力资源(主要指教育教学人员的数量及质量等)、制度资源(主要指教育机构内在的组织、管理体制、运行机制及学校的信誉等);其外部资源也可分为资金资源(主要指货币的投入)、信息资源(经济社会发展、劳动力市场需求信息)、文化资源(社会的价值取向等)。①

决定设置一个新专业,必须充分考虑资源条件,否则专业就成了无源之水,无本之木。当然,这并非说,学校有什么样的资源条

① 朱新生:《中等职业学校专业设置制约因素分析》,《职业技术教育》2001年第2期。

件就办什么样的专业。举办职业教育的根本目的是为经济和社会服务，职业教育机构必须根据经济社会发展的需要设置专业，确定教学内容，并根据市场的变化，及时设置新专业和调整教学内容。但是没有足够的资源条件，要开设新专业只能是一个美好的愿望，草率上马，是办不好也是办不长久的。

因此，职业教育的专业设置要考虑自己办学资源和条件，还要结合着市场发展对于人才类型的需求，综合地考虑和设计。但是，四川很多职业学校看到一些专业较为热门，不管学校有没有相应的师资都一概地抢先上马，最终造成人才培养的劣质。

目前，职业教育的专业设置问题已引起了学者们的广泛关注，虽然职业教育专业设置与工作之间的联系较以往更为密切，但是从机制上看，尽管近年来通过课题研究和政府倡导，职业院校与企业之间的联系机制有了很大进展，但产学合作并没有作为一种制度建立起来，我国工商业发展至今未能形成热衷于职业教育的传统。过去，技工学校多数是由企业和行业举办的，因此企业还部分地参与了职业教育。20 世纪末随着国有企业改革的深入，企业借机剥离了非生产性职能，职业教育自然也被作为非生产性职能而脱离了企业，形成了职业教育与工作相互隔离的格局，进一步降低了职业教育与工作之间的联系程度。①

职业教育虽可以带动大批农村剩余劳动人口的转移，但是事实上，目前农村剩余劳动力就读于职业技术学校比例尚小，往往是只有一些相对年轻的剩余劳动力出于谋生需要才会进入职业技术学校。而且，到现在尚未形成跨地区、跨城乡的农村转移人口教育培训机制。随着社会科技的迅速发展，经济水平的不断提高，农村

① 徐国庆：《我国职业教育发展的关键问题》，《职教论坛》2006 年第 6 期。

剩余劳动力的转移人口数量迅速增长，但是针对农村转移人口的教育培训除了少数地方开展了一些零星的教育培训之外，尚缺乏专门的规划、组织和统一管理，跨地区、跨城乡的农村转移人口教育培训还是一个空白。

（三）就业方面存在着诸多问题

1. 对于职业学校学生的水平和质量鉴定系统尚未完善，影响学生的公平就业。目前我国尚没有为企业界普遍认可的、具有很高权威性的职业资格证书，证出多门，职业资格证书体系混乱。职业院校虽然已在普遍地实施职业技能鉴定，让学生获得学历证书的同时获得职业资格证书，但其职业能力标准是否为企业界所认可尚是个未知数。且鉴定过程不严格，难度不高，缺乏权威性。其结果是职业教育不能给企业提供衡量学生职业能力水平的权威凭证。

2. 职业教育培养人才就业不理想。由于学校重书本或技术理论的学习而轻技能实践，使学生难以获得一技之长，不能使学生的能力得到很好的锻炼和提高。另外，办学思路过于狭窄，在专业上的设置不够合理，缺乏灵活性，不能适应市场的需求和农业科技的要求，对于市场用人的信息缺乏足够的了解，在就业安置上路子不宽，岗位不多，如，在职业教育之后的就业安排上一味追求国营企事业单位，忽视了民营企业的巨大潜力，这就造成了职业教育学生就业存在结构性失业的问题。就业安置的好坏又直接影响着招生。这给职业教育的发展带来不良影响，使之进入一个恶性循环之中。

3. 职业学校学生在就业方面，还存在着诸多问题。① 择业就业是当前职校非常关心、特别关注的一个热门话题。因为择业就

---

① 贺文瑾：《中等职业技术学校学生心理问题分析》，《教育与职业》2003年第24期。

业是职校生人生道路上的一项重要抉择，伴随着这种抉择而来的往往是兴奋、紧张、忧虑混杂于一体的矛盾心态。这首先表现在职业学校学生在择业方面存在着依赖退缩心理。虽然现在实行的是“双向选择，自主择业”的就业制度，但许多职校生还是寄希望于学校或家长帮助解决自己的就业门路或去向。对于职业学校承诺保证毕业推荐就业的那些专业，职校生往往是十分喜爱、情有独钟。这也说明不少职校生在内心深处还是惧怕或不愿意自主择业，更缺乏创业精神和能力。其次，在社会、家长或他人不能帮助其解决就业问题时，如要他们自力更生，他们就会在择业上存在紧张焦虑心理。到目前为止，能不能顺利就业，仍然是许多职校生的一大“心病”。一些职校学生担心自己的学历低，专业技能水平低，害怕“毕业就是下岗”，有的职校学生甚至为此寝食不安。还有的职校生对所学专业不满意、没兴趣，自己又没有办法改变现实，整天心绪不宁、唉声叹气、愁眉苦脸。而职业学校学生困惑于就业困难的情况下，他们择业思维上的思维定式更是加剧了他们对就业的迷茫和困惑。一些职校生为所学的热门专业所困，希望找到有社会地位的、体面轻松的、收入高待遇好的理想的就业岗位。一旦要放弃所学的专业，一些职校生就显得无所适从，心理极度矛盾。职业学校学生在就业时存在的依赖、焦虑和思维定式等特点使得原本质量不高的职业学校学生难以就业。

4. 不规范的就业准入制度。目前，我国已经有2500万人获得了不同等级的职业资格证书，但是整个职业资格证书制度还存在着大量问题，严重影响着职业技术学院学生的就业秩序和质量。① 一

① 参见张安宁《试论我国职业资格认证制度与高职教育的衔接》，《教育与职业》2006年第20期。

是职业资格证书制度的实行缺乏整体规划，只是一种政府认可，而不是市场认可的准入制度。从整个劳动力市场来看，市场用人制度不规范，受顶班上岗、无证就业等旧制度影响，职业资格证书制度尚未成为企业用人的根本依据，"证出多门"、"没证可拿"、"拿证无用"、"有证无岗"、"就业歧视"等混乱现象仍大量存在；二是职业学校与职业资格证书的衔接缺乏体制保证，专业设置和培养目标与职业资格证书不对接，课程设置与职业资格证书标准不相吻合，培养培训与职业资格证书的鉴定或考试分离；三是职业教育与职业资格证书制度沟通衔接机制尚未建立健全，互动机制运行不畅。四是职业证书制度涵盖面不够宽泛，对伴随着社会经济发展、产业结构调整以及中国加入 WTO 以后的许多新型岗位和新的就业问题，缺少相应的职业准入标准。而针对新增劳动力，特别是准备进入劳动力市场的初中、高中毕业生的预备劳动制度尚未全面建立和落实。

5. 从人力资源配置角度来看，整个西部尤其是四川存在着职业教育人才在不同产业配置不均的问题。

随着中国社会主义市场经济体制的初步建立以及对外开放的进一步扩大，西部地区的产业结构已经发生了明显变化，但人力资源和就业结构却相对滞后。

西部地区人力资源在三类产业中的分布呈现出结构性的失衡，据 2004 年统计数据显示：第一产业从业人员比例过高，西部地区各省区第一产业从业人员比例都超过全国 46.9% 的平均水平（云南为 71.3%），且学历水平偏低，人均受教育年限仅为小学水平；第二产业从业人员总体比例少，仅占西部地区从业人员总数的 14.8%，比全国平均水平低 7.7 个百分点，人均受教育以初中文化程度为主；第三产业从业人员虽呈增长趋势，但比例和整体文化程度偏低，西部地区第三产业从业人员占西部从业人员总数的29.3%，人均受教育接近高中文化程度。① 也就是说，西部地区人力资源配置结构不合理和劳动力素质低同时存在，这不仅给产业结构优化升级带来了难度，同时也制约着西部地区经济发展和结构的转换。西部地区严重的结构性失业正好说明了对高素质劳动力的巨大需求。因此，根据产业结构优化升级的趋势，有效开发人力资源，必然会成为西部地区人力资源开发的一个重要环节。西部地区产业结构调整升级的总体趋势是，大力发展特色农业，加强生物资源开发创新工程建设；发挥山地优势，积极发展畜牧业，促进加工转化增值；将旅游业培育成西部经济的重要支柱产业；继续合理开发利用西部的优势矿业和水能资源等。因此，西部经济发展和结构优化对人力资源的需求，不仅需要高科技人才，更需要一线技能型人才。西部地区人力资源开发的重点，也必须以市场需求为导向，以就业为依托，通过大力发展职业教育和培训，加快生产、服务一线急需的技能型人才和农村实用人才的培养；不断提升第一产业中人力资源的素质水平，并将剩余或高素质的人力资源逐渐从第一产业迁移到第二和第三产业；使第二、三产业中的人力资源存量占到较大比重，质量得以提高，发挥其经济主导力量的作用。只有这样，才能在遵循产业发展基本规律的前提下，更好地发挥人力资源开发对经济社会发展的推动作用。

另外，从西部人力资源流动的角度来看，②职业教育培养的人才缺乏相应的流动性，在地区之间配置不均。人力资源的流动分

---

① 参见白汉刚《从人力资源开发的角度探讨职业教育和培训在西部经济社会发展中的重要地位》，《中国职业教育》2006 年第 7 期。

② 同上。

为组织间流动、行业间流动和地域间流动等形式。行业间流动就是人力资源在产业间的配置过程。至于人力资源区域间流动对西部经济社会的影响，可以用一分为二的观点来分析。一方面，西部地区尤其是西部偏远农村地区的低素质流动人口，由于受传统观念的影响，他们大多采取“离土不离乡”的流动方式，常年频繁流动于东、西部地区之间，必将把东部的资金、先进技术、知识、信息甚至观念带到西部地区，从而在一定意义上起到推动西部经济社会发展，促进东、西部之间经济互动的作用。但这种作用又会被劳动力的低素质所限制，由于他们受教育年限较少，对东部的先进技术、知识和信息的吸收就非常有限。另一方面，西部地区高知识、高技能人才的流动（其中包括从西部升学到东部高校、毕业后留在东部的毕业生，以及西部地区高校自己培养出来而到东部就业的毕业生等），又会使西部原本就稀缺的高素质人才变得更加匮乏，结果造成东部发展所需的人才反而由西部免费提供，西部地区人力资源的投资收益明显降低。这种趋势使得经济发展相对落后的西部地区，培养等量人力资源所支付的成本反倒比东部经济发达地区要高得多，为本来就落后的西部经济增加了更大的负担，东、西部地区经济发展水平的差距将会越拉越大。高知识、高技术人才的流失，必然引起西部人力资源投资对经济增长的贡献率降低。通过大力发展职业教育和培训，不仅使低素质劳动力拥有一技之长，加大他们区域间流动的机会，而且还可以明显提高他们对技术、知识和信息的吸收消化能力。他们在东、西部地区间的频繁流动，又会把更多的东部资金、技术、知识等带到西部，还可能利用在东部掌握的技术、知识、信息及形成的新观念，在家乡进行自主创业，这在繁荣西部经济的同时，还会为西部剩余劳动力创造就业机会。总之，职业教育和培训是教育事业中与经济社会发展联系最直接、最密切的部分。职业教育是解决就业难问题、提高经济增长率、改变经济增长方式的有效途径,是将劳动人口转化为现实生产力的最佳途径。因此,职业教育和培训应成为西部地区人力资源开发的重要渠道,职业教育和培训的发展规模和水平,将直接影响到西部经济和社会发展的水平。而目前西部职业教育和培训的发展水平,无论是规模还是质量,都与西部地区人力资源开发和经济社会发展的需要有很大差距,因此,大力发展职业教育和培训,是西部人力资源开发的一项重要战略任务。

6. 职业教育培养出来的人才,由于学位低、层次低而产生就业相对困难的局面。在我国,由于教育体系尚不健全这一原因,接受职业教育后的学生毕业之后就业时存在很大困难。在学历教育上,职业教育只有专科,没有或很少有本科,更没有研究生,从而将职业教育的学历教育打上了一个本不该过早打上的句号。在学位水平上,高等职业教育没有学士,也没有硕士,更没有博士。这在重学历和学位的现代用人制度下,职业教育学生在就业时受到学历、学位方面的歧视,从而难以获得相应的就业机会。而且,他们如想继续深造,也只在实践中自己摸索,而不能通过进一步的教育进行系统的学习和研究。这样,人才成长的质量保证体系,难以使职业教育的学生系统提高自身素质,从而在就业职场上遭到歧视。同时,职业教育培养人才的层次有初等和高等之分。原本高等职业人才层次高于初等人才,应该比初等人才有更强的竞争优势,但是事实上,目前在高技能人才培养上存在异化现象,这也降低了原来高等人才在市场上的竞争力,最终影响其就业水平。高技能人才的缺乏是不争的事实,产品设计得再好,生产不来,也是白纸一张,我国制造行业能力先天不足,也是不争的事实。这正应该是职业教育大有作为的地方,但我国职业教育在培养高技能人才方面存在天然缺陷，比如体制不灵活，办学条件又太差，认识上又把高技能人才培养与延长教育年限和通过技能鉴定简单地画上等号，认为让职业教育的学生多留在学校几年（提供对口升学机会），获得若干级别的技能证书就成为社会所需要的高技能人才了。然而，只有市场才有发言权。高技能人才缺乏的报道至今仍然时有耳闻，几十万年薪请不到所需要的高级技工，也就不奇怪了。

国内外职业教育发展历史的理性分析与对比为我们审慎思考四川职业教育存在的问题提供了重要借鉴。对照中西职业教育方面的经验，联系职业教育现状，我们发现了存在于职业教育发展路途当中的众多阻碍，有些是客观存在的，有些是较为主观，有的是职业教育自身存在的问题，有些则是社会传统沿袭下来的思想、行为等的习惯。但是，无论如何，职业教育必须逐渐地突破这些障碍，才可以推动四川县域经济的发展和腾飞。

第七章　职业教育促进县域经济发展的策略

一个国家要迅速发展,就必须解决好全体劳动者的素质,加大对劳动者的技能培训。以美国为例,在南北战争时期,美国高等学校轻视实用农业技术教育的传统,不能适应产业革命进一步发展的需要,造成农业技术人才短缺,影响了农业技术的推广与农业机械化的进程,也影响了美国工业化的进程。发展高等技术教育成了社会关心的问题,社会各界都呼吁改革传统高等教育,创办新型技术大学,为农业培养技术人才。进入 20 世纪 90 年代,美国"2061 计划"更为突出地强调职业教育与普通教育的结合,明确规定:要"最终使每一个人都将在一定程度上成为一个技师,以准备投入到一个高技术化的世界中去。"不难看出,新世纪美国职业教育将沿着高技术、高投入的方向前进,这也将是美国职业教育立法关注的重点和趋向。教育最根本的作用就在于培养人才,人才在促进经济发展的诸多因素当中是最为关键的要素之一。而职业教育通常培养的是一些兼备理论与实践操作技能于一体的具有较高劳动素养的人才，对于经济发展的促进作用更为直接。因此，各个国家都对职业教育日渐重视，并采取各种措施提高职业教育水平。

目前,四川职业教育已经取得了一定成就,但是还存在着诸多问题,2005 年,四川省省长在四川省职业教育改革与发展经验交流会上指出,[①]四川职业教育到目前取得了一定成就,基本形成了职前教育与职后培训并举,学历教育与职业资格培训并重,以中等职业教育为主体,初、中、高职业教育相衔接,与普通教育相沟通的职业教育体系。全省中等职业学校达到763所,在校生67.98万人。独立设置职业技术学院32所、成人高校30所,普通专科、高职在校生25.1万人,成人高等教育在校生19.65万人。各类职业学校和职业培训结构共培训973.6万人次,为提高劳动者素质、促进经济社会全面协调可持续发展作出了重要贡献。但是,职业教育还是低水平上的发展,呈现出“三个不适应”:一是与经济社会发展的要求不适应。按照树立科学发展观和构建和谐社会的要求,经济社会发展必须转到主要依靠科技进步和提高劳动者素质的轨道上来。分析四川省就业结构,在全省就业人口中,小学及以下文化程度的占56%,高中及以上文化程度的仅占11%。四川省是地处西部的人口大省,劳动力文化科技素质不高、缺乏专业技能,人力资源的比较优势没有得到有效开发,已严重影响经济社会发展。二是与就业形势不适应。当前就业矛盾突出,好多人无事干,好多事无人干这个问题的症结就是劳动力培训不够。广大农村劳动力多数没经过职业技能培训。下岗职工技术老化、技能单一,难以适应就业市场的需要。三是与群众多层次的教育需求不适应。四川省职业教育的总规模较小,离职高与普高大体相当的要求还有较大差距,目前职高与普高在校生人数比例仅为3.4:6.6。

发展职业教育是调整优化产业结构、实现四川经济跨越式发

① 张中伟:《在四川省职业教育改革与发展经验交流会上的讲话》,《中国职业技术教育》2005年第8期。

展的迫切需要，是全国提高劳动者素质、满足人民群众多样化教育需求、促进劳动就业和再就业的重要举措，是推进西部大开发战略和科教兴川战略的根本要求。我们一定要从实践“三个代表”重要思想、切实加强执政能力的高度，从树立和落实科学发展观、构建和谐社会的高度，从奋力推进四川发展新跨越、全面建设小康社会的高度，增强责任感和紧迫感，认真实施科教兴川和人才强省战略，加快职业教育改革与发展，培养更多更好的实用型人才，为四川省经济建设和社会进步提供强大的人才支持。

认清形势，总结经验，弥补不足，要提高四川县域经济的发展水平就必须大力提升职业教育质量，构建较为完善的职业教育发展战略体系。上面一章我们已经对职业教育发展的因素做了初步归纳，分为外部因素、内部因素以及内外部的对接因素，其中内部因素又可分为内部基本因素和非基本因素。这些因素都会对职业教育发展带来影响和决定作用，而这些因素当中存在的问题会阻碍或限制职业教育的发展，为促进职业教育的进一步发展，我们必须从方方面面对这些因素进行转变和优化。下面我们主要从职业教育的外部、内部及内外部的对接这些方面调整和改革思考对策。

第一节　从外部因素着手，促进外部环境的优化

影响和制约职业教育发展的外部因素可从观念、经费支持等方面进行考虑。

一、转变一切制约职教发展的落后观念

在我国职业技术学校的学生往往是中考或高考失利以后被迫做出的无奈之举。职业教育因为人们“学而优则仕”等传统思想

观念的束缚，而生源极少，从而无法顺利发展。但是，国外的情况却与之相反。“在国外，成绩最好的学生读职校。”2007年6月19日在广东召开的“中澳职业教育研讨会”上，许多专家介绍说，在澳大利亚，由于职业教育学费低、毕业后薪金高、待遇好，所以成绩好的学生大都首选职业教育，其次才选择读大学。而在中国，许多学生读职业学校，是因为没有考上好大学。这充分说明了破除旧有落后观念的必要性。

（一）破除轻视职业教育的落后教育观，树立职业教育与普通教育并重的先进教育观

转变观念是发展职业教育的关键。以往的人才观注重的是高学历，因而职业教育少有问津。这种人才观不改变，职业教育难有大的发展。中国科技大学校长朱清时表示：人才有狭义和广义之分，从狭义上说的是科学家、教授、政治家、首席执行官等高层次人才；广义上说，在某一行业里能够做得比别人好就是人才。三百六十行，行行出状元，行行都需要一流的人才。一个国家、一个社会需要的是多种多样的人才，既要有一流的科学家、教授、政治家等，也离不开高素质的工人、厨师、飞机驾驶员等高技能人才。我国要确立“世界制造业中心”的地位，就必须有大量技术精湛的产业工人，他们是富国强民的中坚力量，自然应该被看做是人才。① 实际上，人才不只是学士、硕士、博士，工厂也不能只有工程师，没有技师、工人，职业教育的发展正是为了适应多方面培养人才的需要。只有普通教育、职业教育同时、协调发展，教育事业才能腾飞。职业教育可以大幅度拉动经济发展，如泰国在金融危机的爆发之后大力创办职业教育，正是因为看到了职业教育的这一作用。金融

① 包芳：《破解“技工荒”需解决三大难题》，《光明日报》2007年2月5日。

危机的爆发导致了该国想在20世纪末成为经济强国的愿望不能实现，但是这反而增加了泰国大办职业教育，特别是高等职业教育的决心，一方面强化高等职业教育的办学水平，另一方面大力发展在职职业教育，特别是向农村大力推广农业技术，落实到每个村庄，兴建5000个农业技术短训班和流动培养班，到2000年已培养农民达40万人次，并且今后还将进一步扩大培训的规模。现在，随着时代的发展，职业学校培养出来的毕业生就业率要稍高于一般的普通教育学生。当然，我们不能因为高校毕业生就业率低了，普通教育模式就不需要了。普通教育培训出来的高级人才，之所以面临难以就业的尴尬现实，这与社会发展的程度尤其是相关就业岗位的开发程度尚跟不上各高校扩招的幅度所致。要从根本上解决他们的就业难题，政府除了开发岗位外，实行必要的政策扶助也是非常必要的。因此，我们要破除传统观念中对于普通教育和职业教育所赋权重的不平衡性，努力建设融传统的普通教育体系和职业教育体系互为补充、相互协调的整体教育体系。

普通教育和职业教育在人们的传统观念里都是过分看重前者忽视后者，但是事实上，职业教育和普通教育都是四川县域经济发展不可或缺的。全国人大副委员长成思危在2005年11月10日举行的中国国际职业教育论坛中指出，教育事关国家前途、民族命运，是一项艰巨复杂的系统工程。如果我们把教育比作一只大鸟，那么基础教育就是大鸟的躯干，普通教育和职业教育就是大鸟赖以飞翔的两只翅膀。虽然躯干至关重要，但是如果两翼缺少任何一只都会带来飞翔的不平衡，都会使鸟遭遇到各种危险，从而躯干难保。因此，我们必须同时依靠、养护两只翅膀，我国的教育事业才能腾飞，也只有大力发展普通教育和职业教育才可以保证四川县域经济所需人才的供应。普通教育与职业教育在很多方面都是各有千秋,都有自己的相对优势和不足。

比如说,普通教育尤其是理工类专业培育出来的学生当中也有掌握专业技术的高级专业人才,而且他们的理论基础与职业技术学校培训出来的学生相比,肯定是更为系统和完善;普通教育中的文科类专业培育出来的毕业生,他们在管理和各自的领域类的素质也是比职业技术学校学生更胜一筹。虽然普通教育中的文理专业培养出来的学生都有很明显的优势所在,但是职业教育培育出来的学生也是生产和经济发展所需要的,他们主要是从事一线实际操作的技术人员或技术工种。他们与普通教育的学生相比也有相对的优势。《新华每日电讯》刊登消息说,湖南省建工集团新招聘的一个路桥专业大学生,连农民工、工匠都会用的测量仪都不会用,原因是大学4年中老师只带他和同学们到工地参观过几回。职业教育恰恰在这方面具有优势。不仅如此,大部分接受职业教育的人就业愿望比较实际,容易快速地融入企业之中。职业教育的另一个优势是持续教育,不断地根据社会对劳动力知识、技能的需求设置课程,及时更新和完善专业,培养人才打短、平、快。具体来说,职业教育学生与普通教育相比的优势主要体现在以下方面:

1. 竞争失利但少负担。职业技术学校的学生基本上都是在中考或高考中跌落下来的,但是这对他们来说也有正面的影响。在经历过考试失利的挫折后,他们比普通教育中的学生骄娇之气减了几分,较差的地位使得他们不再抱有可能的失去所引起的心理负担。他们更多的是从失败中站起来,他们思考更多的是如何通过自己的努力再次改变命运,一旦有机会再试锋芒,他们心里内在的向上愿望与冲动就会促使他们奋力拼搏。同时,他们承认自己的不足,经得起批评教育,只要有新的起点,他们都能做到勇往直前。与此相比,普通教育的学生是中考或高考的胜利者,学业上的一帆风顺使得他们在困难面前患得患失，踌躇不敢向前。而一旦毕业，当他们无法找到自己理想的工作时，他们就会满腹怨言，很可能在工作中消沉堕落。而且他们进入工作岗位之后，可能存在的心理优势使得他们往往经受不起批评和打击。

2. 发展不均但有特长。职业教育学校学生虽然在抽象思维能力发展方面比一般普通教育的学生稍显欠缺，但在形象思维与动手能力方面却有较强的优势。不少职业教育学校学生在文学、艺术、技艺、操作上各有自己的爱好与特长。只要职业教育过程中教师能够扬长避短，因材施教，他们便会有所成就。普通教育的学生往往长于理论抽象思维，但是在具体操作等方面可能存在一定欠缺。因此，职业学校学生毕业之后一般都是即来即用，大大节约了就业单位的培训费用。

3. 目标实际较少挑剔。职业学校学生大多能正确地认识评价自己，因而求职与生活的目标比较实际，有较好的社会适应性与生存能力。只要有机会，哪怕起点低，他们也会认真地去做；只要能发展，他们会不失时机地提升自己，取得成就。

4. 读书不勤奋但爱活动。有的学生不太爱啃书本，但喜爱活动，积极性与热情极高。其团队精神、人文社会与生活知识、生存本领及人格气质都能得到锻炼发展，只要教育得法，他们就会不断进步，而这些恰恰是普通教育的学生的劣势，他们往往把自己封闭在象牙塔中，长于书本知识，短于社会知识，生存本领相对较低。总的来说，职业学校学生和普通教育学生各有各的优势和不足，这说明两类教育培养目标侧重点有所不同，但是无论如何，两者培育的都是社会需要的人才，之所以绝大多数的适龄学员选择沿着普通教育的模式一路走到底，这是以往计划经济体制下，考上大学是干部身份而考上职业技术学校仅是工人身份的身份管理模式让人们产生了一种重高等教育轻职业教育的错误观念。但随着这一模式的打破，大学毕业生早已取消了毕业分配一说，在这样的新形势下，更多的适龄人员选择进入技校深造，这也是在就业率引导下的一种市场选择行为。

（二）破除轻视技能劳动和技能人才的狭隘人才观，树立学历与技能并重的科学人才观

政府应充分运用媒体加大宣传力度，让全社会充分认识举办职教的重要性、必要性、紧迫性，彻底与求学、择业、用人和办学目的等方面的传统观念决裂。应该看到，随着中国经济的快速发展，职业教育培养人才的价值日益彰显，社会经济发展对于这方面人才的需求量也越来越大，而经济发展对人才的需求最为明显的一个指标体现主要是劳动力就业市场的状况，四川省劳动力市场的状况反映说明了这么一个事实，四川经济必须有大量的通过职业教育培养的初中级人才来拉动发展，从单个企业的生产的发展和提高来说，也必须有相当数量在产品研究开发和生产组织实施过程中不可或缺的各种初中级应用型人才，离开了他们的工作，整个企业生产的第一线将无法继续。因此，我们必须打破以往传统观点，认为只有具有较高学历的人才可以为社会经济发展做出巨大贡献，同样的，社会不同劳动方面的生产领域，不同层次的生产领域同样也需要一些学历可能不高，但是技能较强的初中等职业技术人才。这一新的人才观必定为四川人才的培养奠定一个基本培养格调。为了促进四川县域经济的发展，我们必须大力发展中等职业教育，培养为企业生产，为经济腾飞作出贡献的初中级人才，这是社会经济发展对于教育体系提出的要求，也是当前和相当长时期，四川教育结构体系必须面对的历史性任务。

与普通高等教育相比，高等职业教育也是我国当前教育事业发展中的一个热点。[①] 我国在21世纪不仅需要发展劳动密集型产业,也需要发展知识密集型产业,而后者更是我国人才培养的一个热点。四川地处西部,从这一客观实际情况出发,为了更好地发展县域经济,迎接目前日益紧迫、激烈的知识经济挑战,我们就必须要发展高科技生产,科技生产需要大量的人才作为后盾,为此,我们还必须要努力提高农业和传统工业以及劳动密集型产业人才的知识含量,改善他们现有的可能不太适应知识经济发展的知识结构。这一战略任务的必要性可以从我国沿海地区改革开放的实践得以验证。一般来说,经济发展越快,对技术人才的需求越大。

当然,目前经济发展整体水平较为落后的四川,发展职业教育已被提到议事日程。四川省劳动和社会保障厅副厅长陈瑾在接受采访时指出:“在西部大开发中,我省面临的不只是物质资源的开发,同时也是人才资源的开发。目前,我省高级技工的比例远远低于全国平均水平,已不适应物质资源开发的需求。社会总体人才结构应该是由科学型、工业型、技术型、技能型四类人才构成,互相补充,缺一不可。四川在这方面亟待完善”。[②] 陈瑾的讲话已被四川劳动力市场的现实需求所证明。

从四川省劳动部门传出信息,在川的中美合资企业瑞特克斯成都电子有限公司、日本三菱电梯、倍特高新等一流外企和上市股份公司的负责人频频向劳动部门反映,目前劳动力市场招不到所需的一线熟练技工。中美合资企业瑞特克斯成都电子有限公司急

① 刘永康等:《制约四川职业教育发展的因素及对策》,《四川师范大学学报(社会科学版)》2002年第5期。

② 参见四川新闻网:“http://www.newssc.net”。

需招聘一批一线生产技术型熟练工人，经过数日市场调查，总经理潘翔一声叹息："都说四川是人才大省，谁知却招不够熟练技工。"他还说："公司是一家高科技半导体生产企业，没有经过特殊技能培训的人员不能胜任其生产一线的初、中、高级技术工作，但目前有机会接受这种培训的人少之又少，导致企业用人面临供需矛盾。"又比如目前工厂机器设备更新换代，能操作数控机床的人才奇缺。去年，四川长虹电视机厂需要80人，而因为去晚了两天，四川工程职业技术学院数控专业毕业生全部被相关企业要去，通过做工作，才好不容易从要去的毕业生中调剂了5名拨给长虹电视机厂。四川人才市场一线技工供需已出现明显断层。因此，许多企业纷纷呼吁加强四川职业技能培训力度，以解企业"蓝领"缺乏的燃眉之急。

2001年6月，教育部职成教司司长黄尧在四川考察后指出："制约四川职业教育发展的根本因素不是政府政策不到位，而是四川民间的就业观念滞后，一味重大学这一条路，重文凭而不重就业专业技能，最终造成专业技术人才匮乏"。① 但是民间观念的转变，需要一定的舆论导向、价值导向和政策环境。所以，政府应千方百计转变人们歧视职教的种种固有观念，增强全社会对职教的认识，充分调动各部门、企事业单位和社会各界的积极性，开拓全社会举办多形式、多层次职业教育的局面。为此，我们必须更新观念，从战略高度来审视职业教育。正确树立注重知识、尊重劳动的人才观，改变片面的"重学历、轻技能"倾向，扭转只重学历、鄙夷技能的价值取向，肯定技术技能在生产创造中的重要性，为发展职业教育营造良好的社会氛围。为此，我们必须大力深化劳动人事

① 张军：《发展职业教育》，《教育导报》2001年第6期。

制度改革，确立多元化人才评价的模式。职业教育应该自成一个教育体系，职校的毕业生也应有自己的职称体系。完善用工制度和奖励制度，对于一线的技能型人才，应根据他们对社会的贡献，给予相应的经济报酬和社会尊重。对业绩突出的优秀职工、高技能人才应给予荣誉和奖励。

（三）破除发展经济与发展职业教育割裂的片面发展观，树立职业教育与经济相融合互动的全面发展观

大力发展职业教育是转移农村剩余劳动力，加快推进新型工业化、城镇化和现代化的迫切需要，更重要的是职业教育的发展为地方县域经济的发展供给了大量技术性人才，对于增强四川综合实力，提高人们生活水平意义重大。因此，我们要牢固树立“抓职教就是抓经济、就是抓就业、就是抓环境”的新观念，把职业教育与普通教育同等看待、同等发展。要让全社会特别是所有的家长都懂得，孩子读职业学校学技术，同样是人才，同样有出息。要加强宏观规划，为技能型人才的就业、创业搭建平台，提供更多的公共服务，形成重用技能型人才、尊重技能型人才的良好社会氛围。

（四）政府重视是人们观念转变的重要导引

2005 年 3 月 24 日，德阳市教育局局长毛君甫“有点超出预料”地听到德阳市委书记李成云在市委中心组学习会议上提出的最新见解：“教育是构建和谐社会的基础，在构建和谐德阳的战略中要优先发展教育。”毛君甫很激动，而这样的激动和“出乎预料”，这个上任才一年多的教育局长已经遇到多次——市委书记李成云、市长方小方，党政“一把手”已跑遍了全市高等、中等 30 所职业学校；书记、市长带各部门领导多次在职业学校现场办公，现场解决问题；书记、市长讲话，凡讲经济必讲职教，讲职教发展必说明其在德阳社会经济中的重要地位。① 可以说,政府的重视为职业教育的发展做了最为坚强的扶持,而职业教育的进一步发展以及给人们带来的益处又会为政府的态度做最好的注释和支持。这样,职业教育也就进入了一个良性循环之中。

总的来说,职业教育与普通教育各有优势,都是为社会发展培养所需人才的,无论如何我们必须始终明确职业学校的定位和方向,坚持不变。中等职业教育的定位就是在九年义务教育的基础上培养数以亿计的高素质劳动者;高等职业教育定位,就是在高中阶段教育的基础上培养数以千万计的高技能人才。职业学校的办学方向决不能是中职升高职,高职升本科,也不能盲目转向普通教育。政府引导和支持,职业教育自身努力必将促使人们观念的逐渐转变,使职业教育更好地为县域经济发展作出自己的贡献。

二、从各个方面为职业教育的发展提供经费保证

经费不足是制约职业教育发展的瓶颈,为了保证职业教育发展所需要的经费投入,我们必须从几个方面做好文章。

(一)加大政府投资力度

在这个方面,国外政府对于职业教育投资力度应引起我们思考。近年来,世界各国都已经认识到职业教育对于经济发展,对于一个国家综合国力增长的不可忽视作用,他们对职业教育重视水平提高。这一趋势最明显反映在各国对于职业教育的投资力度上面,各国投资力度都是不断加大,而且投资规模呈现不断上涨的趋势。这一趋势在新发展起来的一些国家表现尤为突出。

---

① 胥茜:《经济与职教和谐互动的风景线——对四川德阳兴市方略的解读》,《中国教育报》2005 年 4 月 15 日。

新加坡政府1998年对教育的投入已占到政府财政支出的20%左右,占GDP的4%;新加坡的经济发展局负责对组织和建立起来的4所理工学院予以拨款,对理工学院教学和日常开支予以补助,按每个学生每学年2万新元拨给。① 新加坡政府还通过征收技能发展税,建立了全国性的技能发展基金,作为提高职工职业技能的培训费用。负责管理该项基金的新加坡经济发展局借此为符合条件的企业提供津贴,鼓励和扶持雇主开展厂内的职工培训。

法国对职业教育的重视也在增长。1988年,职业教育经费710亿法郎,占当年教育经费3980亿法郎的17.8%,计划2005年上升为25%,约为1420亿法郎。企业为教育的投资也在增长,在法国教育总投资中,企业投资1984年占4.6%,1988年占6%,2005年将占7%。②

观察世界上其他发达国家教育经费投资模式,我们也可以看出在这些国家政府依然是职业教育经费的主要提供者。如澳大利亚来自于政府的职教经费占职教总经费的比例为50%;新西兰为70%;美国约为75%(其中45%来自地方税收);而与我国同处亚洲的韩国也占到了50%以上。③ 对职业教育的私立办学机构,一些国家的政府也给予了一定的经费资助。

与这些国家相比,我国职业教育经费中政府拨款虽也占到了50%,但是这个比例是各级各类教育经费中由政府拨款所占比例

① 参见黄静潇《国外职业技术教育管理的特点及趋势》,《基础教育参考》2005年第4期。

② 同上。

③ 同上。

最低的。① 对于发展中国家来说，有限的教育经费应集中在基础教育和职业教育上，这不但涉及教育公平问题，同时也符合许多国家的成功经验。二战后的德日经济迅速崛起的一个重要原因，就是十分重视职业教育的发展，这是非常值得我国借鉴的。因此，政府要担负起发展中等职业教育的主要责任，就要不断加大对其投入。借鉴以上经验，四川省如想提高职业教育发展水平，必须大力增加经费投入。省财政要逐年增加职业教育专项经费。市（州）、县人民政府都要设立并逐步增加职业教育专项经费，纳入财政预算，用于支持职业学校的设备建设、师资建设和资助困难学生。省人民政府制定职业学校生均经费标准，各级政府依法督促各类职业学校举办者足额拨付职业教育经费。市（州）、县人民政府和省有关部门（行业）用于举办职业学校和职业培训机构的财政性经费应当逐步增长，确保职业教育事业发展的需要。

国务院决定，在"十一五"期间，投入50亿元重点支持1000个县级职教中心建设。根据全国职业教育会议精神，在"十一五"期间将重点发展中等职业教育，在政策和资金上鼓励和扶持中等职业教育。国务院决定，要继续实施"县级职教中心专项建设计划"，国家每年将投入10亿元重点支持1000个县级职教中心建设，带动全国每个县重点建设好一所起骨干示范作用的职教中心，努力把县级职教中心建设成为农村人力资源开发、农村劳动力转移培训、技术培训与推广、扶贫开发和中等职业教育的重要基地。② 地方各级政府、尤其是县级政府要把县级职教中心建设与

① 参见胡思旭《中等职业技术教育经费投入的现状及对策》，《世界职业技术教育》2006年第4期。

② 参见《加大职业教育投入，做大做强涪陵中等职业教育》，重庆涪陵民革网站：http://www.flgov.cn/com/mgfl/main.php。

普通高中建设摆在同等位置，采取措施，安排资金，改善办学条件，进一步推动县级职教中心的建设与发展。这充分说明了国家从政策上对于职业教育发展的支持和经费投入保证。

但是，我国财政性教育支出占 GDP 比例一直未能实现《中国教育改革和发展纲要》提出的 20 世纪末达到 4% 的目标，这个目标是经过验证的，以我国现在的国力完全可以实现这个目标。但是为什么迟迟未能实现呢？最重要的原因就是我国财政收入占国民生产总值的比例太低，而财政收入是财政性教育拨款的主要来源。我国的教育财政拨款占财政收入的比例并不低，甚至高出世界平均水平，但是由于财政收入占国民生产总值的比例太低，导致财政性教育支出占 GDP 比例偏低。因此，解决问题的关键在于增加财政收入。而增加财政收入的根本举措在于“税费改革”。目前，四川也存在这一情况，较低的政府收入很难为职业教育投入大量资金。只有实行费改税，增加政府的财政收入，才能从根本上保证政府对教育的投入，进而确保政府对中等职业教育的投入。

在有了稳定的财政收入的基础上，政府应给劳动预备制培训拨专款，促进劳动预备制度的推行，这是政府对职业教育进行经费投入的方式之一。国家推行劳动预备制度，达到既提高劳动者素质，又缓解就业压力的目的。但如果政府没有专项拨款资金，劳动预备制度的推行就只能流于形式，落不到实处。根据国办发[1999]60 号文件要求，政府对参加劳动预备制人员培训所需经费给予必要支持。一是政府对参加劳动预备制培训人员，按人头给予培训机构一定补贴，解决困难群体中“想读书没有钱”的学生的部分培训费用。二是采取技能扶贫。各单位、部门对对口扶贫地区的投入直接用于贫困家庭新生劳动力技能学习的学费资助，使之掌握一定技能并帮助就业从而增加贫困家庭的经济收入。如成都市高级技工学校采取学校垫付学费的方式招收了一个贫困生，三年学习后经学校推荐到深圳某企业就业，该生用前三个月工资收入的一部分偿还了学校垫付的三年学费，现月收入在1500元以上，使家庭收入得到了大幅增长从而改变了家庭的贫困现状。

（二）拓展更多渠道筹措资金，形成办学主体多元化的格局

改革开放以来，四川省经济迅速发展，但与全国其他各个省市的经济状况相比，仍然较为落后，在政府的财力十分有限的情况下，要求政府在短期内大幅度加大对中职的投入是不现实的。政府从直接管理转向宏观引导，健全以政府为主导，行业、企业和社会力量共同参与的多元办学体制。在这一过程中，一方面要大力发展民办职业教育，提高民办职业学校数量和在校生规模在职业教育中的比例；另一方面，加大公办职业学校的改革力度，增强其服务于经济社会发展的能力。但是，不能以政府财力有限为借口放慢对中等职业教育的发展，相反要利用职业教育特有的优势，多方筹措资金，不断增加对中职的投入。

职业教育是高投入高回报的教育，尤其是以第二产业技能人才为主要培养对象的职业技术工人的培养和教育，需要更大的投入，靠收学生培训费的单一渠道来解决职业教育办学经费，难于使职业教育健康发展。政府应加大对职业教育的投入，或出台职业教育发展经费的有关政策，解决职业学校的正常经费来源和办学设施设备的补助经费。

政府要确保各级财政进一步加大对职业教育的投入力度，确保用于职业教育的财政性经费和生均事业费逐年增长。要进一步落实国家、省、市已有的政策规定，如市、县设立职教专项经费、城市教育费附加安排用于职业教育的比例不低于20%。2003年四川省人民政府颁布了《关于大力推进职业教育改革与发展的决定》，这一决定指出，从2003年起，城市教育费附加安排用于职业教育的比例不低于15%，已经普及九年义务教育的地区不低于20%。市(州)、县政府和省科技、农业、扶贫等部门在安排农村科技开发经费、技术推广经费和扶贫资金时，用于农村职业教育和培训的比例要力求达到10%；安排农村基础设施建设投资时，要安排一部分用作农村职业学校和成人学校的建设经费。① 同时要协调有关部门，安排一定的国债资金、扶贫、农村劳动力转移培训及有关“三农”资金用于职业教育，并运用金融等手段，支持职业教育。

除了政府投入之外，我们可以大幅度地吸收更多的社会资金、民间资金。为此，现在迫切要做的就是调整职业教育的办学方向，使之更加贴近市场的需求，同时增强中等职业教育的社会认可度，吸引更多的团体、个人和企业参与职业教育的办学，进而增加职教的经费总量，拓展经费的来源渠道，进一步拓宽职业教育筹资渠道。要在各级政府加大对职业教育经费投入的基础上，坚持行业、企业和用人单位合理负担，举办者自筹，受教育者适当缴费，以及贷款、社会捐资等多渠道筹集，逐步完善符合市场经济发展要求的职业教育多元投资体制，形成办学主体多元化的格局。

企业经费投入：根据谁受益，谁付钱的原则，企业应当承担相应的职业教育培训经费。我们进一步明确企业有承担职业教育与培训的义务，技工教育经费，企业应该承担。各类企业应依法承担职业教育和培训费用。可以采取的方式有：第一，对企业统筹管理、使用企业职工教育经费，从中提取一定比例用于技工教育的投

① 参见刘加强《四川省高技能人才队伍建设的现状及对策》，《决策咨询通讯》2005年第5期。

入。2003 年四川省人民政府颁布的《关于大力推进职业教育改革与发展的决定》指出，从 2003 年起，一般企业按照职工工资总额的 1.5% 提取教育培训经费，从业人员技术素质要求高、培训任务重、经济效益较好的坚持政府统筹、社会参与、地方为主、分级管理的原则，建立真正适应四川经济社会发展需要的较完善的职业教育体系。在办学层次上，通过政策扶持和资金帮助等手段，重点发展中等职业教育，力争用 2 到 3 年的时间，使全省中等职业教育占高中阶段教育的学生数比例由现在的 1/3 提高到 1/2 左右。第二是将企业办技工学校、职工培训中心的经费计入成本。第三是建立购买培训成果的激励机制。对未开展职业教育和培训的企业其职工教育经费按规定提取后由政府统筹，根据培训机构的培训成果拨付相关费用。

社会筹措经费：2002 年国务院的《关于大力推进职业教育改革与发展的决定》指出，市（地）级人民政府要统筹规划，促进本行政区域内职业教育与其他各类教育协调发展，建立多渠道筹措职业教育经费的机制，组织动员社会力量举办职业教育；要整合和充分利用现有各种职业教育资源，打破部门界限和学校类型界限，积极发挥市场机制的作用，提高办学效益，优化职业学校布局结构，防止职业教育资源流失。为贯彻这一政策，四川在发展职业教育时也应该充分和社会各界联系起来，把分散的财力集中起来办职业教育。

职业教育肩负着培养技能人才和提高劳动者素质的任务，量大面广，没有经费支撑显然不行。因此，我们建立和完善政府、受教育者、用人单位和社会共同分担，多种所有制并存和多渠道增加职业教育投入的新机制势在必行。同时，四川还应抓住西部大开发以及加入 WTO 的有利形势，用吸引外资的办法来发展职业教育。现在,四川正在抢占先机,在成都龙泉开辟四川职业教育园区,把发展中高等职业教育作为吸引外资的热点之一,这是明智之举。四川还应根据不同地区生态、资源、经济等方面的不同特色,调整学校布局和专业结构,实现教育资源的优化配置。

第二节 从内部着手,创办特色鲜明的职业教育

任何事物的发展,内因起着至为关键的作用,再优越的外在条件也必须在良好的内部基础上才可以发挥相应作用。职业教育质量的提高,内部因素的变革势在必行。

一、优化教学要素,提高教学质量

教学活动涉及众多因素,如教师、学生、课程、教学方法等。为提高职业教育的质量,我们必须从各个方面优化教学要素。

(一)加强师资队伍建设,提高教师整体素质

教师素质是职业教育学生培养质量的关键要素,特别是学校"双师型"教师的数量和质量对职业教育的质量更有深刻影响。为保证职业教育的教学质量,许多发达国家对不同类型的职业教育师资的任职资格及考核进修制度分别有明确的规定。各国的职业教育教师队伍一般由理论课教师、专业课教师、实习指导教师组成。由于这三类教师担负的教学任务不同,各国都分别规定了他们的资格要求。

如德国职业学校的教师均作为所在州政府的公职人员,其中理论课教师必须接受大学教育,并通过国家考试获得合格证书后,经过3年左右的教育学和教学法方面的学习与实习,再通过第二次国家考试才能取得高级公务员教师资格;实践课教师则必须是

具有实践经验的专科学校（师傅学校或技术员学校）或专科大学的毕业生，再经过两年的教师进修学院学习，并通过国家考试才能取得中级公务员教师的资格。由于德国的职业教育形式以“双元制”为主体，故企业内还有大量的培训教师，但是培训教师并非是一种特定的职业，他们可以是师傅、技术员、工程师或其他专业技术人员，也可以是通过培训教师资格考试的有生产实践经验的技术工人。根据德国职业教育法的规定，他们可以全部地也可以部分地从事职业教育工作，而不像职业学校的教师那样具有公务员的资格。

通过规定提高职业教育教师工资待遇，保证教师队伍的稳定和优化，提高师资水平和教学质量。日本规定职业学校教师工资额比其他学校的同级教师高出10%；德国中等职业技术学校教师的平均工资比资历相近的工人的工资高出50%至100%，比相同等级的国家雇员工资也略高。①

为了鼓励教师在职进修，各发达国家的普遍做法是建立进修与晋级加薪相结合的制度。如日本规定凡是任教若干年的职业教育教师，若在大学加修规定的学分，可获得高一级的教师资格，并晋级加薪和提高社会地位；德国职业学校教师若参加留职带薪进修，就可获得高一级的任职资格，或可获得另一种新的资格，诸如另一学科的任教资格、校长任用资格、督学任用资格等。美国职业教育的教师证书则规定了4至10年不等的有效期限，迫使教师利用夜间或暑期进修，并利用每7年一次的休假（半年至1年）去大

① 参见黄静潇《国外职业技术教育管理的特点及趋势》，《基础教育参考》2005年第4期。

学修读规定学分,以换取新的教师证书并提高待遇。①

由此可见,各国都从不同方面提供了政策上的便利,为提高职业教育教师水平做出努力。目前,四川职业教育教师队伍质量偏低,教师队伍由于其待遇与普通教育的教师相比存在一定差距,使得教师队伍不稳定、优秀教师流失严重,且师资培训经费缺少,教师继续教育难,教师队伍薄弱。对此,四川省政府也出台了相应政策,努力提高职业教育教师质量。2003 年《四川省人民政府关于大力推进职业教育改革与发展的决定》要求,到“十五”末期,专任教师学历达标率达到 80%,3% 以上的专任教师应具有硕士学位,“双师型”教师比例达到 60%。②

为了贯彻四川职业教育教师培训计划,加强师资队伍建设,四川各教育部门应具体制定职业教育教师的任职条件和教师培训的实施方案,进一步加强职教师资基地建设,完善培养培训网络,提高培养培训质量;培养一批具有先进教育思想和鲜明的教学风格,在全国职业教育界有影响的教育教学专家;培养具有扎实的教育教学理论、在专业教学和科研中有建树的学科带头人;培养在当地职业教育教学改革中发挥带头和示范作用的中青年骨干教师。目前特别要从职业教育需要出发,大力培养双师型教师。我们要大力吸引和支持企业、行业、高等院校、科研院(所)等单位的工程技术人员、管理人员,有丰富实践经验和技能的专业技术人员以及有特殊技能的人员到职业学校担任专职、兼职教师。职业学校教师职务资格评审要突出职业教育特点,坚持评聘导向,促进师资队伍

① 参见徐朔、郭扬《发达国家职业教育发展改革的三大特点》,《教育发展研究》2002 年第 2 期。

② 参见《四川省人民政府关于大力推进职业教育改革与发展的决定》,川府发〔2003〕22 号文件。

整体水平的提高。高级技工、技师到职业学校任教，有关部门要在办理聘用手续和职称评审手续等方面提供便利条件。

（二）建立具有职业教育特色、体系化的课程系统

1. 要为具有职业教育特色的课程体系的创建扫除障碍，课程方面，取消职业院校文化课统考。职业学校的文化课统考，很容易使职业学校教育异化为普通教育，甚至异化为应试教育，这样职业教育的特殊属性也就被取消了，人才培养的质量也难以提高。因此，为了构建良性发展的具有职业教育特色的课程体系，取消文化课统考，把职业教育和普通教育区分开来是应有之举。

2. 完善职业教育与普通教育相通，初高等职业教育相衔接的课程设置。四川省作出决定，要求城镇初、高中毕业生就业前需接受1至3年的职业教育和培训，并计划在高中阶段开展职业教育与普通教育相沟通的综合课程试验。这就为初中等职业教育与高等职业教育衔接提供了政策保障。四川最为典型的职业教育基地德阳出台了相应政策，奖励初等职教生免试进入高职院校。建立职业教育体系学历证书与普教学历证书互认平台。只要学制（学习时间）相同，知识（技能）总量相当，两种证书就应该具有同等学历层次。例如：中等职业教育与普通高中教育是同等学历层次；高级技工学校的考取高级职业资格证书的毕业生与大专院校的毕业生具有同等学历层次。今后，凡参加德阳市教委组织的全市中等职业教育技能竞赛获一、二等奖，或参加全国职业教育技能竞赛获三等奖以上的中职学生，可以免试直接升入高等职业院校继续深造。

3. 扩大职业教育生源，对准就业者进行职业培训，提高劳动者职业水平。四川省是一个人口大省，年新增劳动力50多万人，国有企业下岗职工及失业人员在80万人左右，农村富余劳动力约

2000万人，其中接受过职业教育和培训的人员仅占5%左右。现有技术工人队伍中具备高级技能的不到4%，中级工占40%，初级工占了近60%，新生劳动力受教育的程度及职工队伍素质都大大低于发达国家及东部地区，外出务工者从事的大多是低层次的体力劳动。① 但是，由于人们对于职业教育的误解和轻视，很多人不愿意去职业学校接受教育。这样，职业教育难以更好发挥转移农村剩余劳动力、进行劳动力培训、提高就业者劳动技能水平的作用。为此，我们必须大力实施农村劳动力转移培训。按照“政府扶持、部门协作、齐抓共管、统筹规划、整合资源、创新机制、按需培训、注重实效”的原则开展好转移培训工作。县(市、区)要依托重点中等职业学校，加快县级职教中心建设，统筹各项职教职能，建立健全县、乡、村三级转移培训网络，开展形式多样、长短结合的职教与培训。要形成培训、转移、就业后管理教育为一体的一条龙服务，真正做到“转移一人，致富一家”。

2004年，四川省有6000多万农村人口和2000多万农村富余劳动力，受过各种职业培训的农村劳动力约160万人，仅占农村劳动力的8%。从2005到2007年，四川省计划培训农村劳动力5000万人次，推广500个农村科技示范致富项目，培训城镇从业人员1000万人次，为100万下岗失业人员提供再就业培训。农村新增劳动力就业前也须参加职教和培训。② 四川省将大力推行劳动预备制度，严格执行就业准入制度。农村新增劳动力也要在就业前参加职业教育和培训。用人单位招收、录用职工，属于国家和

① 参见沈亮《四川剩余劳动力转移的对策》，《中共四川省委省级机关党校学报》1999年第4期。

② 参见中国劳动力市场网站：http://www.lm.gov.cn,2004年3月12日。

省规定实行就业准入控制的职业(工种),必须从取得相应学历证书、职业培训合格证书的人员中录用;从事个体工商经营的,也要接受必要的职业培训。有关部门要加大对就业准入制度执行情况的监察力度。① 政策的出台为农村剩余劳动力等就业市场的准入者进行职业教育和培训做了规定,这对职业教育的发展,对于县域经济的腾飞提供了政策保证。

4. 对职业教育中传统的教学方法进行改革。长期以来,职业教育的教学方法始终没有摆脱普通教育教学的模式,没有真正形成具有职业教育自身特色的教学方法。这体现为以知识为本位,教学内容深奥晦涩,强调知识的传授与灌输,只以考出好成绩为最终目标,忽视学生实践技能的培养,偏离了职业教育的培养目标。

从职业教育的培养目标出发,运用理论实践一体化、教学实践服务一体化等教学方法,培养应用型、技能型人才。职业教育以培养学生的创新精神和实践能力为重点,培养具有全面素质和综合职业能力,在生产、技术等一线工作的初中级应用型专门人才和高素质劳动者。

理论实践"一体化"教学方法,紧紧围绕中等职业教育培养目标,以提高学生专业技能水平为目的,以实践技能教学为主线,采用课题、模块的方式组织实施教学,重视理论的学、运用和指导作用,突出了学以致用、理论联系实际的教学原则,是提高学生综合职业能力有效的教学方法。

二、改革职业教育,创办有特色的职业教育

四川职业教育领域中存在着缺少特色,质量不高的缺陷。为

① 参见成都金牛区政务网:"http://www.jinniu.gov.cn"。

此,我们必须加大职业技术学校内部改革力度,以使职业教育更进一步适应市场经济发展需要。办好职业教育,我们应在各个方面创新,促进职业学校办学特色的生成和发展,形成品牌效应。

(一)科学人才观的确立

为了形成特色,除了发展思路和内部管理要与普通学校有所区别外,首先要树立职业教育人才观,即职业教育学校的培养目标问题,人才观的确立将指引职业教育发展的方向。因此人才观的确立是形成学校办学特色的重要前提。

1. 有良好的职业道德和敬业精神。职业教育教育是职业教育的核心,在日益激烈的市场竞争当中,人们往往忽视职业教育的教育。中国传统教育是知识本位的教育,强调死记硬背及成功后的学而优则仕;改革开放之后"知识本位"发展到现在的"能力本位",但是现在审视全国范围内的在职人员我们发现,现在的职业教育教育正在走向缺失。大量的学校教育中关于人格道德的教育停留在一种空洞、老化的理念层面上,而社会上的各种培训,培训内容五花八门却鲜有道德培训。企业非常需要职业学校培养出来的人,虽然说有些人在技能上可能并不适应企业需求,但让企业家感到最痛心的不是他们技能差、水平低,而是他们对企业缺乏忠诚,没有敬业精神,无法与企业同生存、共兴亡。有一则关于三资企业的报道说,中国三资企业里边,忠诚于这个企业,为企业着想的人不超过15%,其中85%上的人实际上今天拿着你这个企业的钱,明天已经在想着怎么离开,三资企业是这样,中国内资企业也同样令人担忧。①

① 罗晓明:《职业教育的核心在职业教育教育》,《人民政协报》2007年2月25日。

2. 既懂理论,又能实干的兼容性人才。职业教育如果过分注重操作技术,而忽略理论知识的学习,必将影响学生在以后工作的可持续发展,只有理论和技术都兼顾的人才才有更大的发展潜力,在职业教育中应培养兼容性人才。"兼容性"是职业教育急需关注的一种素质,即职业教育培养出的人才不仅要有理论支持,而且要有熟练的操作技术,这样的人才在不同的工作环境中均能发挥其作用,不断学习适应新的工作要求,有效地解决由不同情境引发的问题。这就需要培养人才的"通用技能"-——基本的读写、运算和生活技能,复杂的推理技能及与工作有关的合作、思考、工作动机等"关键技能"。

3. 职业教育并非只是培养低层次技术工人。传统观念认为,职业教育培养层次只局限于专科,培养的是一种"低层次"人才。目前,我国职业教育培养目标仅局限于专科,这必然阻碍职业教育的发展。随着社会经济和科学技术的发展,职业流动率的增高,职业教育应该在学历上有所延伸,形成一个真正与普通教育相沟通的,相对独立的教育体系。

4. 职业教育培养的人才应既有人文素养,又有实际技术。目前,社会关于职业教育的人才培养规格有种误解,认为职业教育只强调实用技术的训练,着力培养的是一种技能型人才。这种人才观不利于高层次职业技术人才的培养。职业教育只强调使用技术,而缺乏人文,这在实践当中也的确是一个不争的事实。当然,这与职业教育起源有关。职业教育创建之初的目的就是,培养社会发展过程中所需要的大批技术应用型人才。所以,其在课程设置上存在重技术轻人文的倾向。但是,随着素质教育的实施,这种现状正在得到扭转。现代社会也对人才提出了更高的要求,仅仅有劳动技术而缺少相应的人文修养的人才难以获得持久发展。因此,我们在确定职业教育人才培养目标时,一定要明确提出人文与技术的并重。

(二)突出重点培养人才

特色职业教育的创办除了确立科学的人才观之外,要求职业教育培训不要面面俱到,均衡发展。任何一个职业学校如果想在人才培养上面面俱到,带来的结果必然是众多专业在财力、人力、物力上相互争抢,从而造成特色、强势专业的缺乏。四川省政府要求职教发展必须以六大支柱产业人才的培养作为重点。省政府要求,要根据经济结构调整、技术进步和就业市场需求,调整专业设置,紧密围绕电子信息、医药化工、饮料食品、水电、机电冶金、旅游等全省六大支柱产业发展,重点建设一批示范性专业。

(三)努力形成职业教育的品牌效应

在全国农村劳动力转移培训经验交流会上,周济部长做了《以服务为宗旨,以就业为导向,全力实施〈农村劳动力转移培训计划〉》的讲话,他指出,职业学校要积极创立品牌,增强培养的学生在劳动力市场的竞争力。搞工业的和企业的非常重视品牌和品牌效应,讲究名牌。现在搞职业教育的也开始重视品牌效应了,比如,陕西就明确提出了五大品牌,现在已经有点名气了,如“米脂家政”、“蓝田厨师”、“杨凌农科”、“秦巴茶艺”和“渭北技工”。这五大品牌是省里直接在抓。四川也打了几个品牌,如“川建工”、“川厨师”、“川妹子”等。这种做法,从根本上讲,还是为了提高输出的劳动力的职业素质。对于企业家而言,他不一定在乎职工每个月工资是不是多几百块钱,更看重的是劳动力来源要比较好。职业学校帮他组织到比较稳定的、掌握了一定技能的劳动力,而且这些劳动力还受过一定的思想教育,彼此知根知底,企业家愿意招聘这样的劳动力。所以,品牌战略不仅对职业学校发展有利,而且对企业的发展,对走新兴工业化道路,都具有积极的作用。

三、切实转变办学模式,培养适应市场需要的人才

职业教育的办学模式是其培养目标的具体化,是办学思想的体现。对于职业学校学生质量和市场受欢迎程度等都有很大影响。以往的办学模式主要是轻视市场的导向作用,轻视操作技能的培养。为此,我们应在转变职业学校办学思想的基础上改变以往教学模式中不太符合社会需要的部分。在办学思想方面我们要以就业为导向,要找准就业市场的需求。按订单培养的要求推动职业学校运行机制的改革,要把打造就业市场有影响力的品牌作为办好职业教育的重要途径,根据地区和学校优势,形成区域品牌和学校的骨干专业。

(一)强化技能训练,培养学生的创新精神和实践能力,创造个性、思维和能力

我国教育尤其是职业教育当中长期以来存在着重传承轻创新、重知识轻能力、重守业轻创业、重单干轻合作、重单一型轻复合型的培养局限。这使得职业学校学生往往是单一地长于理论知识,在实践技能方面存在欠缺。职业学校应尽快调整传统的培养目标,切实加快素质教育的步伐,革新教育的方式和方法与课程体系,尤其是拓宽学生的专业口径,在课程教学中加强实践教学,提高职教生实践能力,形成职业教育的重要特色。2003 年四川省人民政府《关于大力推进职业教育改革与发展的决定》里提出,四川职业教育要突出职教特色,加强职业教育与劳动就业的紧密结合。进一步改革教学内容,强化技能训练,增强学生的就业能力。职业学校要加强校内外实验实习基地建设,改善实践教学条件,保证实践教学时间;市(州)要集中建设一批供职业学校共用的实习和实

训基地。教学内容、考核体系要与相关职业标准和职业资格考核鉴定要求密切结合,教学活动要与生产实践、技术开发、技术推广、社区服务密切结合。

在教学之中注重学生实践技能的培养,这种实践教学的主要任务是技能训练、能力培养和思想道德的养成教育。在学科教学中,教师可以大胆运用"教学做合一"教学思想来指导教学方法的选择,着重培养学生的实践能力。

应改革课堂教学结构,以训练为主线组织教学,大幅度增加学生的实践活动,增强学生的动手能力和适应环境的能力。比如西南石油大学第二重型机器厂(德阳)分院电机专业的教师,他们为了让学生掌握电器维修技术,故意设置电机障碍让学生检修;故意造成"交流借助器"、"凸软控制器"的接触不良或加大电阻,或断路,或损坏行程开关,让学生去找毛病,除故障。如四川工程职业技术学院电子信息工程系的教师把学生带到系统仿真实验室学习"微电脑控制系统编程硬件连接"的技术。在讲了相关理论之后,老师运用理论进行编程的示范,然后让每个学生在电脑上编程,制作硬件,并将所编程序下载到实验系统运行,学生可直接看到自己所编的程序控制工作台工作的结果,以检验所编程序的好坏。

为了更好地给学生创造理论与实际结合的环境条件,职业学校的专业设置应与区域经济密切相关,教学内容应与企业创新紧密相连,人才培养规格和企业事业单位的要求更须环环相扣。实践证明,凡是能在上述几个方面下工夫的职业学校,培养出来的学生就大受用人单位的欢迎。

在这方面,四川工程职业技术学院的做法值得借鉴。该院1995年决定,凡是分到该院工作的大学生,根据不同专业的需要,到相关的工厂锻炼一年以上,着重培养其操作能力。经过考核,拿到相关工种的中级工证书后，才能回校给学生上课。这样培养出来的职教生，才可能成为既有理论，又有实践能力的复合人才。目前该校毕业生需求和供给比为3∶1。

（二）建立产教相结合的办学模式

大力推进职业教育改革与发展，不仅要注重教育内部的联合和重组，更要着眼于教育外部，走校企联合之路。为将单纯的"一校一企"联合办学扩展为规模优势，必须大力拓宽学校的办学路子，形成企业更加主动关心学校，企业和学校的联系更直接、更方便的局面。

1. 产教结合的必要性

1993年发布的《中国教育改革与发展纲要》、1996年颁布的《职业教育法》都提出职业教育应实行"产教结合"。2004年召开"全国中等职业教育产教结合经验交流会"，对中等职业教育产教结合问题进行了专题交流和研讨。2005年，《国务院关于大力发展职业教育的决定》明确提出，要"大力推行工学结合、校企合作的培养模式"。要"与企业紧密联系，加强学生的生产实习和社会实践，改革以学校和课堂为中心的传统人才培养模式"。同年，温家宝总理在全国职业教育工作会议上提出，职业教育"必须与生产劳动和社会实践紧密结合，实行灵活多样的人才培养模式"。① 由此可见，产教结合人才培养模式充分体现了职业教育为社会服务的本质特征，应该作为中等职业教育的基本模式。同时，坚持产教结合人才培养模式也符合经济社会发展对人力资源的要求。

① 参见《大力发展中国特色的职业教育——温家宝总理在全国职业教育工作会议上的讲话》（2005年11月7日），新华网：http://www.xinhuanet.com，2005年11月13日。

《中华人民共和国国民经济和社会发展第十一个五年规划纲要》提出“到2010年,中等职业教育招生规模达到800万,与普通高中招生规模大体相当”,“十一五”期间,“为社会输送2500多万名中等职业学校毕业生”的目标。这对中等职业教育来说,既是发展机遇,也是挑战。《纲要》同时提出,职业教育“实行政府投入与社会投入相互补充”的政策,因此,中等职业教育要达到上述目标,除了政策扶持和挖掘自身教育潜力以外,还必须依靠全社会特别是产业界的支持,运用产教结合人才培养模式,克服制约中等职业教育发展的瓶颈问题。

中等职业教育坚持产教结合的人才培养模式不仅是职业教育的改革方向所在,更是职业教育和产业发展的需要。在竞争的市场环境下,职业学校和企业非理性博弈的结果——职业学校形成大量的无效供给,企业存在大量的有效需求,产销双方难以达到供求均衡。造成这种矛盾的根本原因是职业学校与企业之间的不对接,产教结合是职业教育与企业发展的双赢策略。

产教结合人才培养模式有利于中等职业教育的发展。一方面职业教育办学经费本来就是非常紧张,而与企业合作办学就可以大大地改善办学条件。学校为企业定向培养专门人才,可得到企业的资助,多元筹集办学资金,增加设备投入;可利用企业生产实习场地,缓解办学场地困难,扩大办学规模。产教结合也有利于提高职业学校办学质量。学校可从企业聘请高技能人才加强专业师资力量;可优化教学方式,合理安排教学计划,使学生更多、更方便地参加实训、实习,更直接地接触生产实际,更快地接受新知识、新技术、新工艺、新设备,提高办学质量。此外产教结合还有利于对口就业。产教结合,能让学生与企业之间“零距离接触”,实现对口就业,使人才资源得到更有效的利用。另一方面,中等职业教育产教结合人才培养模式有利于企业的发展。产教结合,不仅可使企业减少招聘人才的精力和时间,而且可使企业长期从合作学校优先获得稳定、可靠、适用、高素质的技能型专门人才,不断增强企业的核心竞争力,为企业的长远、稳定发展提供人力资源保障。①

2. 产教结合的具体体现

产教结合这一办学模式最根本的精神是职业教育的发展要与企业、市场相对应,不能闭门造车。为此,职业学校应主动与企业加强合作。在办学模式上可以实行多种形式的对接与整合,沟通与合作,其中前者属于浅层次的产教结合,后者更鲜明地体现产教结合的思想,是更紧密的结合方式。产教结合可以实现以下方面的对接:

一是实现规划与计划对接，主要指企业的职业培训计划与职业学校职业教育计划的相互对接关系。政府关于职业教育的远景规划是产销双方职业教育规划的宏观指南和共同愿景。各级政府关于职业教育发展的各项政策与措施是产销双方应遵循且可利用的公共资源。企业对技能人才的需求计划是职业学校的技能人才的招生计划，企业职业培训计划是职业学校参与企业培训的依据。

二是实现职业学校招生供需人数对接,是指职业学校培养学生的人数与企业所需人数之间的数量相等关系。企业定期向政府教育部门上报技能人才需求量,职业学校应及时准确掌握此需求量。职业学校每年招生的人数应基本等于企业每年可以吸纳的人数,以达到产销双方人才的数量均衡。职业学校学生的专业和综

① 袁树祥:《对中等职业教育产教结合人才培养模式的思考》,《职业技术教育》2006 年第 23 期。

合能力应是企业所需求的专业和综合能力,以达到产销双方人才的结构均衡。

三是教学环节对接,是指在职业教育的教学环节中,产销双方进行教学互动活动的关系。职业学校可定期选派优秀教师到企业学习工艺、流程及管理,以丰富教师的实践经验;企业可选派高技能人才到学校任教,向学生传授生产实践知识。企业可定期邀请职业学校老师到企业为员工做职业培训,同时职业学校可定期组织学生到企业参观学习。专业与课程对接,是指职业学校在专业和课程设置上与企业实际需要相一致的关系。企业对技工的需求折射出的是市场需求,职业学校的办学模式应贴近企业需求和市场需求。职业学校专业与课程的设置应事先主动征求企业的意见和建议。企业的操作技能要求职业学校应多设置技术操作类课程。企业对技工动手能力的要求,需要职业学校应加大学生实训课程的比重并科学安排学生实训的频次和时间。职业学校应加强对学生职业态度和个人品德的教育,以满足企业的要求。德阳市每年举行的职业院校学生技能节和农民工技能大赛,是全市各类职业学校学生大显身手的舞台。他们中很多人被闻讯赶来的企业现场录用。在职业学校由供给驱动向需求驱动的转变过程中,"德阳技工"、"德阳旅游"、"中江民工"、"绵竹保安"等职教品牌逐渐形成,并在同行业内声名鹊起。职教品牌的形成,反过来促进职业学校的招生。全市每年各类职业培训达50万人次,不仅为当地经济发展提供人才支撑,而且源源不断地输送到成都、北京、上海、广州等地。

四是实训活动对接,是指职业学校在学生实训环节上与企业的互相配合关系。校内实训与校外实训共同构成了完整的学生实训。在实训过程中,学校的主要职责是编制实训计划、提出实训要求、组织实训活动和考核实训效果。企业的主要职责是安排实训计划、严格实训管理和反馈实训结果。职业教育就是使就学者获得从事某种职业应具备的知识和技能，因此，职业教育特别强调技能的培养，而保证受教育者充分掌握某种特定的技能当然是职业教育管理的一项重要任务。这一任务往往涉及职业技术学校、实习工厂或有关企业。所以，职业教育管理必须保证学校、工厂和企业的紧密配合。发达国家的各类职业技术学校，在教学中都很重视实践环节，将教学管理和实习管理紧密结合。

通过多种途径实现企业和职业教育的联合，充分发挥企业在职业教育和培训中的作用。企业是职业教育与培训的着力点，是职业教育和培训的重要力量。但长期以来企业职业教育缺少相应的政策支持，挫伤了企业职业教育的积极性。企业积极兴办职业教育、广泛开展职工培训的没有激励措施，对不开展培训的企业也没有任何处罚措施，致使大多企业对现有的技工教育基地都减少了投入或不进行投入，甚至于是学校给企业缴纳相关费用，企业开展职业教育和培训的积极性不高。因此，如要发挥职业教育对于县域经济的促进必须大力提倡，并通过各种政策导引，促使、激发企业与职业教育的结合，并实行各种形式的联合，真正达成企业与职业教育的共赢。

四、加强体制改革，创造灵活教育体制

职业教育要有生机与活力，必须具备三个条件：一是要相对独立；二是要面向劳动力市场；三是要有灵活高效的办学机制，体现出职业教育社会化的特点。为此，实施改革，必须在管理体制上适应社会需要。职业教育涉及体制问题主要是政府管理体制与自身办学体制问题。

(一)从政府方面来说,要对职业教育进行科学管理,适当扩大职业学校自主权

1. 管理手段的多样化

过去,政府对于职业教育往往是采取行政手段,通过政策的制定和推行来对职业教育进行管辖和控制。但是,这种行政式管理方法仍然带有或多或少的计划经济体制下的管理痕迹,政府对职业教育统得太严,管得太严,从而使职业教育失去了应有的活力。在此背景下,我们主张应以多样化的方式管理职业教育,起到应有的宏观调控作用。

(1)采用法律手段对职业教育发展进行支持和规范。这是政府对职业教育进行管理的根本手段,它决定着职业教育的管理体制、各方面的权限与职责、体制的运行以及经费、师资等有关发展的重要事项。法律是经国家制定或认可的,是以国家的强制性为保证而实施的行为规范。法律在一切管理手段中具有最高的权威性和极大的强制力。它是任何集体和个人必须遵守的行为规则,具有普遍的约束力。职业教育法规,是泛指国家权力机关和行政机关制定和发布的有关职业教育方面的规范性文件的总称。职业教育法规是政府行政管理法规的一个重要内容,是国家管理职业教育的一种重要手段。法律、规章的制定能够为职业教育的进行提供一个有序、和谐的环境。

(2)采用经济手段发挥经费对职业教育发展的合理制约和影响作用。职业教育与社会经济各个领域关系十分密切。一方面,它为经济领域的发展提供了人才供给,另一方面,它的发展也并非无根之木,无源之水,也需要有充分的物质经济条件,职业教育才可以办出活力。世界各个国家都是从职业教育的经济制约性出发,从而在职业教育的管理上采用合理、科学的经济手段。通过经济手段进行管理主要是为职业教育的发展提供必要的物质基础，保证和调节职业教育发展的规模、速度和方向。因此，经济手段是职业教育管理的保证手段、调节手段和控制手段。这主要表现在通过政府财政预算、投资或规定经费来源进行管理。由于各国对职业教育极其重视，政府通过经济手段主要对实施和发展职业教育采取保障措施。例如，瑞士政府明确规定联邦政府给职业教育拨款 12 亿瑞郎，占职业学校经费的 1/3，其余 2/3 由州或市镇政府承担。而工厂和企业的培训费用则由企业和职业联合会承担，这部分经费占双元制教育全部费用的 4/5。瑞士每年职业教育经费共计 180 亿瑞郎，按全国人口平均为人均 2000 美元。① 借鉴以上经验，四川省政府也可以通过对不同职业学校、不同专业等的经济扶持力度来调整职业教育发展的走向。

(3)从行政手段入手，对职业教育发展进行切实的行政管理。政府与职业教育学校从行政规划上来看，是上下级隶属关系，行政手段也是政府管理学校的主要方式之一。对学校的行政管理可以从以下几个方面来做：

规定办学建校的审批制度。各国对建立职业学校或者职业培训机构都有一系列的规定，建校都要经过教育部门的批准。如日本，对高等专门学校的办校标准就有严格的规定，通常由国家有计划地投资兴办，一般不准私人滥设，这就保证了教学的高质量。在四川省，往往是一些没有条件的职业学校出于职业教育可能带来的丰厚利益，而盲目上马。当然，由于政府部门财政有限等原因，我们鼓励私人兴办职业学校，但是这些职业学校的开办必须经过

① 参见黄静潇《国外职业技术教育管理的特点及趋势》，《基础教育参考》2005 年第 4 期。

相关部门的批准,不能无条件地滥设。政府部门对此应当出台相应的管理措施。

职业教育评估是现代教育的一项重要的管理措施,国外学者把课程、教学法和评估看作教学过程的三种信息系统。有人把评估看得比课程和教学法更重要。目前,我国进行的教育评估主要包括合格评估、水平评估和选优评估。合格评估是国家和教育行政部门对新建学校的办学条件和基本教育质量鉴定认可的制度,办学水平评估主要是对已经鉴定合格的学校进行的经常性、综合性评估,评估结束以后作出结论,肯定成绩,指出不足,提出改进意见,必要时责令限期整顿。选优评估是在办学水平评估的基础上,遴选优秀、择优支持、促进竞争、提高办学水平的评比选拔活动。对于职业技术学校的教育质量,我们也可以有针对性地采取这三种类型的评估形式,促进职业教育的正常、高质运行。德阳县域经济和职业教育相辅相成,相互促进,成为四川职业教育的一个重大典范。在中国职教学会年会作典型发言归来的德阳市市长方小方认为:“在市场经济发展还不充分的现阶段,政府推动是职业教育发展的关键。”政府在职业教育发展的作用不可低估,为了推动四川职业教育的进一步健康发展,为四川县域经济发展作出贡献,政府应从各个方面着手改革,为职业教育发展创造良好环境。

2. 管理主体多元化

在职业教育管理领域,各国的职业学校管理都呈现更加民主的趋势。校长负责制与民主管理制相辅相成。在学校里,师生员工既是被管理的对象,又是管理的主体。许多国家都成立了教代会,充分保证广大教职工行使民主权利。各国还努力吸收各种社会力量参与职业学校的管理,使学校管理主体多元化。多数国家都吸收并组织有代表性的权威、专家、对口行业管理者等社会力量，共同参与职业技术学校的管理。形式也多种多样，主要有：董事会、顾问团、办学委员会、联合办公室、社区管理委员会、校外协调委员会、家长委员会等。在企校合作或联合办学中，还常有双方或多方签订合同或协议书的形式。

校长负责制以及其他形式的管理主体的多元化趋势，将大大提高职业教育管理的水平，为职业教育质量的提高奠定了基础。为了促进县域经济的发展，四川在发展职业教育时也可以采取主体多元化的管理方式。但是，多元化的管理并非说所有的相关主体都可以自由、均等地享有管理权限，对不同管理主体的权责也应该有所限制和区分，不要过分交叉和均衡，造成多头式的管理缺陷。

企业如果与职业学校合作办学，可以参与职业教育的管理，成为职业教育管理的主体之一。由于职业教育主要是为了培养技术工人、提高劳动力的素质和技能，因此，职业教育就与企业的利益息息相关，职业学校与企业的关系自然密切。所以，许多发达国家的企业就参与职业教育的管理，并逐渐地形成了一些行之有效的管理制度，如美国有合作教育，即攻读课程计划；日本搞产学合作；苏联中等职业学校都与企业挂钩；德国与瑞士都实行企业与职业学校共同培训徒工的双元制。企业参与办学的形式包括提供办学经费，提供实习操作场所，对学生实习操作加以指导，付给学生一定数量的补助费，参与教学计划的制定和对学生操作技能的考核。在德国、日本等国，都有明文规定学生在工厂企业实习，不仅不收实习费，相反，企业要付给学生一定数量的补助费。在企业举办培训方面，美国最为突出，美国企业每年用于职业培训的经费达300—500亿美元。日本的企业培训也颇有特色：一种是企业内培训，有经常性的短期培训和业余培训，还有企业办的各种学校，如中等职业学校和高等职业学校。例如三年制的丰田高中，四年制的卡田工业大学，学员来自企业有一定工龄的职工，入学后享受不同等级的津贴和奖金，结业后还获得某种资格，企业外培训是由厂外的各种培训中心进行，职工学习费用由厂方支付，培训期间工资照发。人们认为日本在对外经济中竞争性日益增强的原因就在于日本重视职工培训，劳动力的素质高。

企业参与职业教育管理体制是建立在职业教育的产教结合的基础上，企业对职业教育进行管理，不仅提高了准工人的劳动水平，提高了职业教育人才培养的质量，而且还为职业教育节省了大量资金，为贫困人群接受更高质量的职业教育提供了可能，从而最终促进经济的发展。

3. 扩大职业学校的办学自主权，增强其自主办学和自主发展的能力

职业学校要建立由企业、行业等社会各界人士参加的咨询委员会或理事会，为学校重大问题提供咨询或参与决策。扩大学校的招生自主权可以给职业学校自身较大的自由度，以发挥自己的创造性，灵活地采取多种方式促进职业教育质量的提升。比如德阳市政府教育行政部门与黄许职业中专学校就保持了一种宏观调控与微观搞活的关系，教育行政部门给黄许职中以较大的自主权，该校从狭隘的办学模式中独立出来，通过十多年的探索，形成了黄许职中独特的校内外结合、全日制与函授结合、高等教育与中等职教结合、长短结合、校企结合、产教结合的多层次多规格的办学模式，黄许职中也就成了四川职业教育的排头兵，被誉为川西职教的一颗璀璨明珠。

(1)为了扩大职业学校的办学自主权，首先要扩大其招生自主权，推行各种形式的自主招生。职业学校应享有招生、授课、办学、毕业生安置等方面的自主权，形成面向社会、面向市场、自主办

学的良好运行机制。各职业学校与有关教育行政部门应保持一种宏观调控、微观搞活的关系，而不是单纯的行政命令与被动服从的关系。2002年，成都市教育局鉴于初中毕业生达13万人，预期将有一半学生向中职类学校分流。为此，教育局同意各中职学校根据自己的规模和办学条件，向有关部门上报招生指导性计划，经审核后即可自主招生。成都市教育局实施这一举措，在相当程度上是迫于普通高中所面对的升学压力，但在客观上却扩大了中职学校的招生和办学自主权。①

(2)适当地把中等职业学校毕业证书发放权下放到学校。20世纪九十年代初开始，四川省实行中等职业学校毕业证书由教育行政部门验印的制度，其中普通中专、职业中专、成人中专学校毕业证书由省教育厅验印，职业高中学校毕业证书由市州教育局验印。对中等职业学校毕业证书验印，初衷是治理中等职业学校尤其是普通中专、成人中专、职业中专学校无计划乱招生、乱办班、乱发文凭，是计划经济体制下管理职业学校的方式，在就业已充分市场化，中等职业学校招生规模、招生对象、招生方式完全由学校自主决定，英语、计算机应用统考已经取消的情况下，这一制度的存在已经没有任何意义。

(3)进一步扩大职业院校课程开发与安排自主权。职业教育要实现从学科本位向职业岗位和就业为本转变，就必须打破教学管理中条条框框的种种限制，尤其是各级教育行政部门颁布的教学计划的限制，赋予职业学校相应的课程开发与安排自主权力。这方面，湖南省做大胆尝试，该省明确规定教育行政部门颁布的教

---

① 刘永康等：《制约四川职业教育发展的因素及对策》，《四川师范大学学报(社会科学版)》2002年第5期。

学计划只作为指导性计划使用，职业院校可以根据市场就业需求自主设置课程，自主决定专业课教学内容和教学形式，可以根据专业特点和不同层次的就业需求，科学、合理调整公共课、专业基础课、专业课的比例。除高职“两课”和中职德育课授课时间按教育部规定执行外，职业院校可以适当调整其他公共课的教学时间、教学内容。

（二）学校自身办学机制的转变，增强办学机制的灵活性

在全国农村劳动力转移培训经验交流会上，周济部长做了《以服务为宗旨，以就业为导向，全力实施〈农村劳动力转移培训计划〉》的讲话。一是采取灵活学制和灵活学习形式。中等职业教育可以通过“1 +2”、“2 +1”、“1 +1 +1”等办法，是学校和企业、城市和农村、东部和西部的职业教育资源有机结合；高等职业教育积极推行学分制和模块式教学，鼓励校企合办、半工半读、分阶段完成学业等办学形式。学校办学机制的灵活性可使更多的人有条件来接受职业教育，为职业教育扩充了更多的生源，也在一定程度上提高了职业教育的质量。

1. 调整学制年限。长期以来，中等职业学校基本学制为三年、四年并存，以三年为主。但近几年来，一些学校在办学的实践中逐渐体会到，有的专业如管理类、服务类专业技术要求不是太高，专业培养目标只要不过于复杂，在两年时间内就可以顺利实现。同时，部分企业、学生和学生家长也要求学校对学制进行改革，开设两年制专业。对此，四川省也可以适当调整下职业学校的学习年限，让更多的人在灵活的条件下去参与职业教育，甚至可以在重视提高学历教育质量的同时，针对初次就业者、农村转移劳动力和城市下岗再就业工人开展适应性强的中短期培训，学习期限要灵活，学习形式要多样，学习内容要实用，学习质量要不断提高。

在保证质量的前提下，体制年限的调整，必将为职业教育的发展带来新的动力，为县域经济的发展输出更多的接受职业培训的人才。

2. 建立灵活、多元化的招生体制。针对不同的职业教育对象，运用灵活多样的形式为不同层次的愿意接受职业教育的人群提供机会。据报载，德阳市罗江职业中学，一个年近60岁的老汉与一群十多岁的男、女学生共处一班，学习缝纫技术，引起了人们的注意。原来老汉是学校邻近的一个缝纫摊主，因新买了一台机器，他不会使用，于是到学校来参加免费学习。虽然这不过是德阳职教发展极其微小的一个缩影，却非常真实地体现出职教之于德阳人民的意义。前几年，德阳农村职教大面积实施“2112”教育富民工程，即每个乡（镇）成人文化技术学校每年引进推广2个以上先进实用农科项目，建立一处以上新技术试验示范基地，在每村扶持一个以上科技致富示范户，全年培训农村劳动力20%以上。到2004年年底，全市实施“2112”教育富民工程的乡镇已达136个，占乡镇总数的85%，引进推广各类农业实用技术项目274个，建立种植、养殖、加工等示范基地90多个，实现产值2085万元。① 四川德阳为愿意接受职业教育的老农提供免费学习的机会，从而通过这种方式为农村培养大批劳动力，为农民的脱贫致富奠定了坚实的基础。如此，在职业教育的其他人才培养领域，我们同样可以采取灵活多样的就学政策。

3. 半工半读的职业教育体制的试行。2006年，教育部颁发了《关于职业学校试行工学结合、半工半读的意见》提出，要在职业教育领域积极开展学生通过半工半读实现免费或低费接受职业教

① 胥茜：《经济与职教和谐互动的风景线——对四川德阳兴市方略的解读》，《中国教育报》2005年4月15日。

育的试点。各地要将积极推进职业院校实行工学结合,逐步建立和完善半工半读制度,实现学生免费或低费接受职业教育,作为今后深化职业教育改革的长远目标。按照积极推进、分类指导、逐步扩大的原则,从 2006 年开始,各地都要开展学生通过半工半读实现部分学生免费或低费接受职业教育的试点工作,取得经验后逐步推广。教育行政部门要加强对试点工作的组织领导,制订试点工作方案,遴选试点院校,认真研究解决试点工作中遇到的问题,及时总结经验。2006 年上半年各地要选择二至三所职业院校作为开展半工半读的试点院校。试点院校要根据试点工作要求,制订具体的实施办法,确定试点专业和班次,优先招收贫困家庭子女到相应的试点班学习;要加强与企业的合作,有组织地安排学生到企业等用人单位顶岗实习,完善以学生实习补贴发放、劳动保护等为重点内容的实习管理制度,保证学生获得合理的报酬,补贴他们的学习和生活费用。鼓励职业院校根据自身实际,勇于打破常规,大胆进行实践探索,在确保质量的基础上,创造性地采取多种形式试行半工半读,实现部分学生低费或免费接受职业教育。这些措施就为那些经济相对贫困的人群提供了接受职业教育的机会,对于转移农村剩余劳动力,促进县域经济发展做出了制度保证。对此,四川省应积极贯彻这一政策规定,在条件允许的地方创办半工半读的就业机制,同时为经济困难的入学者提供经济援助和扶持制度,这必将带动更多的人接受职业教育,为经济发展注入新的活力。

第三节　从多方互动着手,优化职业教育的对接环节

这主要体现在学校与社会、政府经费投入、人才等方面的互

动，尤其是在职业学校的人才输出问题更是职业教育发展和生长的最关键问题。

一、建立“面向市场、学校自主”的专业设置管理制度

市场需要是职业学校最根本的发展动力，因此，发展职业教育必须坚持以就业为导向，面向社会，面向市场。近年来，四川省许多职业学校特别是民办职业学校，在竞争日益激烈的情况下依然生源充足，而且发展迅速而稳定，其中重要的原因就是适应社会需求，实现了较高的就业率。从四川全省范围来看，无论哪种类型的职业学校，无论哪种类型的职业培训机构，凡是搞得有声有色的都是学生就业问题解决得比较好的。各地涌现出的先进典型，虽然它们各自的发展方式不尽相同，但是他们总有一个共同的特点就是抓好了就业这个核心环节，四川核工业工程学校短短几年时间，学生规模翻了几番，这与他们着眼就业需求、发展紧俏专业的办学思路有直接关系，毕业生就业率连年达到100%。但是，客观地说，在四川范围内，以就业为导向办职业教育的思想观念在很多地方还没有牢固树立起来，进一步推动四川省职业教育健康发展，必须坚持就业导向不动摇，并把这个要求落实到抓改革促发展的各项工作之中。要坚持“社会需要什么专业就设置什么专业，市场需要什么人才就培养什么人才”的办学思路。① 只有这样，在专业设置上切实体现市场需求和发展趋势，才可以培养出产销适路的人才，才可以提高职业学校的竞争实力。

---

① 张学忠：《在四川省职业教育改革与发展经验交流会上的讲话》，《中国职业技术教育》2005 年第 5 期。

二、提高政府、社会给予的教育经费利用效率，确保职业教育的培养水平

在四川很多规模较小的职业学校，职业教育人员经费在总经费中所占比例过高，严重浪费了职业教育本来不多的经费投入。为此，职业技术学校应该精简机构，裁减冗员，减少教育经费中的人头费。同时，职业教育所必需的实训设备、设施等，要求每个学校按照专业要求配备齐全不但资金不允许，而且重复建设也是极大的浪费。因此，建立实训基地是个不错的选择，不但可以资源共享，节约经费，而且可以保证实训设备设施不断更新。

总之，职业教育办学必须广开经费来源，国家、学校、企业、个人都可成为投资和办学主体，也可酌情收取学生学费。按照国际惯例，规定企业用于教育的经费和对教育的资助可在税前列支。应确立“谁投资办学，谁优先受益”的原则，从而调动社会各界投资办学的积极性。四川还应该抓住西部大开发和加入 WTO 后的历史机遇，积极向中央争取经费、项目和政策支持；积极运用金融、信贷手段发展教育，促进银校合作，建立国家、社会、个人分担教育成本的新机制。

三、加强对职业教育学生就业的管理

职业教育学生由于各种原因也在一定程度上存在着就业难的问题，为此，我们应加强对职业教育学生的就业管理，从各个方面理顺关系，为他们的顺利就业创造环境。

1. 通过考核发证保证毕业生的质量

美国教育部和劳工部共同推出的《由学校到就业法案》，要求实施在学校职业教育基础上进行企业培训的学习计划。从高中二年级开始至少进行 3 年（包括高中后 1 年）的学校职业教育计划，

并在生产单位的岗位培训中学习较为广泛的就业技能。凡完成“由学校到就业”计划者,可同时获得高中毕业文凭和职业技能证书。

职业学校毕业生难以就业在很大程度上都是因为部分学生技能水平较差,难以适应企业生产需要。这样,我们必须像美国教育部一样,通过严格的考核,确保职业教育的学生真正具有较高的就业能力,符合市场对人才规格的需求,才可以让他们进入就业市场。否则,不仅他们会遇到就业困难,还会为自己的学校带来负面的声誉上的影响,从而阻碍职业教育的进一步发展。

2. 建议解决高级技工教育的学历等问题

目前,社会上流行重学历的用人倾向,职业教育学生因为学历低,而在就业市场上处于不利地位。为了提升技工学校办学层次,通过正规学校,批量培养社会、经济发展所需要的高级技术技能人才,构建初、中、高级、技师、高级技师职业资格教育体系,我们根据国家大力发展职业资格教育的要求,积极开展高级技能人才的培训,培训期限达2—5年。为了构建技能人才的成长通道,我们建议,高级技校和高级技工班的毕业生就业后能享受大专学历的同等待遇。实际上,职业教育体系也有学历证书,只是和普教学历证书表述的知识(技能)内容并不一样而已,必须建立两个教育体系的互认平台。只要学制(学习时间)相同,知识(技能)总量相当,两种证书就应该具有同等学历层次。例如:中等职业教育与普通高中教育是同等学历层次;高级技工学校的考取高级职业资格证书的毕业生与大专院校的毕业生具有同等学历层次。

3. 就业标准设定

随着各国职业教育的发展以及对职业教育的逐步重视,各国都加大了对职业教育的管理力度,采取了一系列措施,比如建立统一的职业技能标准，进一步明确职业教育师资的要求。而今后，这一趋势将更加明显。

20世纪80年代以来，美、英、俄等国就着手建立全国统一的技能标准，并将其作为国家职业教育与培训的目标。美国于1994年通过了《2000年目标法案》，规定了职业教育应设置全国性的教育标准，以提高新增劳动力的整体水平。按照该法案，美国政府设置了联邦一级的"全国职业技能标准委员会"等机构，其职责是通过自主促进行业规范技能标准，以作为国家认可的资格标准。美国教育部和劳工部选定了22个行业设立项目并给予资助，以制定综合性的行业技能标准，从1996年起已陆续形成了全国统一的行业技能标准等级考核标准，目前，已有部分职业领域的国家职业技能标准编制完成，供各州自愿选用，用于对职业教育的管理、指导和评估，以及用于招聘、考核、办证等方面。这项工作将持续相当一段时间，对美国职业教育将产生深远的影响。对此，我们要认真落实劳动准入制度，为就业人才设定适当的门槛和标准。市、县劳动保障、人事、工商、教育等部门要进一步制定相应的管理措施和监督办法，完善职业教育学历证书与职业资格证书并重的"双证书"制度。

4. 拓展国(境)外就业市场

大力推进企业办学和职业教育国际交流。积极引进国(境)外优质职业教育资源，鼓励国(境)外组织和个人依照我国法律和办学资格要求，同我省职业教育机构和其他社会组织合作举办高水平的职业学校，努力拓展职业学校毕业生就业市场。

5. 重视职业指导

重视对学生进行职业指导也是各发达国家职业教育管理中的一个十分突出的特点。职业指导始于20世纪初。1908年，美国设立波士顿职业局,从事职业咨询工作,这是美国职业指导的开始。法国于1936年颁布了《法案》,提出了职业指导的问题。尤其是第二次世界大战以后,美英等国把职业指导作为更好地利用人力资源的一种方法。德国就十分重视在普通中学进行早期职业指导和职业定向工作。20世纪80年代以来,该国就在普通中学设立了"工作研究"课,旨在给最后两年的学生以职业指导。其形式有:参观、职业咨询、报告会等。职业指导在英国也占有重要的地位。英国在20世纪初就开展了职业指导活动。1909年,国家制订就业介绍所负责安置青年就业。英国教育家把它看做是教导过程中的一个独立部分。英国还设立安置青年就业局,在综合中学和现代中学里设置职业方向指导课,配备专职指导教师,帮助学生确定职业方向。

以上,我们从多个方面探讨了职业教育在促进县域经济发展方面的对策,当然这些对策的实施还需要社会各个方面的共同努力,而且有些对策,比如要彻底转变人们对于职业教育的观念认识,还需要较长的时间,不过我们相信,在现代社会的发展中,经济的发展日新月异,这必将需要更多的具有专业技术的人员,职业教育对于社会发展的重要性,乃至对于社会中个体的重要意义也会日益彰显,职业教育必然朝着更科学、更繁荣的方向发展。这一天,我们拭目以待。

后　记

《西部县域经济发展动力研究——农村职业教育的视角》系教育部人文社会科学规划2007年一般基金项目《西部农村职业技术教育与县域经济发展互动研究》(项目批准号:07JA880040)的最终成果,也是四川省社会科学"十一五"规划2006年度项目《职业技术教育与四川县域经济发展互动研究》(项目批准号:SC06B050)研究成果基础上的进一步深化。为完成研究,三年来,课题组成员多次到第一线实地调研,在掌握大量第一手材料的基础上,加上对国内外有关职业教育与经济发展关系的文献资料的收集、整理与分析进行综合研究,最终形成了这本著作。

本书着重考察我国职业教育与经济发展的关系,总结国内外职业教育促进地方经济发展的基本经验,以四川省为例,研究西部农村职业教育和县域经济发展状况,探讨西部农村职业教育与县域经济发展的关系,分析西部农村职业教育和县域经济发展中的相互制约因素,提出西部农村职业教育与县域经济互动发展的基本对策。

我们在调查研究、综合分析文献资料的基础上,从酝酿编写提纲,组织人员分头撰写,到集中统稿,先后经过一年半的时间。全书由我担任主编,负责总体方案和基本架构的拟定,并统筹全书初稿的审阅、修改稿与定稿,西华师范大学徐东副教授、中共蓬安县委书记邹平两位同志担任副主编,邹平同志从地方党政主管的角度对全书提出修改意见,徐东同志做了大量的协调工作。具体分工情况是:第一章由徐东同志负责,第二章由殷洁同志、邹平同志负责,第三章、第四章由殷洁同志负责,第五章、第六章由赵永勤同志负责,第七章由赵永勤同志、陈树生同志负责。

在课题研究中过程,得到了各级领导的热情鼓励,他们是:四川省教育厅副厅长唐小我教授,四川省社科规划办公室魏凤琴处长,中共四川省委农工委的马绍兴同志,西华师范大学党委书记佘正松教授,校长陈宁教授,副校长彭正松教授、刘玉平教授;得到了学界朋友的支持,他们是中国高等教育学会秘书处学术部主任、《中国高教研究》杂志社王小梅主编、《中国高等教育》杂志社孙纬君编辑,上海教育科学研究院《教育发展研究》杂志社翁伟斌编辑,《光明日报》社练玉春编辑等;也得到了校内同事的支持,他们是:徐邓耀教授、刘进教授、赵鹏程教授、冯文全教授、刘利才教授、张效赤研究员、徐远火研究员、王胜明博士,以及四川省教育发展中心的杜学元教授、李化树研究员。唐小我教授欣然为本书作序。对于鼓励和支持我的所有领导、同事,以及拓展了我们研究思路的朋友,在此表示衷心的感谢。

这本书能够最终与广大读者见面,要衷心感谢人民出版社领导和编辑的关心和支持,正是由于他们严谨求是的工作让本书增色不少。同时还要感谢西华师范大学学科建设处对本书出版的资助。

由于我们的研究能力有限,加上一些客观因素的制约,本研究成果还难免存在一些不足,恳请同行提出宝贵的意见。

陈树生

二〇〇八年十一月于西华师范大学